僧讚與僧兵：佛教、社會及政治的互塑

dPe cha ba and lDab ldob: The Mutual Interaction among Buddhism, Society and Politics

劉宇光 著

Lawrence Y. K. Lau

臺灣學生書局印行

致　謝

本書第二、三章探討「佛教的宗教暴力」，其前身初稿在完成後，曾以「進者往生極樂，退者無間地獄：佛教的宗教暴力」為題，於 2013 年 4 月 11 日在臺灣中央研究院中國文哲研究所作學術專題報告，席間政治大學宗教研究所李豐楙教授等同仁皆有指正。此外 2010-2013 年期間，筆者在中國上海復旦大學國際關係和公共事務學院的同事，專研宗教與國際關係的徐以驊（Edward Xu）教授及其團隊就宗教、衝突及國際關係議題的交流所打開的視野，對於探索佛教的宗教暴力問題帶來相當啟發。

本書「僧伽教育」議題的第二、第三及第四這三章之初稿撰寫於 2015-2016 年間，多位學界同仁曾幫忙提供所需文獻、代查資料及對草稿的指正，他們包括臺灣國立清華大學江燦騰教授、美國佐治城大學（Georgetown University）邁克爾・倫珀（Michael Lempert）教授、臺灣僧伽終身教育學會自鼐法師、新加坡佛學院紀贇教授、時為以色列耶路撒冷希伯萊大學的林佩瑩教授、泰國摩訶朱拉隆功僧伽大學佛教研究國際研究生院（International Graduate College of Buddhist Studies, Mahachulalongkornrajavidyalaya University, Thailand）助理教授阿難大比丘（Phramaha Anan Anando）、臺灣南華大學黃素霞女士、臺灣証煜法師、劉雅詩博士、加拿大多倫多大學安省教育學院（OISE,

UT）博士候選人藏族學者嘉洛（Jia Luo）、中國安徽省安慶師範學院董飛博士，及緬甸上座部觀淨法師（Bhante Sopaka）等。此外，2015 年 4 月 21 日筆者在北京中國人民大學哲學系根據本文初稿作講習時，佛教研究的同僚如張風雷、宣方、惟善法師及張雪松等數位教授的席上高見，有助思考並修訂初稿。

討論馬來西亞佛教的第七章在 2015 年中完成初稿，此前在資料搜集、問題的口頭與電郵的深入反覆討論等，筆者得到新加坡和馬來西亞學界與佛教界多位學友鼎力幫助，他們包括拿督洪祖豐先生、黃俊達先生、廖國民先生、吳青松先生、陳秋平博士、謝明達博士、越建東教授、鄭庭河博士、紀贇教授、陳美華博士，及王琛發教授等。本章完成後受邀以「馬來西亞佛教的宗教和社會特質」為題於 2019 年 7 月 1 日在臺灣中央研究院亞太研究所作學術演講，東南亞研究的同事的評論為觀點的修訂帶來相當啟迪。

評論臺灣佛教的第八章在其初稿階段，曾與臺灣僧界無意具名的法師作深入的討論，並受昭慧法師邀刊的鼓勵作非正式的發表。

此外尚有多位匿名的臺灣學者是這部書大部分篇章的前身，即以論文發表於期刊時的匿名審查教授，他們認真而嚴謹的回饋，讓筆者獲益匪淺。

最後，本書得以在臺灣學生書局順利出版，陳蕙文女士在過程中的協助乃不可或缺。

筆者在此向上述所有人士一併致謝。

劉宇光　2020 年 2 月　木柵

僧體與僧兵：佛教、社會及政治的互塑

目　次

導論章

一、議題與線索說明

讀者眼前這冊《僧黌與僧兵：佛教、社會及政治的互塑》是據筆者 2010-2018 年間五篇已刊論文和一篇評論文章改寫組成的研究，以佛教的僧團教育和涉及佛教的宗教衝突兩個問題為線索，討論佛教與族群、社會及國家政權之間的關係，其中多章是筆者近年研究現代泰國僧團教育改革過程中[1]，進行前期預備工作時計劃外的副產物。這「預備工作」是指對學界相關領域研究現狀的分析，包括對問題意識、子題的構成，到學術走向與研究現況的綜合回顧、梳理及檢討等。所以這冊書的部分篇章的功能，是在主要論述之餘，伸延出第三、第四及第六共三章，提供

1 有關研究分布在筆者的不同撰述中，最主要的討論在即將完成的《沙門不敬王者論：僧團教育改革、農民維權及護林之間的泰國左翼佛教》，探討泰國推行國家現代化過程中，上座部僧團教育的數輪現代化改革，是如何與國家政權擴張下，農民地權和農業社區的生計發生劇變等問題相連；其次拙著《左翼佛教和公民社會：泰國和馬來西亞的佛教公共介入之研究》（《法印文庫》33，桃園：法界出版社，2019 年 5 月）第三、六兩章部分篇幅涉及此事，再者，目前已撰寫過半篇幅的另一拙著《過江菩薩出洋，還是出洋相去？佛教公共外交、公民社會及國際佛教共同體》亦會有相當篇章，從佛教公共外交角度觸及此題。

對相關議題研究現況的評論。

大標題《僧㸑與僧兵》點題說明這部專著以兩個主題為討論骨幹，它們分別是：一，僧團教育；二，與佛教相關的宗教衝突，其中五章是直接以此為主題，在餘下的三章，論及馬來西亞和臺灣佛教的兩章，亦各有部分篇幅與僧團教育關係密切。而以「佛教、社會及政治的互塑」為書的副題，這是把教育與衝突兩個大題，放在佛教、社會及政治之間的互動脈絡下來作討論。

《僧㸑與僧兵》此一「互塑」的討論進路，某義上預設了佛教文明在傳統世界中的群體類型的基本劃分，筆者分別稱之為佛教社群（Buddhist community）和佛教社會（Buddhist society）。本書第一、二章皆有對「佛教社群」和「佛教社會」的基本特性及彼此差異作出解釋，所以不在此冗述。但仍需簡要地說明，佛教社群是指一類社會，其主流社群公眾生活的重要領域，其規章制度都不是依佛教原則與組織來建立，佛教不是這類社會的文化和歷史骨幹，信仰佛教的群體也不是這類社會的主流人口，從而在社群生活中不具結構性的影響力。但佛教社會則是指主流社群公眾生活的基本範疇，都是據佛教觀念與體制形成，佛教傳統是其歷史和文化的骨幹，僧團也是社會的核心組織之一。漢傳佛教恐怕沒有例外地均只有佛教社群，沒有形成佛教社會。反之，傳統狀態下的上座部和藏傳族群多屬佛教社會，而不只是佛教社群，其主要的社會規章制度等，皆依佛教觀念與體制建立，或多受其指引與節制。

所謂「互塑」是指在前現代（premodern），或傳統與現代漸進地重疊交錯的階段，上座部或藏傳等典型佛教社會，以僧侶制度和寺院組織為代表的佛教體系，與其所身處的社會和政治環境之間的互動關係。佛教一方面是塑造或構成這類社會基本樣態的最重要因素之一，甚至與政權或政體關係密切，另一方面其所在的社會和政治環境，也反過形成對佛教的節制，尤其當社會和政治面臨其他影響而出現重大改變時。所以「互塑」並不盡是社會科學所指，以個體為單位透過學習逐漸適應環境，被整合進既有的秩序或規範的社會化（socialization）。因為這首先不是個體，而是指佛教文明和群體，例如僧侶組織；並且在這情況下，佛教不只是被動地成為其所在的社會、政治及文化等環境影響的受塑者，佛教往往也是帶有某種主導能力的支配體系，來塑造當地文化和社會的環境，乃至政治秩序，後者反而才是被佛教影響的受塑方。佛教在此不只是時下社會科學所講的「社會化」，卻是成為主導著社會構成（social constitution）的力量。對上座部和藏傳等典型的佛教社會而言，佛教與社會之間互塑的程度，一般皆遠高於如漢人或華人社會的漢傳佛教社群。漢傳佛教雖然對華人的傳統文化生活仍有一定影響，但整體上佛教更多是透過社會化，適應主流文明的社會，在儒家文化主導的體系下定位自己的生存之道，而不是成為主流社會的主軸文明，涉入並左右公共生活的諸多領域。

雖然佛教在傳統泰緬或蒙藏社會的主導能力體現在政治、社區、經濟、文化風俗到法律等群體生活的諸多領域，不過以佛教的僧團教育與宗教衝突這兩個幾乎是一文、一武的主題為線索，來討論佛教社會的宗教與社會、政治之間的「互塑」，則各有其特殊意義。與和政治等硬實力（hard power）領域的關係相比，佛教作為宗教文明與價值體系，僧團教育是在傳統佛教社會中以價值與知識的豐富內涵來吸引並折服不同階層，起著循文化菁英來間接整合群體之作用，從而促成佛教在社會層面穩健生根與發展的主要基礎。但另一方面，與佛教相關的宗教衝突，卻比政治等領域對峙得更尖銳，因而與宗教教育所建立的整合功能，形成方向相反的作用力。佛教文明與無論是宗教、族群、文明、政教，乃至教派等之異傳統之間的跨界相遇，這對於佛教社會而言固然是一種困境，如背後涉及龐大的社會力量，情況更見複雜。凡此對僧團教育的整合能力，或面對衝突的張力而言，均是潛在的危機與挑戰，皆可或成為強化整合，或惡化衝突的機緣。

傳統亞洲的佛教文明與現代西方世俗文明的相遇，無論在價值、生存條件，到現實政治上的張力，都是佛教史上罕有遇到的，在不同情況下，表現為宗教與世俗、教權與政權等對立。所以，拙著第一章探討在現代化脈絡下，佛教文明是如何面對民族國家（nation state）體制及其世俗觀念在政－教關係上對傳統佛教的挑戰，從而使作為佛教擔綱者之僧團作出不同立場與方式的回應。帶著這基本的視野與背景，然後才進入探討僧團教育與宗教衝突專題，即第二到第六共五章，尤其第二、第五兩章剖析這兩個議題是為何（why）與如何（how）被納進學界視野，並受到關注。不過本書篇幅最廣的書章並非這兩大題，卻是探討馬來西亞佛教的第七章，該章討論不同的上座部傳統是如何以僧團教育等形成戰後的馬來西亞佛教，第八章則是以評論的筆觸，舉福智教團為例，剖析臺灣漢傳佛教近年如何在不同層面上，吸納並消化藏傳佛教的元素，以豐富其內涵。馬、臺二章從不同角度論及佛教在現代脈絡下所遇到的跨界問題。

儘管《僧䶵與僧兵》只有部分內容涉及藏傳佛教，而不是藏傳的專題論著，但藏文剛好有二詞分別指僧團兩類群體，所以姑且借取了藏文詞的拉丁轉寫 dpe cha ba 和 ldab ldob 作為英文書題的用字。原因是藏文 dpe cha ba 的字面義是「讀書人」，傳統上就是指寺院中從事研究與教學的僧侶知識群體，藏文 ldab ldob 則是僧團內投身衝突的特殊僧侶群體，據此與中文書題「僧黌」與「僧兵」二詞呼應，以標示這冊討論以教育和衝突為題，探討佛教與社會、政治之間的互塑之構思。

除了以佛教的教育和衝突兩道明顯的線索，來扣連全書對佛教、社會及政治的互塑之主題外，還有另一組貫穿各章的暗線，它的串連不是直接落在內容上，而是落在問題意識，和背後的視野與方法上，以下略作說明。首先，佛教是多元傳統的整體。華文學界的佛教研究普遍更多聚焦於漢傳佛教或漢文典籍，然而源出印度的佛教在古代傳遍亞洲，在現代更廣布全球。雖然因應不同社會、歷史及文化，佛教文明的確發展出各有特點的傳統，但無論彼此差異有多巨大，在教理思想、哲學、文本、踐行、制度、規範，及知識與文明體系等多方面的共通成分，還是佛教內的不同傳統之間，可堪相互對照發明的首要對象。所以無論各章具體討論什麼議題，均視佛教是由多傳統組成的複雜體系，包括印度、東南亞暨南亞上座部、漢傳代表的東亞佛教，及藏傳等，彼此關係對等，而不限定只強調漢傳，亦不會將漢傳從整個佛教文明中孤立出來。

不同佛教傳統之間除了差異之外，其彼此相通的元素應受到同樣重視，從而應將佛教視為跨國、跨族，甚至是跨教派的多元傳統。特別指出這點，是要制衡時下中國學界動輒將佛教國族化的不良學風，此風對佛教及其研究的跨國視野造成不必要的障礙[2]。事實上當代是佛教歷史上的罕有時期，不同傳統能夠進行前所未有的全方位交流，這對漢傳佛教而言，尤為重要。因此本研究的議題除了涉及佛教的不同傳統外，亦有兩章分別探討漢傳佛教社群在馬來西亞與上座部的融合，和臺灣漢傳佛教與藏傳格魯派之間的跨傳統互動。

其次，佛教與社會。在華文學界，雖然一直都有「佛教與社會」的討論，但比之於語言、文本、義理及歷史為主導的古典研究，二者的規模、深廣度，乃至批判度上，均存在差距。這尤以中國為甚，但即使政治、社會及知識開放度較高的香港、臺灣或東南亞，其相關探討若與相同社會下的基督宗教知識界的討論相比，明顯是仍然有改進的空間。當中有不同的原因，或可以是研究者在知識的基本條件、結構及問題視野有所局限；或是宗教與政治在意識形態和利益上的過度糾纏等；又或因漢人社會歷來只有佛教社群，並無佛教社會，從而公共視野素來有限等，凡此均為造成此一現象的可能原委，其成因不一而足，姑且暫不在此深究。

但華文知識界需要充分意識到，在佛教、社會及政治之間的互塑關係上，漢傳是佛教文明史上相對特殊的案例，它歷來沒有形成過佛教社會，與傳統的藏傳和上座部的典型佛教社會差異甚大。簡單說，在佛教社會，宗教體制及其成員在社群生活中的制度性角色，無論是在現代化之前與之後、直接或間接，乃至正面

---

2 對民族主義意識形態如何損害中國學界佛教研究的學術態度與視野的詳細評論，見劉宇光撰〈一個徘徊在中國學院佛學研究上空的幽靈〉，趙文宗和劉宇光合編《現代佛教與華人社會論文集》（香港：紅出版－圓桌文化，2012 年 11 月），頁 24-65，尤其頁 38-45、52-59。

或負面，其影響力皆超過在漢人社會的佛教。從而僧團在典型佛教社會掌握的諸多傳統社會角色與功能，均與漢傳佛教的社會視野不同。佛教社會的宗教知識社群除了在此述及的教育與知識角色外，僧侶每多在地方的社區建設、規範、經濟，甚至政治生活中有其複雜的社會角色，如果華文學界不察，帶著漢傳佛教有限的社群視野去理解其他佛教傳統在典型佛教社會的公共角色時，很容易會張冠李戴。

例如傳統佛教社會的僧伽教育，從教育社會學（sociology of education）或教育人類學（educational anthropology），甚至是比較教育學（comparative education）之觀點來看，若要與傳統中國社會的正規教育作對照時，其最對應的對家，恐怕漢傳佛教不見得是最相應的，反而是儒家體制下的各類和各級書院教育才可能是相關的對應者。換言之，研究漢文化儒家體制書院教育，甚至有可能比研究漢傳僧伽教育，對我們理解上座部、藏傳等佛教社會寺院教育的作用更有間接的啟發。除非經過特別考慮，漢人文化在思考教育問題時，罕會將佛教當回事，如果不察漢人文化與社會下佛教視野的成因，這會變成一個不自覺的盲點，導致我們不容易以與社會密切相關，教育議題的意識，來理解藏傳與上座部僧伽教育在這些傳統佛教社會中的重要角色。

第三，國際學界的研究。時下華文學界的佛教研究，與國際學術互動最密切的，基本上是古典領域如語言、文本、義理及歷史考古的研究，即使臺灣學界在現階段，算是華文佛教研究對外接軌最深的群體，但主要仍然集中在上述範圍，遑論中國。在佛教與社會一類議題上，國際學界的現有成果多關乎上座部，其次是藏傳，最後才是漢傳或東亞佛教，相關的研究者多屬社會科學背景，所以田野考察與數據收集是最基本的工序。但由於最主要的華文和藏文地區皆有意識形態上的環境障礙，除了臺、港、東南亞及南亞等地的離散群體可提供人類學的替代性研究外，其實難以在漢傳和藏傳的主要據點，無障礙地完成上述工序，從而能夠進行廣泛研究的選擇多集中在上座部。上座部有其特殊性這不在話下，但當相關研究累積一定規模後，過程中逐漸形成的系列議題，是具備潛質，在討論其他佛教傳統時，提供相當參考作用。所以姑勿論案例或傳統差異，國際學界在這些研究所形成的問題意識，實能為華文佛教研究的類近議題帶來啟發。

第四，研究的角度。對於相同的宗教議題，學者採取的是局外者（outsider），還是局內者（insider）的立足點，這還是有相當差異，因為雙方的問題意識、焦點與視野、議題設定的優次，乃至背後的價值預設各不相同。現代的學術在「宗教與社會和政治」的研究上，局外者角度更為基礎，因為它首先考慮的是社會的主流大環境，在現代甚至是公民社會，然後在此基礎上才討論特定宗教的社會觀點與實踐是如何展開。

因此局外與局內立足點之分野，甚至不應只各行其是地平衡展開。在現代世界的宗教議題，如果欠缺以公民社會為前提的局外者角度，宗教甚至連局內者觀點都不一定能作合理陳述。正因如是，所以本論著的兩組主題開宗明義即表明會循局外者角度進行討論，尤其在現代社會，因為這涉及公共領域，因而不會是佛教內部的「純粹」宗教事務。以上是貫穿這冊研究諸多篇章背後的基本方法論預設，除了主題外，全體篇章也是在這四道暗線下結為一冊。

二、篇章主題說明

第一章〈現代國家的政治－宗教關係對佛教的挑戰初探〉是以基本的現代政治觀念對傳統佛教文明的衝擊為線索，綜合地討論現代政治－宗教關係下的佛教處境，並探討哪些基本因素或範疇，可能影響佛教在現代社會中的政－教關係，兼提出初步的類型劃分，以說明同為佛教文明一員，但由於條件和歷史各異，不同傳統各自面對著不同的政－教關係處境。

第二到第四章都是在回顧國際學界對佛教僧伽教育之研究。第二章〈佛教僧伽教育是如何成為學術議題？〉是系列三章的首篇，循議題與方法兩個框架組織現有學術文獻，說明戰後尤其過去四十年以來學界對梵、藏、巴利及東亞等佛教傳統僧伽教育的研究現況。主要內容由五點組成，首先說明作為學術課題之「佛教僧伽教育」，其概念、問題及定義。繼而討論僧伽教育研究的跨傳統共同議題，包括：僧伽教育制度的內部組織；從教育社會學或人類學和政－教關係兩個角度探討佛教社會的僧伽教育與政權和社會之間的關係；傳統佛教社會的僧伽教育體系在近世殖民擴張過程中受現代文明衝擊後的變化，例如僧伽教育與殖民統治與反殖民的佛教民族主義的關係，乃至僧伽教育如何回應政－教分離的世俗化政策，及佛教原教旨主義的反撲等多層問題。結論部分扼要對比華、洋學界的僧伽教育研究在視野、立場、焦點、題材、問題意識、方法、案例等方面的差異，並試圖指出華文學界可作改進的地方。

第三及第四章是以上座部和大乘的梵、漢、藏等佛教經典語言和不同國家所形成的諸多傳統為單位，綜合回顧迄 2019 年中，國際學界對僧伽教育的研究與專著數十冊和若干論文，其研究多屬人類學等社會科學的背景，但亦偶有史學進路，在此以國家為設定案例的單位，是因為國家政權及其政體經常是塑造佛教所處社會環境的最強大力量之一，並對僧伽教育帶來明顯影響，這尤以現代民族國家為甚。第三章是回顧泰國、斯里蘭卡、緬甸、寮國、柬埔寨、尼泊爾、雲南等上座部的僧團教育研究，占現階段僧伽教育研究主題論著總量超過三分之二，當中尤以泰國為甚，蘭卡次之，緬甸則因長期鎖國而研究不足，但這情況將隨緬甸的開放而有所改變。第四章是回顧古典印度、藏傳，及漢傳、日、韓、臺等東亞大乘傳統僧伽教育的研究現況。

第五、六兩章都是回顧與評論時下國際學界對佛教的宗教衝突和暴力之研究。大眾印象常視佛教比其他宗教來得「和平」，罕與宗教暴力或宗教戰爭掛鈎。但近廿年以來國際學界日漸重視佛教相關的宗教暴力衝突，並出版有大量論著，足見佛教以各種角色與方式涉身暴力並不罕見。第五章〈「佛教的宗教衝突和暴力」是如何成為學術議題？〉提出「佛教宗教暴力」的問題意識，以期引發學界和佛教界僧、俗知識群體的注意，論及在定義上的迷思與拉鋸、佛教宗教暴力的多樣性，及研究的新進路等。第六章是據印度、東亞及藏傳等傳統的宗教暴力案例為線索，回顧相關研究近況與論著。

第七章則探討戰後馬來西亞的泰暹、緬甸及斯里蘭卡三系上座部與華人佛教社群的互塑，本章是筆者探討戰後逐漸成形的馬來西亞佛教特質的第二篇研究，結合 2010-2013 年間多次田野調查與深度訪談的成果。馬來西亞是其中一個東南亞國家，漢傳和上座部長期並存，並逐漸形成不同程度的融合。雖然馬來西亞佛教社群以華人為主，但上座部的角色與漢傳不遑多讓，且猶有過之。本文探討三系上座部如何成為馬來西亞佛教的一環，雖稍涉歷史，但重心是三系上座部如何跨過族群界線，造成對原先以華人為主的佛教社群，在宗教內涵、組織結構及實踐方式上的改變，同時亦探討三系的宗教分工，及其與華人佛教社群的不同融合，是如何塑造著馬來西亞的現代佛教。

第八章〈從福智現象看十字路口上的臺灣佛教〉是以評論文的文體撰寫，以臺灣福智僧團近期的事件為引子，探討其團體的特點與隱患，並借此伸延討論臺灣佛教在十字路口上的處境。

三、原出處說明

第一章〈現代國家的政治－宗教關係對佛教的挑戰初探〉原稿是〈從現代國家的政－教關係問題對佛教的挑戰〉，《佛教與現代社會會議論文集》（新加坡：竹林寺，2010 年 8 月），頁 123-141。

國際學界對僧伽教育的研究現狀之回顧的第二、三及四共三章，其中第二章原稿是〈國際學界僧伽教育研究現狀與回顧〉上篇〈議題與方法〉，刊《臺灣宗教研究》的第 16 卷第 2 期（臺北：國立政治大學宗教研究所，2017 年 12 月），頁 1-38。

第三、四兩章原稿是〈國際學界僧伽教育研究現狀與回顧〉下篇〈傳統與論著〉，刊《臺灣宗教研究》第 17 卷第 1 期（臺北：國立政治大學宗教研究所，2018 年 6 月），頁 51-132。現版本是經過相當修訂、補充及內容重組。

討論佛教的宗教暴力和衝突的第五、六兩章原為〈佛教的宗教暴力：問題意識、案例與專著評介〉，刊《臺大佛學研究》第 21 期（臺北：國立臺灣大學文學院佛學研究中心，2011 年 6 月），頁 83-173。現為修訂版，在原有內容上，作出多處資料更新、補充及修改後拆為二章。

第七章的馬來西亞佛教討論，是將兩篇探討戰後馬來西亞佛教的已刊論文修訂後，作重組合併。這兩篇論文分別是：一，〈近年馬來西亞南方漢傳佛教的公共介入（engagé）：以官、民兩版國族主義的競爭為線索〉，《臺灣宗教研究》第 13 卷 1 期（臺北：國立政治大學宗教研究所，2014 年 12 月）第一節，即頁 101-110 [3]；二，〈戰後馬來西亞的三系上座部佛教：及其與華人社群的互塑〉全文，《臺灣宗教研究》第 15 卷第 2 期（臺北：國立政治大學宗教研究所，2016 年 12 月），頁 27-62。

第八章〈從福智現象看十字路口上的臺灣佛教〉，原文用「善慧法稱」的筆名，以〈從福智現象看十字路口上的臺灣佛教〉為題，分上、中、下三篇，刊於《弘誓雙月刊》150-152 期（臺灣：佛教弘誓學院）。分別是上篇 150 期（2017 年 12 月），頁 49-55；中篇 151 期（2018 年 2 月），頁 56-62；及下篇 152 期（2018 年 4 月），頁 52-60，另亦刊於弘誓學院網頁。目前收在此的版本是經過大幅精簡，以更符合評論文章的體裁。

3　同文其餘環節，即頁 112-143 在修訂後，已另收拙作《左翼佛教和公民社會：泰國和馬來西亞的佛教公共介入之研究》第八章，即頁 325-387。

第一章　現代國家的政治－宗教關係對佛教的挑戰初探

引　言

本章是以現代政治觀念對傳統佛教文明的衝擊為線索，綜合地討論現代政治－宗教關係下的佛教處境，並探討什麼是影響佛教在現代政－教關係中處境的基本範疇，兼提出初步的類型劃分，以知同為佛教文明一員，但由於條件和歷史各異，不同成員各自面對著不同型態的政－教關係。

在展開正文前，先說明兩個要點。首先，為何本章以現代國家的政治－宗教關係為問題線索，來討論世俗化進程下的佛教？這是因為在現代社會，國家政權及其世俗化的觀念、制度等，皆是影響宗教如何存在的最重要因素之一，而佛教群體與組織如何理解此一現代環境的性質、組成的元素，及宗教在當中的角色，並在行動上作回應等，皆直接影響佛教本身的狀態和處境。

其次，本文「佛教文明」一詞不是著眼於信徒個體層面的信仰角度，而是指佛教作為傳統亞洲最主要的文明體系，及其僧、俗社群的組織、制度及傳統。「佛教」在此也不限於上座部（東南亞）、漢傳（東亞）或藏傳等單一傳統，而是綜合地指佛教作為整體。採取這更綜合的角度，是考慮到雖然在面對現代政－教關係的洗禮時，漢傳是佛教文明中的少數沒有受佛教的宗教民族主義、原教旨主義、國教化等訴求所困擾的案例，但不應因而罔顧政治、社會、文明及歷史條件的差異，而誤以為漢傳在佛教的現代政－教關係上是典型例子，這並不見得有助於理解其他佛教傳統在面對現代政－教關係的挑戰時所遇到的困難。畢竟佛教並非傳統華人社會和漢文化的主軸，所以無論漢傳佛教與中國政權之間的關係如何，都不會對整體社會造成廣泛的深遠影響，因此在探討佛教和現代社會之間的相遇和政－教關係時，應要注意到，漢傳在佛教文明中其實是一個相對例外的個案。

一、現代政治－宗教關係的要素

在現代社會的政－教關係上，社會科學所說的世俗化，有涉及政治、文化及社會等各方面。現代政－教關係異於傳統的宗教社會（religious society）或教權社會的首要特徵，是政權或政體上的世俗化（secularization），指國家政權與教會的分離（separation of state and church）。因而政府的宗教中立是指政權既不支持，也不排斥特定宗教，基本上政府本身並無特定宗教或教派立場，並在政治上與所有宗教均維持等距。反過來說，宗教組織既非政權或政體的一環，所以不是政－教合一制或教權政體的部件之一。在意識形態上，國家政權亦不訴諸宗教的祝福，以取得政權的合法性與政治威信，宗教既不是公權力的擁有者，也不是其證成者。

其次，知識和教育體系與宗教的脫勾。在前現代的傳統社會，每多以宗教教義為價值核心和框架，來支撐整個知識和文明系統的建立，即經院學（scholasticism），而在佛教，現代則稱之為經院佛學或佛教經院學（Buddhist Scholasticism），用於指諸如部派階段的說一切有部（Sarvāstivāda）[1]和上座部（Theravāda），乃至後來藏傳佛教，尤其格魯派（dge lugs pa）等[2]，以論書（śāstra）為載體，最終以五明（pañca-vidyā）為內容所建立的宗教的知識和文明體系。

但在現代社會，知識和主流的教育基本上與宗教脫勾，輕則完全無關，重則甚而隱然帶有抗拒宗教的傾向。再者，傳統宗教教義以宇宙論（cosmology）或宇宙構成誌（cosmography）及其對超自然的論述，陳構出意義世界和價值秩序。但在世俗化的現代社會，這種論述意義的進路在社會主流群體的效用大幅減弱，有關的語言概念不再能作為大眾公用的價值用語。第四，宗教退出公共生活的視野。宗教體制不再作為社群公共生活當中必要的一環，而僅留下作為社群內個體成員的私人抉擇或意願。

而構成現代政－教關係的第二個重大元素，是現代的國家意識形態。世俗化的過程促使宗教不同程度退出原先在政治、知識、教育及社群價值與文化觀當中的重要角色，但這並不表示在其退出的公共領域，會成為意識形態的真空。宗教原先所支配的

---

1 Charles Willemen, Bart Dessein, Collett Cox, *Sarvāstivāda Buddhist Scholasticism* (*Handbuch der Orientalistik. Zweite Abteilung, Indien,* Leiden; New York: Brill 1998).

2 José Ignacio Cabezón, *Buddhism and Language: a Study of Indo-Tibetan Scholasticism* (in *SUNY Series Toward a Comparative Philosophy of Religions*, Albany, N.Y.: State University of New York Press 1994).

公共領域，卻由現代的國家意識形態所接管。雖然一般而言它是世俗性的，甚而是世俗主義（secularism）的，但它卻逐漸接掌原本由傳統宗教觀念所支撐的，涉及社群公眾生活價值觀的各主要領域。這類國家觀念常伴之由知識菁英塑造的，以種族－歷史或語言－文化為內容的民族主義（nationalism），及權力精英所操控，現代形態的國家機器。雖然不同個案之間存在廣泛的程度差異，但一般都帶有政治菁英主義、高度中央集權，及集體主義（collectivism）的特性，其最極端的型態是現代政體光譜上，屬極右翼或極左翼的極權主義（Totalitarianism）政體，傳統宗教往往成為這類極權政體強烈針對的整肅對象，國家意識形態的程度愈強硬，傳統宗教被整肅的程度愈高。

第三，與由上而下的現代國家意識形態大體同期並生，但在政治價值觀上與之分庭抗禮的，卻是由下而上的公民社會（civil society）及與其相關的系列政治價值觀，如保障各種思想、言論、信仰及結社自由的人權概念和對政府權力的警惕，及因之而發展起針對政府的限權或分權設計，乃至按不同職業等團體而形成的自治概念。部分國家的公民社會價值觀得以體現在相應的政治制度中，如三權分立、三級議會、三級法院、普選，及選舉所確保的定期政黨輪換。理論上在這類政體中，宗教受到來自政權的壓力一般較輕，但真實的情況還端賴很多其他因素。在佛教身上，反而會出現好些值得警覺，宗教倒過來擠壓公民社會，甚至是脅迫政府與民間社會的情形。

上述與現代社會政－教關係問題連繫密切的數項觀念之間，其實充滿內在的競爭張力。國家主義基本上是以世俗主義的意識形態，重新頂替世俗化或政－教分離後，宗教在社群公共生活中的原有角色，因而雖然表面上世俗的國家主義與宗教是背道而馳，但實際上每多在公共生活中構成與宗教直接衝突。另一方面，公民社會既與傳統宗教社會的價值觀有所對立，但如果國家意識形態取態強硬，並因而排斥一切其他國家體制以外之組織與力量的話，公民社會同樣又會與現代國家意識形態之間構成衝突。且在現代早期，公民社會與國家政權之間衝突的嚴重程度，甚至比它與宗教社會的教權體系的衝突更為直接和猛烈。

以上政－教分離的政治世俗化、新興的國家主義及公民社會三者，是理解現代社會政－教關係的最基本觀念，當然其歷史源頭與佛教沒什麼直接關係，但卻以不同方式深刻地影響著佛教文明在當代的處境，因而也是佛教所無法迴避。這三種相互競爭的現代力量在不同歷史階段的互動，會交織出政－教關係上各種不同的局面。在西方社會，自十九世紀到 1970 年代止，宗教一度大幅退色，被認為幾乎退出公共生活之外，只保留在私人生活當中，甚而有預估指宗教行將消失於現代人類社會。

但隨著西方宗教好些神學家對教徒社群宗教生活日趨私域化（privatization）的批評，乃至現代神學方向和教會在社會問題取態上的政策更新，西方宗教重新以現代的方式，回來參與公共生活，乃至參與守護及維持公民社會所必需的公共價值觀。另一方面，政－教分離所講求政府在面對不同宗教或不同教派時保持中立，這亦使傳統上受官方特殊保護的宗教失去特權與保障，需要直接面對現代社會出現宗教與價值觀多元競爭的信仰市場，不同宗教傳統之間需要學習如何並存，並在重大社會問題上進行合作，但與此同時也增加教族衝突的可能性。

二、現代佛教和政治－宗教關係

這些現代的政治價值觀是西方對外殖民過程的不同階段，以不同方式夾雜在殖民主義內輸入以佛教文明為主的亞洲地區，此一與殖民主義的纏糾，使這些價值觀在扭曲的情況下被擲給佛教文明。所以佛教是透過其樣態眾多的殖民經歷[3]，而逐漸觸及上述多種觀念。

佛教文明每多帶著被殖民之慘痛經驗為特殊的出發點，來理解、受納及回應這些觀念，這通常變成是佛教族群知識階層在理解這些本來源自西方，但又不能不面對的異己制度及觀念時的出發點。諸多案例均說明，由於這是在壓力下被引入的觀念與制度，佛教文明對此背後的原委其實不甚了了，甚或是抗拒，從而往往難以發揮出制度的正面作用，但卻會在扭曲的情況下，產生副作用與不幸。

現代國家政－教關係對傳統佛教文明不同成員所帶來的衝擊，端賴數項主要因素，這些因素的程度不同，有時也會是促成類似案例之間程度差異的原因。為便討論，下文整理為數對對揚的範疇：首先，「殖民主義和宗教－民族主義」，佛教社會或國家在遇上西方文明時，被殖民的徹底程度，與其在稍後爆發宗教－民族主義的劇烈程度大體是成正比的。而所謂被殖民的徹底度，是取決於殖民時期的長短、廣泛程度，及原有佛教體制受殖民統治的破壞程度。若佛教經受殖民主義的衝擊程度愈強烈，只

3 這是指傳統佛教文明所及的亞洲各國自十九世紀，都曾不同程度走過殖民（colonization）、半殖民（semi-colonize）、準殖民（quasi-colonization），甚或國內殖民（internal colonization）的經驗。

要她能撐得過殖民統治成功殘存下來，宗教民族主義反應的強硬、激烈及持久程度也會偏高，尤其當宗教民族主義延續到獨立以後，往往種下國內宗教族群衝突的伏線。

其次，「世俗化與原教旨主義」之間的對揚。擺脫殖民統治以後，新興國家的政權據世俗化原則來推進政策，但民間尚未有與官方一致的共識時，民間的宗教力量匯聚並發展為抵制世俗主義之原教旨運動的可能性會相應增加，世俗化有時會被宗教組織視作沒有白人的殖民主義，或殖民主義的本土延續。

第三，佛教在身處的社會或國家中，是否屬於「主軸宗教，或只是眾多宗教之一？」。此一角色在比重上的差異，好些情況下有其重要意義，佛教作為主軸文明，常會促使僧侶有更強動機參與各類政治事態，甚至有激烈的行動。但主軸宗教的反殖傳統，在獨立後若沒有經過刻意反思和調整，容易變質為猛烈的種族主義和原教旨主義運動。但當佛教只是當地眾多宗教傳統之一時，佛教社群即使參與公眾事務，除非有特殊原因，否則參與的方式一般較為溫和，其訴求更多是弱勢者角度的平權要求，而不是主軸的強勢者的要求重奪特權。

第四，「國家意識形態的敵視宗教與護國佛教」之間的對揚。多個佛教傳統所在的國家，其政府在現代早期階段面對西方殖民主義擴張，及現代世界的壓力時，會把部分壓力轉嫁到佛教等國內傳統宗教身上，將佛教視為社會落後，國家在現代化進程中受障礙的代罪羔羊之一，因而以反宗教及反傳統的態度，目佛教為迷信與落後的元素，並動用國家機器清除之。國家政權敵視宗教的程度愈徹底，佛教愈難生存，但因應不同處境，當佛教作為國家政權對外政治工具的作用愈高時，反而會增加「護國佛教」出現的可能性。

最後第五，「資本主義與社會主義」之間的對揚，由於亞洲佛教文明的眾多案例，是因為西方的帝國暨殖民主義擴張，或本國政權為了建立「統一」而中央集權的現代民族國家，所進行的營利式經濟開發，才遇上現代文明。所以有此經歷的佛教傳統，常會以社會主義的口號與旗幟，來表達對資本主義的抗拒態度，雖然他們是否真的理解和接納社會主義則是另一回事。

以上五對基本範疇，提供了討論現代國家政－教關係脈絡下佛教處境的主要角度。以下沿著上述提及的範疇為線索，借助案例，進一步說明亞洲的不同佛教傳統在面對現代政治價值觀，乃至現代政－教關係時，所出現的不同反應。下文據前述框架分析佛教文明回應現代政－教關係之挑戰時產生的不同型態。在此類型劃分的基礎與據經典語文所作的劃分（即巴利傳、漢傳及藏傳）並沒有直接關連。類型劃分的線索，主要是落在佛教與現代文明是如何相遇，並引申出對現代政－教關係等觀念的不同反應上，因此雖同以漢語典籍為本之東亞佛教，日、中兩國佛教的回應就有相當差別。同樣，泰國、緬甸及斯里蘭卡雖同為上座部佛教國家，但三國佛教及其僧人的反應也是南轅北轍，不可同日而論。

三、護國佛教

第一類可以日文「護國佛教」一詞概括之。近代東亞佛教

（East Asian Buddhism）[4]當中的日本佛教是主要的典型案例，雖然現代中國的佛教亦多少有此傾向，但程度仍距日本頗遠。在東亞，雖然佛教有非常悠久的歷史與廣泛的影響，但畢竟並非文明主軸，尤其不是官方的正統體系，所以不會出現稍後論及佛教作為主軸文明時，在現代脈絡下所產生的佛教宗教民族主義（religious nationalism）。但它還是會以其他方式連繫上政治意識形態，例如日本佛教無所顧慮地支援世俗的國家主義，至最極端的軍國主義。日本佛教本來就有的傳統日文術語「護國佛教」，馬克思主義學者永田廣志在其《日本封建イデオロギー》對「護國佛教」或「鎮護國家」一概念有說明如下：

> 奈良時代，日本宮廷提倡具有濃厚鎮護國家色彩的《仁王經》和《金光明經》之類，是促進這個世界祈禱的利益，佛教成了純粹現世的宗教……在現世利益的前提下，寺院與現成的國家－政治秩序結合，並得到其庇護；同時作為交易，切實運用宗教的手段直接保護國家秩序。所謂運用宗教手段直接保護國家，既不是指以宗教的名義，從社會福利角度照顧大眾，也不是指宗教對群眾的教化……而是借助神聖的名義使政權神聖化，並祈求現有的政治秩序安穩定。……以鎮護國家為重要任務的宗教，其政治性質表現得較教化為主要使命的宗教更直接，教會直接就是政治

4 「東亞佛教」一詞乃譯自英語 East Asian Buddhism，把「東亞」一詞用在佛教脈絡，是專指以漢字為經典書面語的佛教傳統，包括中國、日本、韓國及越南，其共通特性都是以儒家為軸心，但佛教及其他宗教傳統作為社會主要信仰之一。

機構或其外在包裝……傳統日本佛教，最有意識發揮「鎮護國家」作用的是天台宗及真言宗……教會依靠政權以努力獲得宏法上的方便。[5]

在十九世紀遇上西方文化之前，東亞文明基本上是多宗教和多思想傳統並存，佛教無論在平民、受教育階層、貴族、文官當中皆廣泛流布，但卻又不是唯一的宗教，雖然個別皇室成員或貴族會大力支持佛教，皇朝所依賴的意識形態亦不是以佛教為主。而佛教在前現代的日本，也許比中國更受倚重，甚而接近準國教的角色，因為日本把全國農民以寺院屬民的方式，將其戶籍編列在寺院名下時，實際上讓寺院執掌及代理一切戶政事務，幾成民政部門的代理人，中國佛教的程度尚遠未及此。然而西方文明的進入，深刻地改變佛教在東亞社會的既有角色。日本明治維新是西方船堅炮利的壓力下，在科技、組織及價值觀方面均以西方為楷模來推動改革。由於西方自啟蒙運動以來，在社會角色與觀念上對宗教的強烈質疑態度，日本維新派亦多把宗教理解為在障礙現代社會的建立和發展之過時事物，因而理應被清除掉。

故此日本在明治年間、中國在民初階段，都曾以同樣的考慮，把國家和社會的存亡危機，部分地歸咎於宗教帶來的落後，其中針對佛教，日本有所謂「廢佛毀釋」令[6]，中國在民初也有

5 永田廣志著，劉績生譯《日本封建制意識形態》（《日本封建イデオロギー》，北京：商務印書館，2003 年），頁 139-140。

6 楊曾文、張大柘、高洪合著《日本近現代佛教史》（杭州：浙江人民出版社，1996 年），頁 37-54。又見 C. Ives, "The Mobilizations of Doctrine: Buddhist Contributions to Imperial Ideology in Modern Japan",

過企圖強行沒收寺產辦學之舉動。兩國政府之舉措，皆使佛教一度臨近滅亡之邊沿，佛教被不滿國家落後的政治維新派目為障礙時代進步的落伍元素之一，從而成為被怨恨的對象。在日本，對佛教的此一壓力，促使佛教不得不謀求某種政治上的讓步，屈服於國家主義，透過對政府妥協，以爭取起碼的生存空間。除了佛教在組織上接受政府直接介入的整編及控制外[7]，於一切無論與宗教是否相關的國家事務之態度上，必須完全緊貼及執行官方的意旨。

二十世紀初當日本政府展開海外拓殖事業，日本多個佛教教派與組織均積極參與其事，對韓國、東北滿蒙[8]、臺灣[9]等東亞地區[10]，乃至西藏[11]等透過布教、留學等同時進行民情調查。到軍

Journal of Japanese Religious Studies 26 (1-2), 1999, p.102。

7 楊曾文等著《日本近現代佛教史》，頁 54-84。

8 王佳著《黑龍江藏傳佛教史》（哈爾濱：黑龍江教育出版社，2015 年），頁 140-149；王佳著《東北藏傳佛教史：歷史源流和發展現狀研究》（哈爾濱：黑龍江教育出版社，2017 年），頁 265-274。

9 詳細探討見以下三書：闞正宗著《臺灣佛教的殖民與後殖民》（臺北：博揚文化事業公司，2014 年）；闞正宗著《臺灣日本殖民時期佛教發展與皇民化運動：「皇國佛教」的歷史進程（1895-1945）》（臺北：博揚文化事業公司，2011 年）；林欐嫚著《在臺日本佛教：臨濟宗妙心寺派在臺布教史 1895-1945 年》（臺北：萬卷樓圖書公司，2019 年）。

10 何勁松著《近代東亞佛教：以日本軍國主義侵略戰爭為線索》（《中國社會科學院中日歷史研究中心文庫》，北京：社會科學文獻出版社，2002 年），頁 162-320。

11 明治時期有能海寬、寺本婉雅、河口慧海，大正時期有青木文教、多田等觀，見秦永章著《日本涉藏史：近代日本與西藏》（《西藏問題研究叢書》，北京：中國藏學出版社，2005 年），頁 2-58、94-140、167-197。

國主義日漸支配戰前日本政局的 1930 年代，日本佛教以更主動的方式響應對國家主義的無上「鎮護」[12]，包括參與對國內工人與農民維權聲音的壓制，乃至除創價學會等極少數例外，絕大部分主流日本佛教教派及其組織，都在意識形態、人力資源、行動等各方面，非常積極地投身軍國主義的動員及支援對亞洲各國的侵略[13]。因而戰後整個日本佛教界都面臨支持軍國主義和戰爭的集體道德責任問題。

尤其對政府的體制內革新派官僚、受西潮洗禮的世俗知識階層，及民間菁英來說，西方入侵或壓迫所帶來巨大的屈辱感，接受西方自啟蒙以降的觀念，來籌劃東亞國家的現代化，並對宗教持強烈排斥態度，視宗教需為國家的挫敗與落後負責時，依國家主義的觀點來針對宗教進行控制，佛教被針對的程度與其順從於國家主義，以護國佛教的方式成為共犯的積極程度，基本上是成正比。日本由明治維新到二次大戰終戰為止，雖然有極少數左翼僧侶是例外，但公民社會完全未為主流日本佛教所考慮。日本佛教這種大力擁抱國家主義的情況，是一直到日本戰敗之後，政局逐漸步向民主化才有所放緩，然而即使下及 1990 年代的日本佛教界，佛教在二戰時角色仍然是忌諱議題，迄批判佛教（Critical Buddhism）運動的衝擊過後，才逐漸走出禁忌的陰影[14]。而日本

12 楊曾文等著《日本近現代佛教史》，頁 152-177。

13 探討日本佛教在軍國主義體制及戰時角色的研究，近年一直在大幅增長，見本書第六章討論日本的部分，不在此重覆冗述。

14 日本學界在 1990-2000 年代陸續出版十餘冊以教派為單位的研究，探討日本佛教不同宗派的組織如何參與軍國主義事業，並「獻身」支持對外的軍事侵略，關鍵是這些著作的作者往往是這些宗派的中、青年僧、俗

的現代化過程中反傳統的持續度、規模及深度均不如中國嚴重，所以更多只是短暫地反宗教，而非反傳統。中國自民國時期以來，無論是當局或知識界的強烈反宗教取態，皆長期貫徹整個二十世紀，尤其在 1950-1970 年代約三十年的「社會主義改造」愈演愈烈[15]，此後雖然號稱「恢復」，很多時只淪為地方當局與財團勾結的謀財工具而已[16]。

當然，國家主義壓制佛教不一定造成「護國佛教」，因為護國佛教其實是還有妥協的餘地可言。國家主義排斥佛教但沒有形成護國佛教的，有一常被遺忘的例子，那是泛蒙古地區的藏傳佛教。蒙古族自十六世紀以來，基本上是構成除藏族外，信仰藏傳佛教的最主要族群，前蘇聯亞洲地區西伯利亞伏爾加河流域的三個加盟共和國，即卡爾梅克（Kalmyk）、布里亞特（Buryat）及圖瓦（Tuva）[17]，還有今天的蒙古人民共和國版圖內的蒙古族，

學者，但主題每多是他們教派內前三代的先輩，這些學者是透過梳理教派內部資料，才發掘出其教派的先輩當年的行事，而且這類研究的出版常常是教派晚輩代前輩向社會致歉之表示，而大部分這些例子都是 80 年代曹洞禪宗佛教知識界背景的批判佛教運動突破禁忌後才能發聲跟進。同樣請見本書第六章日本環節，不在此冗述。

15 學愚著《中國佛教的社會主義改造》（香港：香港中文大學出版社，2015 年）全書。

16 近三十年中國進行經濟上的改革開放，佛教由被革命的對象，變成今日被圖利的對象，有所謂「宗教搭臺、經濟唱戲」的局面，部分佛教組織亦願意與各級地方當局合作圖利，也有寺院是地方當局的旅遊投資項目，任意招攬失業者偽裝為僧。這種從壓制到文化與經濟剝削的轉變，與公民社會要求保障宗教在信仰和團體自治之權利，明顯有違。

17 John Snelling, foreword by Stephen Batchelor, *Buddhism in Russia: the Story of Agvan Dorzhiev, Lhasa's Emissary to the Tsar* (Shaftesbury, Dorset;

都是藏傳佛教的主要族群，事實上十八世紀以來藏傳佛教，尤其格魯派最出色的學者或宗教－文化人材，多有是來自上述區域的蒙古僧人，但在 1930 年代前後，也因蘇聯的馬－列主義國家意識形態和制度強烈仇視宗教，把上述多國的佛教宗教和社會體系徹底消除掉[18]。

蒙古佛教僧團被消除後，馬－列政權甚至千方百計在蒙古社會生活層面，清除文化中的佛教的元素與記憶[19]。其徹底的程度，甚至英國殖民統治在上座部佛教國家對僧團的壓制都無法相比。這是因為現代殖民主義著眼於取得經濟資源和建立營利市場，這物質利益的務實原則不涉及意識形態上對美好新世界的營造。尤其英式殖民統治擅長在被殖民族群內，利用既有的社會結構圖統治之利，一般不主動破壞原有的社會結構，故此英人治南亞的佛國如緬甸及斯里蘭卡，只是漠視僧團，讓其自行逐漸零落不繼，水準下降，但遠沒有主動以大規模暴力在短時間內消滅之，反而上座部的柬埔寨和寮國和藏傳的蒙古皆被懷有烏托邦思想的本國馬－列主義政權消滅。所以蒙古佛教最終連以護國佛教

Rockport, Mass.: Element 1993), pp.55-58, 90-94, 188-193, 223-224, 256-257, 263-267.

18 Michael K. Jerryson, *Mongolian Buddhism: the Rise and Fall of the Sangha* (Chiang Mai, Thailand: Silkworm Books 2007) 下半冊討論蒙古僧團的被消除。從蘇聯共產主義革命在蒙古的開展的角度說明消除蒙古僧團的政治－社會背景，見 Irina Y. Morozova (Irina Yurievna), *Socialist Revolutions in Asia: the Social History of Mongolia in the Twentieth Century* (London: Routledge 2009), pp.26-83。

19 Michael Kessler, *The Public Effacement of Mongolian Buddhism* (Thesis of Master Degree, University of Wisconsin-Madison 2000).

方式，苟存於國家主義體制內都不可能，更遑論如殖民統治下的斯里蘭卡佛教僧團，仍能成功保留土壤與芽種，重建僧團教育，並發展為重要的反殖力量。

四、佛教的民族主義和原教旨主義

典型個案是斯里蘭卡和緬甸的佛教民族主義。以蘭卡為例，雖然蘭卡佛教僧團所主導的佛教民族主義運動，是其中一股重要的反殖力量，但當反殖成功，蘭卡獨立未幾，即將獨立前後建立的西方民主政體及現代公民社會的基本制度，扭曲為佛教民族主義行使民粹政治時的工具，僧人借助這兩種制度的開放性，掌控選民、選票、政黨及政策，同時卻把這制度原先在設計時，所欲建立和彰顯的政治和社會公共價值徹底破壞，使整個社會及佛教本身皆陷入災難當中[20]。

斯里蘭卡例子顯示一個被殖民的佛教族群，其受破壞的嚴重程度與其於獨立前後宗教民族主義的極端程度之間，是存在著正比的連繫。也就是被殖民的破壞程度愈深，受殖的族群當中的文化菁英階層在價值觀上，往往累積了無法輕易消解的深刻怨恨，把他們從殖民者手上所受到的暴力轉嫁到其他族群身上，這種轉嫁不單未能解決問題，反而只會激起新的仇恨，形成暴力的惡性

20 從佛學院教育系統、南亞區域安全及族群政治角度，探討僧侶如何操弄議會及政黨政治，破壞民主制度的精神，見劉宇光撰〈斯里蘭卡的政教衝突〉，刊徐以驊編撰《宗教與當代國際關係》（復旦大學國際關係與公共事務學院編《宗教與當代國際關係論叢》，上海：上海人民出版社，2012 年）第十四章，即頁 477-509。

循環。

戰後近三十年間，斯里蘭卡在佛教徒與非佛教徒之間所爆發的全面內戰，已造成近八萬人喪生、上百萬人家破人亡，家園盡毀，流離失所，佛教僧人在這場悲劇中，有無從推諉的嚴重責任。也許在 70 年代，將教族之間已經極度緊張的關係，首先推向全面暴力化及武裝化的，是信仰印度教的泰米爾人當中的激進組織，但早在 50 年代，透過操縱選舉，逐步經營出對非佛教族群充滿壓制、敵意與排斥的社會氣氛；乃至在內戰全面爆發後，全力障礙國際社會的調停進程、壓制斯里蘭卡國內人民對和平的請求、操弄政黨政治，迫使歷屆執政政府迎合僧人的宗教民族主義要求、壓制僧團內的溫和聲音，甚至組織武裝暴動，挑戰政府平亂不力，乃至以行私刑方式，對付泰米爾印度教徒（及嚴重騷擾其他宗教社群），挑起蘭卡佛教民族主義的群體多為僧人，包括主流僧團的骨幹僧人，甚而僧團領袖[21]。他們都或直接參與，或間接支援而深涉其中。這些案例揭示現代政－教關係對佛教文明構成巨大挑戰，佛教文明往往因不知如何消化與應對這些處境，而陷身深重價值和人道危機。

斯里蘭卡獨立後出現好鬥的佛教宗教民族主義，及其引發的教族內戰問題，基本上都屬非西方國家的被殖民、反殖及獨立之後的典型後殖民處境（post-colonial situation）。這是指原受現代西方殖民統治的非西方社會，於二戰之後結束殖民統治，取得政

21　當代斯里蘭卡佛教民族主義僧人在促成種族仇恨及內戰等事上所起的作用，是現代佛教其中一個最嚴重的污點，雖然華人佛教知識界對此多諱莫如深，但國際學界對此多有研究，見本書第六章的「上座部」一節的斯里蘭卡段落。

治上的獨立或回歸母國。但在殖民階段所受到的文化和社會創傷遠未癒合，這包括原有宗教、文化、制度、族群尊嚴與認同、語言及生產方式曾受破壞與壓制。從而由一個極端，擺向另一個極端的過度反彈。其特殊之處在於，獨立前後受殖族群的菁英在對抗殖民者之餘，常會運用從殖民者手上學來的現代國族觀念和民族國家制度[22]，把對已遠去的殖民者的不滿，轉換為針對獨立後國內少數族群，產生怨恨與報復，這種從事現代國家意識形態營建的過程每伴之以對國內其他族群的壓制，其後果常演變為延續數代人的族群暴力衝突。當代斯里蘭卡佛教的宗教國族主義，就是在現代的國家觀念上，要求把佛教國教化，再動用法律及其他國家機器來「補償」或重建殖民時期所失去的時光。

斯里蘭卡佛教除了有源於反對殖民主義所形成的佛教民族主義外，也同時含有原教旨主義（fundamentalism）傾向，雖然二者重疊或相續地出現，易被當成同一回事，但就問題性質來說應予區分。在整個佛教文明內，斯里蘭卡僧團對政－教分離的世俗化原則作出的暴烈抵抗，沒有當代佛教的其他例子可以相若。在此先對「宗教原教旨主義」一概念作基本說明，我們可以同時從觀念與行為兩個方面作出相互對照的分析。首先，批判理論（Critical Theory）的當代德國哲學尤根・哈貝瑪斯（Jürgen Habermas）在其《後民族結構》（*Die Postnationale Konstellation*）一書內，討

22　現代意義的民族國家（nation state）和民族主義（nationalism）皆源自近代西方政治思想，有其特殊內容。它們在西方殖民過程中傳進非西方地區，並被本土的政治和知識菁英接納，其傳播見 Eric J. Hobsbawm, *Nations and Nationalism Since 1780* (Press Syndicate of the University of Cambridge 1990), Ch.2, 4-6。

論伊斯蘭教原教旨主義者在 9.11 恐怖襲擊背後所涉及的文化問題，他指出：

> 原教旨主義儘管擁有宗教的語言，但卻是一種現代特有的現象。……在兇手（按：原文是施襲的那些伊斯蘭極端分子，但可指原教旨主義者）身上，明顯存在動機與手段之間的落差，所反映的是兇手家鄉文化與社會發展的不協調，而這種不協調是由迅猛和徹底的現代化所造成。在我們這裡，這種現代化過程幸運地，被視作一具有開創作用的破壞過程，但在伊斯蘭教國家，傳統生活方式的解體，給人帶來莫大的痛苦，而且還沒有找到替補的途徑。改善物質生活條件固然是途徑之一，但關鍵在於，由於情感屈尊，精神發生深刻變化，這一點在政治上表現在宗教與國家的分離。在歐洲我們也是用了幾個世紀的時間，才充分認識到現代的兩面性此一特點，儘管如是，…世俗化過程充滿矛盾的情感……。「世俗化」一詞最初是法學的意思，指世俗國家權力機構強行沒收教會財產。後來這一意思被徹底轉嫁到文化現代性和社會現代性的發生過程當中。從此以後，「世俗化」一詞就代表兩種截然不同的評價，主要看我們要強調的是世俗權力成功約束教會權威，還是突出非法占有的行為。……後者批評現代的思維與生活方式是非法盜竊得來的……這種剝奪論試圖揭示現代社會無家可歸的慘狀。但對世俗化的這兩種不同理解，其所犯的錯誤卻是一致的，即他們都將世俗化過程看作是一你

死我活的鬥爭。[23]

哈貝瑪斯的分析雖然主要是由評論與 9.11 襲擊有密切關係的伊斯蘭教極端主義所引起，但在大方向上，還是能說明佛教等其他經典宗教也面對的現代普遍處境，而指出世俗化與宗教原教旨主義之間的關連：傳統宗教社會生活方式的瓦解，是由因政治－宗教分離的世俗化過程所造成，而在此世俗與宗教是一種相互徹底排斥與敵視的關係。因此在現代的政治－宗教關係脈絡裡，宗教原教旨主義的基本目的，就是要制止世俗化的進程，或改變已經完成的世俗化制度，透過取得的各種權力，重新回歸及確立宗教在公共領域中的主導角色。

落在具體的行動層面，依《強勢宗教：宗教基要主義已展現全球格局》（*Strong Religion: the Rise of Fundamentalisms Around the World*）一書的界定，原教旨主義是指宗教社群由於面臨世俗化的強大壓力，因而產生非常強烈的價值危機感，不惜訴諸強力，甚至暴力，來對以下三者提出控訴。首先是根據政－教分離原則，從制度與政策層面推動宗教社會世俗化的國家政權或特定政府；其次是試圖維護宗教或價值多元的公民社會；第三是與極端立場原屬同一宗教的教內溫和派勢力[24]。近年無論在宗教學、

---

23 尤爾根・哈貝瑪斯（Jürgen Habermas）著，曹衛東譯《後民族結構》（*Die Postnationale Konstellation*，《哈貝瑪斯文集》第三卷，上海：上海人民出版社，2002 年），頁 162-165。

24 Gabriel A. Almond, R. Scott Appleby and E. Sivan, *Strong Religion: the Rise of Fundamentalisms Around the World* (Chicago: University of Chicago Press 2003), pp.329-379.

社會學及政治學的實證研究皆指出，自二十世紀初以來，一直被現代人深信不疑的宗教消失論，已被過去二十年的新局面所推翻，甚而當初提出現代社會最終將徹底世俗化之論者也公開修改其先前判斷，並進而指世俗化退色（de-secularization）或宗教復甦（resurgent religion）乃是全球現象[25]。在新一波宗教回歸的跨宗教特殊現象之一，是宗教不惜以強硬的敵對態度，甚或暴力的原教旨主義方式，來對抗世俗社會。

當代斯里蘭卡佛教事實上已成了佛教這類激進立場與運動的代表，雖然以暴力直接行動的僧侶只是蘭卡佛教的小部分成員，但在態度、言論上支援或默許此類觀點與行徑的，包括不少屬主流佛教的僧人及組織。在上座部佛教國家中，緬甸受殖民統治侵擾的程度與斯里蘭卡不相伯仲，僧人在反抗殖民統治的過程中也是非常活躍與關鍵的一群，在取得政治獨立後，佛教僧人亦一度出現與其斯國僧侶同僚相若的宗教民族主義激進態度[26]，雖然 60 年代以降迄 2014 年前後止的軍事獨裁壓制了此一取向的發展，但近年隨著軍事獨裁向文人政府過渡，嚴苛的武力統治稍為放緩後，類似的問題重新浮現。

此外泰國是東南亞上座部國家當中唯一能免於被直接殖民的

---

25 Peter L. Berger (ed.), *The De-secularization of the World: Resurgent Religion and World Politics* (Washington, D.C.: Ethics and Public Policy Center; Grand Rapids, Mich.; W.B. Eerdmans Pub. Co. 1999), pp.1-20.

26 麥爾福・史拜羅（Melford E. Spiro）著，香光書鄉編譯組《佛教與社會：一個大傳統並其在緬甸的變遷》（*Buddhism and Society: A Great Tradition and its Burmanese Vicissitudes*, London: Allen & Unwin 1971，嘉義：香光書鄉出版社，2006 年），頁 651-652。

案例，儘管官方依然傾向支持佛教，仍不時有提出強烈國教要求的聲音[27]，但除了和泰南馬來族伊斯蘭教社群仍會發生衝突外，泰族佛教社群和僧團沒有普遍出現蘭卡佛教那樣對外強烈敵視西方現代世界，對內仇恨非佛教族群，擁有強大好鬥而又不擇手段的宗教民族主義勢力。

以猛烈但意義與作用成疑的方式抵制現代或世俗文明的其他佛教例子，還如二十世紀初藏傳格魯派拉薩三大寺曾派出武裝僧兵（ldab-ldob）[28]，狙擊在拉薩新式西學，學習英語和其他現代學科的西藏貴族子弟[29]。但嚴格言之，這一事件還不能算得上是典型的原教旨式的反應，因為支持建立西式學堂和現代課程的是第十三世達賴喇嘛．土登嘉措（thub bstan rgya mtsho, 1876-1933），他並不是要在政治上推行政－教分離的現代世俗原則，其有限的改革旨在維持政－教合一制的前提下，加固其宗教政權的管治實力，以應對西方文明的巨大壓力與挑戰，並回應西藏與清朝和民國政權之間的動蕩關係，乃至蒙藏地區日趨複雜的政治

27　2007 年 4-8 月間泰國草擬新憲法，宗教一直是敏感問題，佛教徒要求將佛教定為國教的聲浪一直沒有停過，但為泰國修憲委員會堅決否定，避免局勢惡化。見〈星島環球網〉www.singtaonet.com，2007-06-13 及〈文匯專訊〉2007-04-17。

28　Melvyn C. Goldstein, “A Study of the Ldab Ldob”, *Central Asiatic Journal* Vol.IX, No.2, 1964, pp.125-41.

29　Melvyn C. Goldstein, with the help of Gelek Rimpoche, *History of Modern Tibet, 1913-1951: the Demise of the Lamaist State* (Berkeley: University of California Press 1989)，尤其第 3-6 合共四章，詳細交代促成僧兵鬧事的時代背景。

處境[30]，所以當三大寺面對政治上的進一步世俗化時，是有演變為徹底的原教旨主義對抗之可能性。

五、「佛教非政治」的佛教政治

第三種情況是「佛教非政治」之論述，它源於佛教團體對現代政－教關係價值的漠視，這通行於不同類型與傳統的普遍現象。雖然很多時這些作出「佛教非政治」舉動的原意，只在維護佛教團體所認定的「正信佛法」，不一定要刻意損害公民社會的基礎，或盲目追隨國家主義。但因其對現代公共價值觀的無知，因而其不當舉措也會在無意之間，損害公民社會的權利而仍不自知，這背後的「政治無知」是以迴避公共是非地，依順執政當局的決策而求自保。

例如臺灣在軍事戒嚴時期，官方的佛教組織派佛教徒滲透民間佛教的異端教派，以協助情治機構鎮壓宗教活動，損害宗教自由。又例如 2000-2001 年期間，香港佛教的最主要團體香港佛教聯合會（Hong Kong Buddhist Association）的代表，多次在香港立法會高調而主動地要求港府立法取締佛聯會所排斥的民間佛教異端團體。其時港府以其要求於《基本法》無據而拒絕，對香港社會而言，這種企圖借官方力量，打壓宗教異己來「維持正法」的舉動，有違香港社會的基本價值觀如思想、言論及信仰自由，並挑動社會對立，該事終因其有違公民社會共識而未能得逞[31]。

---

30 M. C. Goldstein, *History of Modern Tibet, 1913-1951: the Demise of the Lamaist State*，同上。

31 立法會會議記錄，見香港立法會檔案 CB(2) 1673/ 00-01 號文件。

及後有佛教團體不甘於其借官方力量打擊宗教異己之圖謀未能得逞，多次指使私人保安員，以粗暴手段對付持不同信仰和政見的弱勢基層婦女[32]。

這類事例可見有關的佛教領袖或組織為了維護信仰的正統性所採取的手段，清楚反映其欠缺公民意識，絲毫未意識到若其要求得逞，將對公民社會的基本價值與制度造成惡劣損害，而不明白在現代社會，宗教傳統的合理維持，只能透過建立佛教內部的完善管理、溝通及教育體系來達成，而不應不擇手段，不惜依附國家政權，破壞公民社會基本價值為代價來取得。

六、佛教的公共介入

第四種型態是支持在公民社會與國家體制之間保持對等關係，對護國佛教、佛教民族主義及佛教原教旨主義的觀點皆作出批判的左翼佛教或佛教的公共介入（原法文 Le Bouddhisme engagé，英譯 Engaged Buddhism 或 Socially Engaged Buddhism）的社會運動[33]。草創其觀念的踐行者是越南一行禪師（Thich Nhat Hanh）及東南亞的佛教左翼社運群體，但不同背景的後繼參與者應不同政治和社會處境作持續發展，而形成不同型態的實踐。在政－教關係上，左翼佛教正視現代公民社會價值觀對傳統

32　香港《明報》2004 年 5 月 27 日 A7 版。

33　筆者對此複雜問題的較深入討論，見劉宇光撰《左翼佛教和公民社會：泰國和馬來西亞的佛教公共介入之研究》（《法印文庫》33，桃園：法界出版社，2019 年 5 月），第一、二及結論共三章的詳述，即頁 17-101、387-402。

佛教的意義。左翼佛教同意，儘管現代政－教觀念是絞纏在殖民主義中進入佛教文明，但殖民主義的暴力不應該成為曾經歷殖民的佛教拒絕政治的世俗化，即政－教分離的有效借口。

左翼佛教主張，在世俗的現代公民社會，政府本身應是宗教中立，既不排斥亦不支持任何宗教，而公民（citizen）身分同樣是優先於教徒身分，故此在公共領域當中，公民社會的利益優先於宗教社群，所以佛教社群的政治參與不應只以佛教群體的利益與權益為考慮，卻應以整體公民社會權益為視野。左翼佛教因而肯定，即使在一個佛教國家，如言論、思想、信仰自由等現代公民權利，仍然優先於佛教的宗教認同，且此一優先需循憲法層次，運用法律手段加以保障。而左翼佛教會將公民社會制度與價值觀的建立與守護，視作有現代公共意識的佛教社群宗教實踐的一環。

另一方面，左翼佛教也認為，各種以種族、文化、歷史、政治，甚至宗教論述為內容所建立的現代民族主義等政治意識形態，每都只是更易為現代文明接受的新實體論，它以現代的世俗理念與方式，把階級、種族等觀念變成一抽象的實體，作為動員、召集及合理化各種有組織暴力之觀念媒介。左翼佛教反對殖民主義之餘，也同時意識到在後殖民階段，本土族群常因反殖民而陷身殖民主義之倒影，在反殖過後，有時淪為比殖民主義更殘忍的國族主義。故對國族主義之危險性的警惕程度，並不下於對殖民主義，甚至有過之，政治暴力不會因其訴諸國族主義而變得比殖民主義增加其合理成分。

左翼佛教充分留意到，在傳統以佛教為主流文化的國家，尤其從殖民地取得政治獨立後，佛教從反殖的宗教民族主義在後殖民階段，逆轉為以佛教為旗幟的種族仇恨，和演變成佛教原教旨主義，這一直都是非常危險的政治誘惑，其危險甚至大於單純來自國內政治獨裁或外來殖民統治的壓逼。因而在該等國家的公共生活中，為維護公民社會優先於佛教的宗教認同，佛教民族主義和佛教的國內殖民主義二者皆屬左翼佛教非常關注而一直試圖反制的現實難題。

結　語

從哲學的層面來說，無論是世俗的國家主義或宗教民族主義，其實都假設了以某種文化或歷史為內涵的本質，來論構族群不變的延續和每一族群成員都共享的某些特質。在前述日本及斯里蘭卡的兩例，國家主義與宗教民族主義二者之間，差異只在於其所謂的歷史或文化本質是否以特定宗教傳統作為其內涵而已。即使近代日本佛教，他們對國家主義所奉行的日本文化本質，顯然仍然持認可的態度。誠若當代許多對民族主義甚或國家主義的分析指出，此類立論錯謬之處，乃在於以發明傳統（the invention of tradition）[34]的方式，論構出一種既不符歷史，又不符眼下現實，屬虛構的所謂獨立自足、恆久不變，純粹的歷史或文化本質，並以此作為召集及動員集體暴力的理據[35]。

34　這一觀念來自英國左翼歷史學者，見霍布斯邦（Eric Hobsbawm）等著，陳思文等譯《被發明的傳統》（*The Invention of Tradition*，臺北：貓頭鷹出版社，2002 年）。

35　政治哲學家漢娜・鄂蘭（Hannah Arendt）在其《極權主義探源》（*The Origins of Totalitarianism*）深入分析國族主義、現代國家暴力及種族主而非常諷刺的是，暫擱其具體的文化或歷史內容，乃至世俗主義取態不議，單就其界說此類概念的方式來說，其實正好與佛教存有論立場所講究諸法無常、無我及緣起之哲學觀點直接矛盾，但讓人錯愕的是，無論前述擁抱國家主義的護國佛教，或當代的佛教民族主義，皆完全無視民族觀念背後的實體論立場，其實是與佛教哲學基本觀點相齟齬。

事實上，若借用大乘佛教為剖析無明（avidya）的生起，而提出的兩種劃分，即俱生起（sahaja）[36]和分別起（parikalpita）[37]，後者「分別起」所指的，就是實體論意識形態（不管其內容是什麼）借助形上學、哲學思考、宗教言說及行為的價值規範體系之陳述，所建立的整套由理論到實踐的顛倒見，尤其是五項顛倒見（mithya-drsti，即「五惡見」）當中「唯分別起」的四項[38]。因此上述兩類為部分當代佛教所大力擁抱的政治態度，不單在其所導致的行為後果的倫理性質上，與佛教戒律發生直接的嚴重衝突，且其政治態度背後的實體見，更是與佛教存有論徹底相

義之間的內在關係。

36 玄奘《成唯識論》卷一：「無始來時，虛妄熏習內因為故；恆與身俱，不待邪教及邪分別，任運而轉，故名俱生……此……我執細故難斷」（《正》卷 31，頁 2a）。

37 玄奘《成唯識論》卷一和二：「分別……執，亦由現在外緣力故；非與身俱。要待邪教及邪分別，然後方起；故名分別」（《正》卷 31，頁 1a、7a）。

38 玄奘《成唯識論》兩次提及「唯分別起的妄執」，卷四：「二取（指見取見及戒禁取見）、邪見，但分別生」（《正》卷 31，頁 22b）；卷六：「如是……煩惱（指根本煩惱）中……後三見（指見取見、戒禁取見、邪見），唯分別起，要由惡友及邪教力，自審思察，方得生故」（同前，頁 32a）。

礙。而從佛教哲學來看，前述的國家主義或民族主義，其實每多都是這種「唯分別起顛倒見」的現代變奏。

佛教人士歷來自視佛教信仰與政治無關，這種自我認知不單難與佛教文明史之事實相符，且亦與當代佛教的真實處境亦完全不符[39]。這些謬誤實源於把不同層次的問題或關鍵概念的內涵不求甚解，混為一談所致，主要的謬誤有三。首先，把單純作為個體信仰的原初動機和其抽象的義理內容，與在現實社會中的佛教組織或社群混為一談。因此不應把佛教徒在個人信仰層面未涉政治思考之事，作錯誤推廣，而理解為佛教社群或組織也是與政治無關。

其次，視政治屬於佛教社群可以完全自主掌控或自覺決定的事之謬誤，因此似乎只要佛教社群刻意迴避明顯可見的政治參與，即可與政治無關，而自外於與政治相關的一切事之外。但前述多個佛教案例在現代的處境和經驗卻清楚說明，一如所有其他社會團體一樣，佛教組織無論是在強調國家主義至上的國度，或在公民社會與國家體制平衡發展的現代社會，公共向度本來就是社群生活的基本狀態與條件，根本不可能完全否認公共或政治生活。故此以非政治（apolitical）作為政治立場，並不見得能夠迴避在實際社會處境中前述臺、港佛教案例的種種自相矛盾。

第三項誤解是何謂「參與政治」？「參與政治」包括完全不

39　歷史上，傳統佛教與政權關係其實非常密切，藏傳佛教所有主要教派幾乎都是政教合一制的政權載體，就是在上座部，佛教僧團歷來都與政權關係極為密切，見 Donald K. Swearer, *The Buddhist World of Southeast Asia* (SUNY Press 1995), pp.63-106；又見史拜羅著《佛教與社會：一個大傳統並其在緬甸的變遷》，頁 642-668。

同而不應被混為一談的兩種意思。一者是指宗教從政權或當政者手上攫取或分享正式的權力，扼言之，即作為政權的全部或一部分。誠若前文已指出，這在現代政－教分離的世俗化原則下，宗教作為政權的一環是完全不能接受。但另一種則是指現代社會的佛教組織可作據民間團體的身分，參與社群公共事務的協商及決定，甚而透過公開的言論與行動，表達對涉及公共事務的價值態度與道德承擔。時下若佛教徒據其公民權利進行公共參與，而與官方立場相異時，「參與政治」就是用作指控之貶義辭，但另一方面當佛教領袖應政權邀令，接受政治職銜的賞賜，及而不問事由地參與為政權文過飾非的活動時，卻不算「參與政治」，這實際上只是雙重標準和將政治參與污名化。

現代佛教的領袖或組織負責者必須對現代社會公共價值觀有基本水平的認識，不能因政治無知，而作出有損公民社會利益的舉措。儘管佛教僧團領袖常聲稱佛教與政治無關，但佛教團體畢竟是存在現實社會中，因此不可能完全自外於其所處的政治環境，所以在現實上還是會作出種種也許只是間接，但在效果上卻是真實的政治行為。如果一方面不願正視佛教不能自外於公共生活，另一方面對現代社會價值觀欠缺基本理解，卻仍然作出種種政治決定與行為，這種既否認政治考慮，忽視政治的公共認知，甚至迴避政治責任，但在實質行動上又試圖參與政治以分享權力，獲取利益，其間所形成的反差，每因無知而損害社會的基本權利保障。然而作為現代社會的宗教領袖，是有責任建立對公共價值觀的認知，換言之，他們是沒有「政治無知」的資格，不能聽任一己的政治無知，而讓社會承受其不當行為的後果，此乃難辭其咎的不負責任行徑。

第二章　佛教僧伽教育是如何成爲學術議題？

引　言

本章是對國際學界佛教僧伽教育（Buddhist Samgha / Ecclesiastical / Monastic Education）研究現況回顧的系列三章中的第一章，目的是就戰後國際學界對梵、藏、巴利及東亞等傳統的佛教僧伽教育近四十年的研究情況，作出綜合回顧與評估，並探討這些國際研究能夠在什麼意義下為華文學界的同類議題帶來思考上的啟發。所以下來的三章並非直接從事僧伽教育的研究，而是要對這一議題的學術現況作出系統回顧。由於國際學界僧伽教育研究牽涉甚廣，相對完整的探討需要包括議題和論著回顧，雖然內容密切相連，但為免篇幅過長，在「佛教僧伽教育研究」的大主題下分為三章。本章先探討佛教僧團教育是如何成為學術議題，其他兩章則是對迄 2019 年底為止，古典印度、上座部、藏傳及東亞僧團教育研究之回顧。

早在 60、70 年代，歐美和日文學界在探討東南亞上座部佛教的僧團、政府及社會之間的關係時，已經有部分論著觸及佛教的僧伽教育。90 年代以降，學術性佛教研究（Academic Buddhist

Studies）[1]逐漸在歐美學界形成人文學科的成熟領域，對佛教僧伽教育的研究，亦在這背景下呈現相應增長，成為研究的新專題，近年甚至在學界形成專攻僧伽教育研究的特定圈子。典型例子是國際佛教研究學會（International Association of Buddhist Studies）的年會上即以「僧伽教育」為專題之一，召集國際上專攻不同傳統僧伽教育的學者聚首論學，並將與會論文結集為期刊專號[2]，而另一學術期刊《宗教》（*Religions*）第八（十）號（2017 年 9 月）則以藏傳佛教的教化為專輯主題[3]，這充分顯示國際學界確認僧伽教育作為跨傳統議題之重要性。

誠如專研泰北寮族僧伽教育的賈斯廷・麥克丹尼爾（Justin T. McDaniel）指出「如果不理解僧侶教育的課程與教育方式，我們也不會理解一個宗教群體的變化」[4]。尤其在傳統的佛教社

---

1 國際學界對學術性佛教研究（Academic Buddhist Studies）範圍與特質的討論，見 *Journal of International Association of Buddhist Studies* 的兩次專輯，即 Vol.18, No.2, 1995, pp.141-277 和 Vol.30, No.1-2, 2009, pp.253-343，還有 *Journal of the American Academy of Religion* Vol.74, No.1, January 2006 的專題，此外亦見 José I. Cabezón and S. G. Davaney (ed.), *Identity and the Politics of Scholarship in the Study of Religion* (London: Routledge Publication 2004）涉及佛教研究的諸文。

2 這次會議的與會論文後來在《國際佛教研究學會學報》（*Journal of International Association of Buddhist Studies, JIABS*）2008 年第 28 卷第 2 號刊行了「僧伽教育」的專輯，該專輯刊有論文七篇，案例皆為上座部和藏傳。

3 *Religions* 8 (10), 2017, Special Issue "Pedagogy and Performance in Tibetan Buddhism", (September 2017).

4 Justin Thomas McDaniel, *Gathering Leaves & Lifting Words: Histories of Buddhist Monastic Education in Laos and Thailand* (University of

會（Buddhist society）[5]，作為社會的宗教、知識及價值精英組織，僧團如何因應社會與文化環境的變化，不斷重塑僧侶的社會角色，在此脈絡下僧團如何理解、規劃及落實僧伽教育，某程度上就已經預示十餘年後，部分下一代僧侶的可能取向。這種情況以佛教社會面對現代文明的衝擊時，尤其明顯。所以在佛教社會，僧侶社會角色的重塑成為僧團需要長期持續面對的常規議題，在不同階段，其具體問題、性質與程度皆差異甚大。宗教傳統在培養其宗教專業人員時，如何對這些持續變化的處境作回應，也就成了近年學界研究佛教僧伽教育議題時的主要思路。

90 年代以來，華、洋學界對「佛教僧伽教育」之議題的研究皆持續增長。本章將對戰後，尤其過去約四十年以來學界有關梵、藏、巴利及東亞等佛教傳統僧伽教育的研究現況，根據議題為框架，依次作五點闡析：一，說明作為學術議題之「佛教僧伽教育」，其概念、問題及定義。第二到第四節採取跨傳統議題取向的視野，以三個層次來討論僧團教育研究的共通議題。二，僧

Washington Press 2008), pp.8-9.

5 佛教社會（Buddhist society）和佛教社群（Buddhist community）指信仰佛教的兩種傳統群體類型。「佛教社會」一詞是專指近乎全民信仰佛教之族群（ethnic community）、王國（kingdom）或國家（state）。因而僧團組織在社會的諸多公共領域，例如教育等事務上，皆擔當重要角色。在此意義下，泰國、緬甸、柬埔寨、寮國、斯里蘭卡、不丹、西藏、蒙古皆屬此範疇。但例如華人、越南（以上二者傳統上均為儒家或儒教主導的社會）、印度、尼泊爾（以上二者均為印度教社會）、孟加拉、馬來西亞（以上二者均為伊斯蘭教社會）等則不是，佛教社群在這些國家不單都是少數群體（minority group），而且僧侶組織在主要的公眾事務，皆不會擔當重要角色，稱作佛教社群（Buddhist community）。

團教育制度的內部組織；三，從教育社會學（或人類學）和政－教關係兩個角度，來探討佛教社會的僧團教育與政權和社會之間的關係；四，傳統佛教社會的僧團教育系統在受到現代文明衝擊後的變化，涉及僧團教育在殖民統治和反殖民的佛教民族主義，乃至政－教分離世俗化和佛教原教旨主義的反撲等多層張力下的回應。五，借助對前述國際研究之回顧，扼要對比華、洋學界的僧伽教育研究，在視野、立場、焦點、題材、問題意識、方法、案例，乃至現有特質上的差異，並試圖指出華文學界可作思考的地方。

一、議題的基礎：問題、概念及定義

在傳統的佛教社會，龐大而複雜的寺院與僧團組織，派生出多種不同社會功能，宗教體制擁有從管治[6]、經濟、社會、學術、文教，甚至是內外防務[7]等多種功能。即使在現代，僧團的力量已不如前，但不少仍餘溫未了，尤其在面對日漸成形的現代價值與世俗世界，僧侶群體如何自處和回應其社會角色的劇變，

6　Jonathan A. Silk, *Managing Monks: Administrators and Administrative Roles in Indian Buddhist Monasticism* (New York: Oxford University Press 2008).

7　僧侶組織的武裝化或軍事化，漢傳例子見林韻柔著〈時危聊作將：中古佛教僧團武力的形成與功能〉，《成大歷史學報》43 期（臺南：國立成功大學歷史學系，2012 年 12 月），頁 127-175。至於僧團的武裝化，雖然部分涉佛教的宗教暴力，但筆者傾向更審慎地從概念上區分兩者，因為二者的問題性質不完全相同，至於佛教的宗教暴力，見本書的第五、第六兩章。

往往也會影響到佛教能否如常延續發展，乃至社會的穩定與否。

在文教學術方面，雖然不同傳統的佛教經院學（Buddhist Scholasticism）[8]在教義內容之間確有差異，但仍然有其基本共通性質。這些歷史悠久而又結構嚴密的經院系統，皆承擔著宗教傳承、經教研究、知識累積，及僧侶教育等諸多功能，佛教僧伽教育近年逐漸成為國際學界佛教研究不斷成長的新進領域之一。雖然「佛教僧伽教育」可以說是所謂宗教教育（religious education）

8 經院佛學（Buddhist Scholasticism）一詞是近年西方學界用於稱謂源於印度佛教由班智達（Paṇḍita）和論書（śāstra）所載負的佛教智性傳統和知識體系。近年研究說一切有部的魏查理（Charles Willemen）、科利特・考克斯（Collett Cox）及巴特・德塞（Bart Dessein，巴得勝）；研究巴利暨上座部佛教的史蒂文・科林斯（Steven Collins）、馬蒂厄・博伊弗（Mathieu Boisvert）、馬丁・斯圖爾特－福克斯（Martin Stuart-Fox）及卡魯納達薩（Y. Karunadasa）；專研藏傳格魯派的荷西・卡貝松（José I. Cabezón）、馬修・卡普斯坦（Matthew T. Kapstein）等，皆採納此一用語。但亦有佛學者明言，該用語並不適用於東亞佛教，因為該語所載負的多項特質，並未見於東亞佛教。此說是否中肯也許尚待學界進一步討論，但起碼確有一點值得注意的，是梵、藏及巴利佛教的僧伽教育，基本上是以阿毘達磨（Abhidharma）或論書（śāstra）作為所依的核心文本，但在唐代定型之後的典型東亞佛學是主要以經（sūtra）為所依文本，而以中文撰寫的宗派經疏，則取代了論書在印－藏及巴利佛教經院佛學中的地位，二者之間從論學的型態到風格等，確存在差異。見 Charles Willemens etc., *Sarvāstivāda Buddhist Scholasticism* (Leiden: Brill Publications 1998); Matthew T. Kapstein, "What is Tibetan Scholasticism?", in *The Tibetan Assimilation of Buddhism: Conversion, Contestation and Memory* (Oxford University Press 2000), Ch.6, pp.85-120; Jeffrey Hopkins, "A Tibetan Perspective on the Nature of Spiritual Experience", in R.E. Buswell, Jr. and R. Gimello (ed.), *Path to Liberation* (Honolulu: University of Hawaii Press 1992), p.225.

的一例，但「宗教教育」其實是一個高度歧義的字眼[9]，若不加區生，易生混淆[10]。本文的「佛教僧伽教育」只指宗教組織或傳統為培養包括宗教師及所需的其他各類宗教專門人員而設立的宗教研修制度，這一意義的宗教教育有其系列特質[11]，因此不宜與

9 宗教教育（religious education）是個在不同場合有不同意思的歧義概念，起碼有四種不同用法：一，信仰暨特定道德觀的教育，指由宗教團體所辦的教會中、小學當中的宗教教育或宗教科目，更多其實是指對一般兒童與青年所進行屬特定宗教的信德和道德培養（faith and moral cultivation）。二，文化知識的教育：高中或大學通識教育（general education）範疇下，視宗教為一個現代社會的公民（citizen）所應該具備的文化知識的一環來教授，培養公民對文化的判斷力與理解能力，但這是沒有信仰傾向的。三，現代大學人文學科（Humanities）的宗教學（Religious Studies），它是宗教局外者（outsider）立場的世俗性學術科目（academic discipline），就如何將人類的宗教現象，作為人文學科研究對象所進行的系統知識訓練。四，宗教組織為培養專業宗教師等各類專門人員而設立的宗教教育制度，典型例子為佛學院或神學院等。

10 臺灣香光尼眾佛學院圖書館曾整理出一份題為〈佛學教育專題文獻資源〉的名單，見 http://www.gaya.org.tw/library/readers/guide-83_d.htm，更新日期：2009.6.29。名單多達 2100 項和 120 頁。但細觀其內容，恐怕是把前述四類不同意思的「宗教教育」混為一談。

11 這是指為宗教信仰的局內者（insider）或主位（emic）觀點，特別是僧侶或教士，提供靈性（spiritual）、智性（intellectual），以及雖然常受到迴避與否認，但實際上卻也是某種意義的專職訓練（professional training）的教育體系。其內部仍然因不同的人才需要或教義理念的不同，而在教育的內容與方向上各有差異，從而形成一定程度的多樣性。但無論如何，以下數類人才的養成，是此一意義的宗教教育所需要包括：宗教布教師；站在所認信的宗教傳統內，從事宗教教義、文本、教制、戒律、歷史及儀式等領域研究的學者；宗教的公共智識分子；維繫一個宗教組織與傳統有效運作的其他宗教行政與主管人員。

該詞的其他意思混淆。

即使「宗教教育」一詞在此是指宗教專職人員的養成制度，但若我們刻意把一個宗教體系從其所處的社會脈絡中脫離出來（de-contextualization）作孤立的理解，則僧團或修院所提供的經教知識、禪觀戒律、儀軌實踐等僧侶教育的內涵，似乎都只是為預期的解脫覺悟作純屬靈性上的耕耘，因而應與世俗世界的職業訓練無關。但事實上在佛教社會，歷史上絕大部分僧伽教育相關的整套制度，與世俗社會的教育制度之間仍然存在諸多類似特質，甚至不少案例也都與教育、官僚或特定職業等的科層系統，構成由習慣或法律所明確規定的對等、入職及銜接關係。佛教社會發達的僧伽教育本來就是各類精英人員接受訓練的制度，只是這些人皆具備僧侶身分[12]，正視僧伽教育的此一專業訓練性質，反而有助我們在討論僧伽教育與佛教社會之間的關係時，從制度層面理解其現實的角色與性質。

此外，即使在佛教社會其僧團教育亦受政權不同方式介入所左右，這尤以現代為甚。單純局內者（insider）角度的研究也許會認為，僧伽教育制度如果與世俗政權有關，無非只是因為世俗的掌權者據佛教經教所描述的施－供關係和轉輪王（Chakravartin）

12　在很多以佛教為主軸宗教的社會或國家，僧伽學歷是執掌僧團幹部職位的基本要求之一，以泰國為例，見 J. Bunnag, *Buddhist Monk, Buddhist Layman: A Study of Urban Monastic Organization in Central Thailand* (in Cambridge Studies in Social Anthropology No.6, Cambridge University Press 1973), pp.57-59, 72-73; Yoneo Ishii, *Sangha, State and Society: Thai Buddhism in History* (Honolulu: University of Hawaii Press 1986), pp.92-93。

形像，運用其權力維護僧團的內、外清淨，使之免受汙染。但事實上諸多例子說明，這當中彼此互動的目的與內容均頗見複雜，難以在無視政－教關係對僧團的影響下，抽象地理解其教育。上述均為本章前設的立場，否則如果無視任何僧伽教育體制皆必然有其所身處的政治、社會環境，因而互相影響之事實，而只是取與環境完全割裂的純局內者角度來討論僧伽教育，這不單與歷史事實相違，很多理解恐怕最終都只會是隔靴搔癢。

對僧伽教育的學術研究是不會把它視作一孤立的宗教制度，而是把它作為構成佛教社會的一環，因而與社會的其他部分有著縱橫交錯的複雜互動關係來理解其角色。這進路要求研究者採取人類學方法論當中的客位觀點（etic），即科學家取向的觀點，而它在操作上的有效落實，其實是以特定學科的學術訓練為條件。因此國際上從事僧伽教育研究的學者，皆各有其他學術背景與知識專長。最典型的是人類學（anthropology）背景，無論是指當中社會、文化、教育、歷史、宗教或語言的次級領域。

筆者據本文所涵蓋的專著，統計這領域學者的學術背景，除了研究印度個案的多屬歷史學人以外，發現在研究上座部和藏傳僧伽教育的學者當中，高達 75% 以上，都是以人類學為主要學術背景[13]，部分人仍兼有東南亞區域研究（Area Studies）、以歷

---

13 研究上座部的有 Stanley J. Tambiah, Justin T. McDaniel, Anne M. Blackburn, Anne Hansen, Thomas A. Borchert, Jason A. Carbine, Erik Braun, Barend J. Terwiel, Jane Bunnag, Ananda Abeysekara, Jeffrey Samuels；研究藏傳的 Kenneth Liberman, Michael Lempert, Geoffrey Samuel, Martin A. Mills, Charlene E. Makley 等氏，皆全屬人類學者，對他們的研究的討論，分別見本書第三、四兩章。

史學－語言學為主線的泰／緬研究（Thai / Burma Studies）、藏學（Tibetology）、發展中國家的政治學等領域的訓練，佛教只是其研究對象，部分學者亦不乏對佛教以外的其他對主題的研究。

所以時下專事僧伽教育研究的，基本上都不是以語言－文獻學（Philology）為基礎，單純從事文本和義理研究的典型佛教學者。不過他們當中部分人仍不乏佛教古典語文的背景，但更多是長於其所涉特定佛教國家的語文，例如泰語、緬甸語、斯里蘭卡僧伽羅語、藏語及現代中文等，乃至這些語種的方言，正因為這種知識條件與學術背景，所以現有的大部分僧伽教育研究，多偏重近當代，特別關注傳統佛教社會遇上現代衝擊後，僧伽教育的內外轉變，單純的歷史研究反而是少數。

因此，前文所提到，目前國際學界在僧伽教育研究上所守持的客位（etic）角度，其實是以特定學術領域的訓練作為落實該等態度之基礎。而學界在此對客位角度的強調，是因為現代社會公共學術體制內的人文學科研究，本來就預設了以學術專業的世俗原則。但落到佛教僧伽教育此一具體議題上，如果只是純粹探討僧伽教育的內容，則佛教僧團及其自己的教育暨學問機構已經可以進行研究，而且也是他們的分內事，畢竟這是直接關乎其宗旨，除非另有其他理由，否則人文學科並沒有需要越庖代俎。

問題是無論古今，僧伽教育與其所身處的政治、社會、文化及族群環境皆存在諸多複雜的互動，這在前文提及的佛教社會特別明顯，尤其當僧伽教育的效果影響及社會時，更不能說與公共領域完全無關。在這種情況下，現代大學的人文暨社會科學循客位立場研究僧伽教育固然是理所當然，畢竟人文學科本來就有知識責任，把更闊的視野帶給宗教，尤其當僧伽教育的效果影響整個社會，特別在佛教社會與現代文明相遇，僧伽教育進退維谷時，甚至連僧團以局內角度為務的僧伽教育討論，都有需要和責任，與局外立場進行直接對話。

下文以佛教大傳統為框架，對國際學界的僧伽教育研究現有論著的分布作初步統計，統計是包括研究專冊（即書）[14]和單篇論文[15]，計算方式是以冊為單位，除了指名專研僧團教育的專著外，凡其他主題的專著有兩章以上內容，或期刊和論文集，或學者有 3-4 篇期刊論文或書章涉及僧團教育者，亦算作一冊。迄 2019 年中為止，國際學界的佛教僧伽教育研究的專著總量約為 90 冊，總量略統計如下：

傳統	冊數	總百分比
印度佛教	5	0.56
上座部（泰國、緬甸、斯里蘭卡、柬埔寨、寮國、越南、尼泊爾、中國雲南）	50	55.6
東亞佛教（漢、日、韓等）	16	17.8
藏傳佛教（蒙、藏等）	20	22
總數	90	100

14　「書」一欄一般是指以「僧伽教育」為主題的專著（monograph）、博士論文（dissertation）及碩士論文（thesis），而若學術期刊或論文集以「僧伽教育」為專題特輯，則亦列作部冊。

15　期刊學報（journal）、論文集（essay collection）的單篇論文（article），還有書章（book chapter）等則算作論文。

根據上述統計，現階段國際學界對僧伽教育的研究，約有 90 冊專著，以梵、巴、藏、漢等經典語言為準所列的四個佛教傳統之間，當前學界的研究之分布並不平均。此一不均，原因亦非單一。當中約 50 冊屬上座部（Theravāda），占總數過半，其次是藏傳，再者是臺、日、韓、中的東亞佛教，研究最弱的一環是歷史上的印度佛教。對上座部不同國家僧伽教育約 50 種研究，其分布亦並不平均，較多是泰國及斯里蘭卡，數目相近，皆約 15 冊，各占上座部總數的 30%，緬甸（Myanmar）因為近年才恢復對其上座部的研究，所以約在 10 冊之數。其他上座部國家如柬埔寨（Cambodia）、寮國（Lao），乃至兼有上座部的國家如孟加拉（Bangladesh）、越南、尼泊爾、馬來西亞、印度及中國雲南等的僧伽教育之研究皆較有限，部分個案甚至未為學界所注意到。至於東亞佛教，扣除日、韓、民國時期的中國及共產中國，在約 16 冊中，近 3/4 是研究當代臺灣漢傳佛教。

二、僧伽教育作為制度

以下是就國際學界近年在僧伽教育的研究上所逐漸形成的豐富子題，重組為跨傳統的三層議題作出綜合說明。為便行文，以下議題所涉傳統的案例及相關研究，凡未及在本文一一討論者，皆在稍後另文處理。

「僧伽教育」研究的最內層是把佛教的僧伽教育體系作為一個獨立議題來探討，重點是其內部組織和具體教學運作的細節。「僧伽教育」議題的重點並不在一個佛教傳統是否存在個別僧侶從事佛義的教、研活動，而是著眼於制度（institution）、組織（organization）、傳統（tradition）及智識社群（intellectual community）或釋義社群（hermeneutic community）。以此來探討僧團內從事教、研工作的經院（scholastic）組織，是如何安排與維持其宗教－智性體系和教學傳統。所以該議題的焦點是制度與傳統，而不完全是個體。

傳統的僧伽教育和被現代學者稱為經院佛學（Buddhist Scholasticism）的僧院知識體系，兩者之間很多時是一體兩面，其間的差異主要是經院佛學是傳統經院體系學理知識的產物，乃至其結構、方法、形態與特質等；僧伽教育則更多指經院體系作為一切教學制度，其常規運作、僧員培養及傳播方式等操作性的基礎，亦即培養僧員以建立、發展及維繫經院佛學的知識暨教研暨研修機制。所以從「經院佛學」轉移到傳統僧團教育系統，這是將問題從知識類型論（Typology of Knowledge）轉換為知識社會學（Sociology of Knowledge）和教育社會學（Sociology of Education），即探討社會和教育體制是如何作為使知識能夠有效建立與傳遞的條件。這尤以印度本土、上座部及藏傳佛教的經院學為典型。雖然由於教理詮釋等諸多因素，佛教不同傳統的僧伽教育之間，在細節上還是各有差異，但在整體上仍然有共通的淵源[16]。學界對僧伽教育制度的剖析，分別涉及其宏觀規模（scale）、組織結構（structure）及教學細節（detail）三點。

16　在這類傳統經院制的僧伽教育，更多是指經、論教理的研習，以傳統佛教自己的術語來說，是三所成慧（tri vidha prajña）當中的聞（sruta-mayiprajña）、思（cinta-mayiprajña）二所成慧，所以特別強調慧（prajña）或智性探索的特質，因此無論是律戒、儀軌及禪修等直接行持，都包括把它作為學理的一環來進行教習。

僧伽教育的規模（scale），著眼於制度的宏觀格局，在很多傳統佛教社會，僧伽教育是整個社會最主要，甚至是唯一的教育系統，其基層單位在地理上分布廣泛，有時甚至形成跨境或跨族群的龐大金字塔式科層網絡組織，其下包括寺院的類別[17]、學寺的級別[18]、學寺的基層網絡[19]等議題。尤其在大型僧伽教育網絡

---

17 佛教僧團會按照不同功能，以便應僧團成員的不同修學需求，劃分為側重經義教研學習和從事修持（特別是禪修）的不同類型寺院，例如藏傳分作修寺（藏：sgrub grwa）或學寺（藏：shes grwa），見 Shunzo Onoda（小野田 俊藏），*Monastic Debate in Tibet: A Study on the History and Structures of bsDus Grwa Logic (Wiener Studien zur Tibetologie und Buddhismuskunde* Heft 27, Arbeitskreis für Tibetische und Buddhistische Studien, Universität Wien 1992), pp.14-15。類似的劃分亦見之於各系上座部。

18 不同的佛教傳統各有既定的制度來規定不同級別寺院的硬件設施（例如藏傳寺院以主殿根柱的數目來表明其面積與規模）、制度規模、教學條件，及其在整個僧伽教育體系內的角色或地位。這樣的僧團教育網絡形成從核心到外圍的等級關係，以藏傳佛教為例，格魯派核心的拉薩三大寺（藏：gdan sa chen po bzhi）是透過轄下專事顯教教學的多座法相聞思院（藏：grwa tshangs）與地方上以百計的其他大型學寺（藏：chos grawa chen po）形成教學的上下級別差異與秩序，見 S. Onoda, *Monastic Debate in Tibet*, pp.14-22。自十九世紀中葉以降，暹羅／泰國上座部僧團由呑武里三大教學寺為核心，與遍布全泰諸府及屬下縣市鄉鎮次級教學寺院之間，也形成教學上的分工關係，及後到 1960 年代則變為以摩訶朱拉隆功（MCU）和摩訶蒙固（MMU）兩座僧伽大學為金字塔的新頂。斯里蘭卡和緬甸雖然沒有由官方以政治權力所塑造的單一金字塔體系，而並存多個不同教派的寺院系統，但較具規模的法脈內部，在其勢力所及的範圍內，僧伽教育也具備類似金字塔式的組織，方便安排分層教學。

19 僧伽教育的網絡是指其特定傳統或教派有組織地建立的僧伽教育流布網

中，無論上座部（例如泰國）、藏傳（例如格魯派）或東亞佛教（例如日本的法相宗和天台宗），皆擁有科層組織嚴密、地理分布廣泛的寺院和相應的僧伽教育網絡，而在如拉薩、曼谷等宗教首府，又每多具有最高級別的大型教學寺院，作為僧伽教育體系的金字塔頂峰。在此類大型學寺學習的，大多是沿著寺院教育的跨境網絡上遷，最後進入宗教首府的外地留學僧，這才是這類學寺的主要僧源，其中包括不少好學優秀的學僧，所以有大量不同國屬、族裔、方言、籍貫等背景多元的外地留學僧長期聚居學習，大型學寺所在地的本地學僧反而不是主要僧源。這類大型僧侶教育網絡的核心學寺如何組編數量龐大留學僧侶的入宿和入學安排，來重塑學僧的身分認同，長遠來說，涉及建立宗教傳統的知識中心與地方之間的從屬關係，使特定佛教系統建立、維持及擴展其僧團在宗教、文化、學術，甚至是政治上跨境而持續的影響力。即使在當代，僧伽教育仍然是擴展宗教版圖，甚而執行宗教公共外交的重要渠道。

僧伽教育的結構（structure）其實是指當中教學單位的組成，包括特定傳統對僧伽教育的基本理念[20]、學制[21]、課程安

絡。在藏傳與上座部，偏重經義學習的教學寺院，特別重視透過不斷擴大其僧伽教育制度的僧團數量，來擴充教派的信仰—知識版圖。

20 僧伽教育的基本理念包括特定宗派的佛教哲學與教理立場，這對教育制度的整體設計、課程、師徒關係的型態、僧侶的理想人格特質等皆有直接影響，並亦觸及如何處理智性與信仰、傳統權威、宗教經驗之間的關係，乃至在教學的機制上如何處理釋義的立場分歧。

21 僧伽教育的「制度」議題包括：整體的課程設計與學科規劃；學制與學級；特定學風的構成和維持；教學的規章；教學的分科與分工；教學方式的設計與執行；僧伽教育與教學相關的賞罰制度；僧伽教育制度與寺

排、知識組合[22]、考核制度和方式、學位制度、教師資格和級別、學者類型[23]、紀律懲處[24]、教學懲處[25]，及由制度所塑造的

院的其他文教功能和宗教訓練之間的關係。

22 五明處（pañca vidyā sthanani）是大乘佛教經院學的典型知識組合概念，當僧伽教育達到經院學規模時，雖然宗教仍然在知識體系有主導角色，但其內容是由宗教與世俗「兩種」知識，或云是由經教學問和其他明處合併而成。雙方既有各自的範圍，但也有重疊的部分，彼此之間的界線和關係既非清晰固定，亦非涇渭分明，因此僧伽教育歷來都不是只傳授狹義的宗教義理。「五明處」概念甚至是藏文大藏經丹珠爾（即梵文論藏的藏譯總集）的分類原則，也是藏傳學問寺經院學的學科設定原則，故此大乘經教才有「菩薩不學五明處，聖亦難證一切智」之議。傳統宗教和現代世俗的兩類文明之間，對宗教的涵蓋範圍，乃至對宗教和知識的關係，取態上差異甚深。現代文明傾向儘量壓縮和刪削宗教的涵蓋範圍，但傳統經典宗教卻是傾向儘量拓寬宗教所涵蓋的範圍，因為擴大宗教就同時在擴大文明的範圍，所以傳統的僧伽教育歷來皆不乏帶著宗教角度，來傳授也許在現代的世俗視野中，純屬世俗的知識領域，醫藥知識即為一典型例子。由「五明處」引伸出來有關佛教對系統知識和文明的分析，見筆者即將完成的專著《芥事不知菩薩慽：東亞有相唯識學所知障概念之哲學研究》第十章全章對「五明處」的哲學專題討論，不在此冗述。

23 負責知識傳授與僧材培養的佛教僧、俗知識社群也是知識的載體。古典印－藏佛教將宗教知識人按照深思明辨與博學通達兩種不同型態分為善知識（梵：kalyāṇa-mitra，巴：kalyāṇa-mitta，藏：dge bshes）和班智達（梵：paṇḍita）等，不同類型的佛教知識人形成不同形態的知識社群和宗教智性師弟傳統。

24 在傳統的佛教社會，僧伽教育的實質教學過程，除了是特定知識與價值的傳遞以外，也會使用各種規訓手段，對其成員的人身進行規訓與重塑的過程。一直以來，這既不是一個僧團會公開拿出來討論，也罕為學界所注意之議題。但近年開始有研究注意到，無論部分佛教局內者如何聲稱佛教信仰的觀念開放性，但實質上在傳統佛教的僧伽教育過程中，嚴

師生關係等。

此外，在具體的課程設計上，不同教派對佛義的詮釋如果有足夠鮮明的立場，及對存有論等哲學觀點的彼此差異，這幾乎都會反映在僧伽教育的課程設計上，所以不同的教派在經教義理的僧伽教育設計上各有不同偏重。例如在藏傳佛教，格魯派的僧團教育非常強調因明－量論，平均占顯教課程的 1/3 強，且其重視程度以倍數計遠超過其他教派。在義理上，這一安排不單反映格魯派更強調由推理與辯論所代表的智性在宗教內有其關鍵核心角色，從而表明諸如空性（Śūnyata）這類有解脫論意涵的佛教存有論真理概念，是能夠且必須經得起智性方式的公開推證，乃至哲學質詢。它甚至是直接反映了宗喀巴以降的格魯派在中觀哲學勝義、世俗二諦學說上，深異於其前、後中觀詮釋，從而屢遭批評的獨特觀點。可知特定義理觀點與其僧伽教育課程設計之間的內在關係。

厲的規訓方式，從嚴苛的語言到制度所認可的體罰等，卻是廣泛被採用。部分原因在具體行為上干犯規定而被「矯正」之外，往往也涉及觀點上的偏離，即在標榜以思想寬容度為尚的寺院辯學場上，對異見聲音的寬容度，實際上還是不見得沒有限度。

25 筆者任職的部門先後有泰國上座部和藏傳格魯派的學僧來攻讀研究生學位，他們各已出家超過十五年以上，皆不約而同表示，在他們各自的寺院僧團學習經驗中，體罰其實不罕見。而且體罰不一定只實施於違反寺院僧團紀律的情況，也用於教學上。上座部僧告訴筆者，在他的經驗中，即使在成年後，對巴利文文法某些艱深處的記憶，其實是和身體上特定位置被鞭打的痛楚記憶是相連的。童僧在日常的巴利文文法學習與考核當中，若未能正確無誤地背誦有關文法而有錯誤或遺漏時，皆會被僧侶教師鞭打，但有趣的是，該學僧以他個人經驗來說，教師打得愈痛，記得愈深，艱深的篇章反而更少犯錯，而且不會對老師心懷不滿。

僧伽教育當中的教學細節是指在宏觀制度下，落在個體層面的具體學習過程。從佛陀時代始，口授本來就是早期僧團的日常教導方式[26]，這一傳統在佛教從印度傳到亞洲其他國家時，亦在結合各自處境和條件的情況下作創造性的繼承，不同傳統皆會以各自的方案，結合三藏正典、本土的書面釋義文類[27]，及各種口頭教習三者，並發展出不同的教學運作模式[28]。而口頭教習起碼

26　古典印度的宗教文明本來就有重視語聲的傳統，而書面文本流通有限，所以印度佛教亦重視口授傳統。據現存巴利經集，原始佛教本來就是源於口授，因而早期佛教巴利經藏即反映唱頌所需的語聲記憶技法和口頭演示，見 Bhikkhu Anālayo, "Oral Dimensions of Pāli Discourse: Pericopes, Other Mnemonic Techniques and the Oral Performance Context", *Canadian Journal of Buddhist Studies* No.3, 2007, pp.5-33；早期佛教的口授見 Alexander Wynne, "The Oral Transmission of Early Buddhist Literature", *Journal of International Association of Buddhist Studies* Vol.27, No.1, 2004, pp.99-127；巴利經集《尼柯耶》口授傳授見 Frank J. Hoffman, "Evam Me Sutam: Oral Tradition in Nikaya Buddhism", in J. Timm (ed.), *Texts in Context*, 1992, pp.195-219; Steven Collins, "Notes on Some Oral Aspects of Pali Literature", *Indo-Iranian Journal*, July 1992, Vol.35, Issue 2-3, pp.121-135，佛教混雜梵文形成後，如偈頌體其實都是據梵語發音規則來撰寫，此一口授的傳統仍為大乘佛教所繼承，並成為權威的組成部分，見 Donald S. Lopez, "Authority and Orality in the Mahayana", *Numen* Vol.42 (Leiden: E.J. Brill 1995), pp.21-47。

27　以印度佛教為例，是阿毘達磨（Abhidharma）和論書（śāstra）。在藏傳佛教，則有宗義書（藏：grub mtha'）或不同類別和級別的註疏，乃至辯義教程（藏：yig cha），藏傳教學文類見 José I. Cabezón and Roger Jackson (ed.), *Tibetan Literature: Studies in Genre* (Snow Lion Publications 1996), pp.70-137, 170-243。

28　佛教在公元第四世紀前後，跨出印度大陸，開始向南亞、東南亞及內亞傳播，形成現代學界所謂「印度化」（Indianization）的文明幅射區域

包括了唸誦[29]、口頭釋義，及經義辯論[30]等數種不同功能的方式。

時，亦連帶將這種偏重語聲的語言文字系統傳播出去，因而如泰、緬、藏等多個亞洲佛教社會，都是在佛教傳入後，才據拼音全面建立書面文字系統，這些傳統佛教社會的僧伽教育，通常都把基本拼讀技能列作童僧的學前主要學習內容。後來上座部和藏傳等僧伽教育皆繼承了口授部分，不單形成更豐富的類型，而且與書面文本之間，發展出甚至比印度來得複雜的關係。這些由記誦、儀軌演示時的唱誦、講授、口註及辯論等不同環節組成的口授教學，一方面可以是圍繞特定書面文本為中心所作的口頭補充，但也可以是書面的文字定型前的口頭預演。佛教在印度的三藏（*Tripiṭaka*）文類概念，雖亦為其他佛教傳統所採用，但不同的傳統因條件、文化與需求各異，所以儘管沿用三藏概念，但在實際上，不同傳統的僧伽教育都會在三藏之外，因應需要而另行形成其他釋義或教學文類，一部分新的學術文類雖然是書面文體，但卻是僧伽教育中，扮演重要角色的辯義內容的記錄，書面文本不單是配合，甚至是完全服務於口頭辯論。在書寫與口授兩種表述方式之間，何者更根本，不同傳統安排雖各不相同，但在印刷術的效能尚屬有限的前現代階段，佛教僧團在教學與連帶的學業考核上，口語比書寫更常被採用。

29 受學的僧侶透過背誦，即使在對經文內容不甚理解的情況下，仍勝任熟誦所授典籍的文句。因此經院僧伽教育除了其內容與立論受既有宗教框架的約束外，辯義的操作，往往也與這背誦要求有關，即以以能背誦經典的頁數總量，作為主要評核指標之一。無論在藏傳或上座部的經院傳統，其進行考核時的背誦，甚至無過於要求嚴格按照寺院教科書的標準譯本，一字不差，且一擊即中地流暢背誦出指定篇章的譯文（例如背誦巴利－泰譯文），因而與現代學院的學術性佛教研究的取態並不是同一回事。不過，對於背誦經籍在傳統僧伽教育中的作用，曾在經院教育制度學習的過來人指，在印刷技術有限的前現代社會，經典背誦是一個宗教－智性傳統能夠落到個體的層面，並對個體發揮真正影響力的最基本條件之一。

30 以辯論的方式來加固、深化及考核對經、論的義理學習，這一源自印度的教學方法仍以不同方式與程度，通行於大部分佛教傳統，格魯派等藏傳系統的法義辯論固然是一例，但事實上日本的法相、天台等宗派，其以泰國上座部為例，泰北[31]、東北泰－寮[32]等皆各有結合書面的口註傳統。又例如藏傳佛教的記誦[33]、類型繁多的口註[34]，及日常教學基本環節的法義辯論（藏：choa rtsod）[35]、將辯論議

辯義迄今尚存為儀式一環，上座部亦不乏此。以因明為論理規則所建立的論辯教學和考核制度，其作用是提供一個公開的論義平臺，讓不同聲音能夠在繼承傳統之餘，也讓新生觀念有公開作論辯的機會，以便整合進既有的義理秩序。與佛教辯義傳統緊密相連的是佛教因明－量論（梵：Hetu-vidyā and Pramāṇavāda，佛教論理學－知識論）。

31 對泰北佛教經學傳播的研究指出，一直到二十世紀初，泰國僧侶的經教學習皆並非以文字閱讀與書寫作為師生的主要教學手段，當時最常規使用的都是口註與記誦，即聽與講。這種教學方式一直到 1980 年代仍然普遍存於農村僧團基層的啟蒙教育中，見 Daniel M. Veidlinger, *Spreading the Dhamma: Writing, Orality and Textual Transmission in Buddhist Northern Thailand* (Honolulu: University of Hawaii Press 2006), pp.199-200。

32 寺院的啟蒙課程首先要求沙彌掌握在寮語稱為讀誦（nansy tham）、記誦（suad）及唱誦（teed）三項基本口語技巧，才有進一步的教習可言。而教學亦一併支配了考試方式，所以前現代的泰國僧團考試都只以口試（泰北寮語：kānsōp pākplao）來進行。

33 Georges B.J. Dreyfus, Ch.4 "Literacy and Memorization", Ch.7 "Scholasticism and Orality: Myth and Reality", in *The Sound of Two Hands Clapping: The Education of a Tibetan Buddhist Monks* (Berkeley: University of California Press 2003), pp.79-97, 149-163.

34 Anne C. Klein, "Oral Genres and the Arts of Reading in Tibet", *Oral Tradition* Vol.9, No.2, 1994, pp.281-314; Anne C. Klein, "Orality in Tibet", *Oral Tradition* Vol.18, No.1, 2003, pp.98-100.

35 Kenneth Liberman, *Dialectical Practice in Tibetan Philosophical Culture: An Ethnomethodological Inquiry into Formal Reasoning* (Rowman and Littlefield Publication 2004），此書更多是從人類學角度來理解法義辯論作為教學行為，而不是從邏輯學角度來探討因明的內容。

題書面化的辯義教程（藏：yig cha），乃至學僧需要循序掌握講、辯、寫三層表達能力，並藉口語優先於書面的規定，確保書面論著的刻印、出版及流通，需依既有機制進行，避免不被認可的另類詮釋能夠刻印傳世[36]。而東亞佛教如日本法相、天台等宗派亦不乏類似結合書面文本的口授傳統，所以無論是佛教經院傳統的口註或辯論，皆可能倒過來塑造經院的書面文類。以上諸多議題，皆是構成僧伽教育制度的「零件」之一。國際學界在討論僧伽教育制度時，在這類體制下學習與成長的過來者的受教育經驗、態度及與制度之間關係，亦是討論僧伽教育制度所不可或缺的角度。

三、僧伽教育：從教育社會學和政－教關係看

國際學界其實早在 70 年代，即從教育社會學（sociology of education）或教育人類學（anthropology of education），和政治

---

36 不同的傳統佛教文明都會以非常警惕的態度，對待文本的口傳、個人筆撰及在體制支援下刻版入藏。其間的分野並不只是表面上表達方式與工具的差異，部分的原因與宗教思想的審查，以決定何者需要或不可以廣為流傳相關，入藏刻版即表示可持之以恆，傳諸後世。以後期藏傳佛教的格魯派為例，雖然講、辯及寫三者皆為學者應有的學術表達能力，但實質上，在考取經院格西學位之前，學僧並不容許作正式的學術文字撰著，而且即使獲得撰述的資格，對於所撰論著的輯集、刻印付梓、成藏外文獻，甚或收入藏經等，皆層層設限，以確保能夠透過正式出版流傳下來的，都是特定角度下的正統，見 Gene Smith, “Banned Books in Tibetan Speaking Lands”, Symposium on Contemporary Tibetan Studies 2003, pp.186-196。類似情況見之於如上座部等的其他佛教傳統實不足為奇。

－宗教關係這兩個更宏觀的著眼點，將僧伽教育從先前作為自成一角，半靜態的宗教內部問題，放在傳統宗教社會的政治、社會及知識之宏觀脈絡中，來理解這些因素和僧伽教育之間的關係，並特別注意社會流動（social mobility）議題。這誠如緬甸學僧法主（Khammai Dhammasani）在牛津大學其博士論文中，將近現代泰、緬僧伽教育放在宗教理想和政治－社會的世俗實用之間的張力中來作理解，我們不能在無視政治與宗教關係的情況下，孤立地討論僧團教育[37]。同樣專研上座部僧伽教育，取唐名「浦同德」的美國學者托瑪斯・博切特（Thomas A. Borchert）指出，既不應該，也不能夠在切斷其與政治暨社會環境之間的關係下，孤立地解讀僧伽教育，畢竟社會的其他制度和社群等皆是形成僧伽教育的重視條件之一，現實上的絕大部分僧伽教育案例，都遠不只是傳授佛教史、教理、儀軌及禪修[38]。

---

[37] Khammai Dhammasami, *Idealism and Pragmatism: A Study of Monastic Education in Burma and Thailand from the 17th Century to the Present* (Ph.D. Dissertation, Oxford University 2006), pp.265-266。這尤以泰國上座部為典型，因為僧團是直接置於王權的保護、供養及監督下，而僧團教育亦直屬泰國教育部及其相關法令所管轄。政權對僧伽教育的課程內容、教科書、教學方式、學歷考核與授予，及學成後出路等所作的規定，把僧伽教育重塑為完全受政權擺布，以滿足國家政權的需要，並確保它不會與政權利益相礙。所以僧伽教育很難完全免於所在地政權的介入，它歷來都不只是純宗教產物，卻不同程度都是政治－宗教－社會關係下的產物。

[38] Thomas A. Borchert, “Training Monks or Men: Theravada Monastic Education, Subnationalism and the National Sangha of China”, *Journal of International Association of Buddhist Studies* Vol.28, No.2, 2008, pp.241-272.

佛教社會當中不同身分與背景的成員出家為僧，他們在僧伽教育體系求學的過程中，其實也不會因為出家，就自動讓社會階層、族群政治等現實問題煙消雲散，反之他們會把這些問題帶進僧伽教育內尋求理解和解決之道，從而僧伽教育連帶捲入這類世俗議題其實亦非意外。因此以為僧伽教育只與修行和覺悟解脫相關，而視此類「世俗」議題為無關痛癢，這是沒有意識到佛教僧團及其教育從來都不是在社會之外的獨立體系，其實不存在可免於與這些因素互相交織與重塑的「純粹佛教」。

教育人類學所優先關注的議題，是教育如何促成社會流動。循此會詢問的是：僧伽教育是以什麼方式，為佛教社會當中的什麼群體，帶來什麼性質的社會流動？這首先涉及僧伽教育在制度上，是透過什麼方式，建立與社會之間的接軌。僧伽教育作為承托社會階層流動的平臺，這種現象並不是任何佛教傳統都會發生，通常只見於以佛教為主軸宗教的佛教社會，例如上座部或藏傳佛教，因其僧團設有經院式僧伽教育體制，但這罕見於漢傳佛教。

僧伽教育在傳統佛教社會的大眾層面，有兩項最基本的作用：一，增加識字率（或降低文盲率）[39]。漢傳佛教或華人文化背景的僧俗學者討論僧伽教育時，稍不留神常會陷入不自覺地預設僧伽教育某義上類似一種專門的教育，甚或是宗教精英的教育之盲點。但事實上在絕大部分傳統佛教社會，僧伽教育更多是扮演著普及教育的角色，寺院是整個社會最主要，甚至是唯一成規

---

39 泰國案例見以下論文 S.J. Tambiah, "Literacy in a Buddhist Village in North East Thailand", Jack Goody (ed.), *Literacy in Traditional Societies* (Cambridge University Press 1968), pp.86-131.

模的教育體系，學問僧固然是從這種佛教經院體制中培養出來，但這些精英在全體僧員中，其實只占少數，大部分學僧在學習過程的不同階段即告一段落，但他們仍然是這一體制下的產物，所以精英學僧在僧團學僧社群中所占的比例，其實不應被高估。在不同的佛教社會，僧伽教育體制內屬中人之資的僧眾出路各異，在泰、緬上座部，有相當比例的人會還俗，但藏傳則絕大部分會繼續留在僧團。

二，青年人（特別是農村子弟）透過出家為僧，接受寺院的僧伽教育，而進入社會流動的渠道，得以上遷。這在傳統的上座部佛教社會如泰國[40]、柬埔寨[41]、斯里蘭卡、雲南傣緬族群，乃至傳統藏傳佛教由漠北蒙古，到喜瑪拉雅山南坡的藏族社群[42]均如是。到達一定年齡男童會被送到寺院，有些傳統會先當寺院童子，繼而或受戒出家為沙彌，有些則直接出家為沙彌，在這類社會，出家就是意味著有機會接受教育。

這種情況在當代上座部，即使是各方面較上軌道的泰國，在

40　David Wyatt, "The Buddhist Monkhood as an Avenue of Social Mobility in Traditional Thai Society", *Sinlapakon* Vol.10, No.1 1966; reprinted in *Studies in Thai History: Collected Articles by David K. Wyatt* (Chiang Mai Silkworm Books 1994), pp.210-222.

41　M. Kalab, "Monastic Education, Social Mobility and Village Structure in Cambodia", in D.J. Banks (ed.), *Changing Identities in Modern Southeast Asia* (The Hague / Paris: Mouton Publishers 1976).

42　Karma Lekshe Tsomo, "Children in Himalyan Buddhist Monasteries", in Vanessa R. Sasson (ed.), *Little Buddhas: Children and Childhoods in Buddhist Texts and Traditions* (*Series AAR Religion, Culture and History*, Oxford: Oxford University Press 2013).

農村地區，寺院提供的僧伽教育，仍然是正規國民教育的某種補充，遑論緬甸、蘭卡、寮國及柬埔寨等在國民普及教育未上軌道，或偏遠農村地區教育資源缺乏的國家。例如泰國僧團的年幼沙彌數量的突然增長，其原因並非突然多了兒童追求覺悟，而是政府突然削減教育資源所致。甚至有案例如蘭卡，其僧伽教育由殖民地過渡到獨立後，卻突然大幅擴張（見本書第三章討論蘭卡的一節）。類似的情況，也許以稍異的程度同樣見之於緬甸，即由於種種原因當國民教育系統鞭長莫及時，僧團的基本教育即呈現增長[43]，而且由於鎖國半個世紀，即使時至今日，情況仍然如是[44]。當然，對於藏傳佛教的南亞離散社群而言，寺院僧伽教育

43 Kyi Wai, "Monastic Education the Only Option for Burma's Poor", *The Irrawaddy,* September 29, 2011; Aung Shin, "Monastic Education: in Decline or on the Rise?", *The Myanmar Times*, 19 December 2013.

44 瑞士駐緬甸領事館的緬甸資料組（Myanmar Information Management Unit, MIMU, Embassy of Switzerland in Myanmar）據緬甸政府內政部（Ministry of Home Affair）提供的數據所製作，在 2013 年 2 月發放，題為〈2009-2010 年度緬甸僧伽教育〉（Monastic Education in Myanmar 2009-2010），附有全緬基本數據的彩色地圖，其數據為：

級別		學校	童僧	男生	童尼	女生	學生總數
小學生	1-4 級	1078	8195	82489	2130	75343	168157
中學預備生	5-7 級	210	1300	5944	578	5920	13742
中學生	5-8 級	112	2837	7934	494	7734	18999
高中生	9-10 級	2	508	1932	44	2068	4552
總數		1402	12840	98299	3246	91065	205450

根據有關數據，童僧占男生總數的 12%，童尼占女生總數的 3%，所以學生總數當中，有 8% 是僧侶。進一步來說，小學男生有 9% 是僧侶，小學女生有 3% 是僧侶；高中男生 21% 是僧侶，但高中女生當中只有 2% 是僧侶。該地圖同時顯示，雖然僧侶只占學生的小部分，但在農村的分布高於城市。

是否仍然能夠如傳統般，為童僧的未來帶來流動，則恐怕有待進一步細察[45]。瓦尼莎·沙遜（Vanessa R. Sasson）所編以佛教兒童為主題的論文集[46]，部分論文探討不同佛教傳統的童僧及其童年，當中也每多觸及僧伽教育。

傳統佛教社會透過出家受教育而促成社會流動，這不一定是每一個人都能平等擁有的機會，其中典型會被排除的，就是女眾出家為比丘尼的宗教身分之合法性問題。傳統佛教社會婦女在受教育的平權與否，通常不會直接呈現出來，而是附著在比丘尼或沙彌尼戒制議題下[47]。現代世俗社會不易理解傳統佛教社會出家與教育之間的密切關係，簡單說，一個傳統佛教社會或社群出於各種原因，其僧團不接受婦女受戒出家成為正式僧人，其中一個直接的效果，就是意味著婦女沒有與男人相同的平等機會接受正

---

45 有研究探討在當代南亞藏傳色拉寺僧伽教育體制下出家受教育的童僧是如何理解其寺院學習經驗和個人前途，見 M.J. van Lochem, *Children of Sera Je: The Life of Children in a Tibetan Buddhist Monastery and their Opinion about That Life* (Thesis of Master Degree, Leiden University 2004)。

46 Vanessa R. Sasson (ed.), *Little Buddhas: Children and Childhoods in Buddhist Texts and Traditions* (Oxford; New York: Oxford University Press 2013).

47 由於上座部和藏傳僧團在現實上都否認比丘尼，所以現代佛教界當中重視兩性平權的聲音，一直嘗試把漢傳比丘尼戒制引入上座部和藏傳佛教，見侯坤宏著〈參與藏傳比丘尼僧團重建運動〉，《杏壇衲履：恆清法師訪談錄》第七章（臺北：國史館，2007 年），頁 215-274；對同一事件的另一角度的陳述，見釋昭慧著〈佛教與女性：解構佛門男性沙文主義〉，《律學今詮》（《法印文庫》6，桃園：法界出版社，1999 年），尤其頁 379-386。

規教育，更遑論借助出家求學而取得社會流動了。

在漢、藏及上座部三系現存佛教大傳統，惟漢傳有比丘尼（bhikṣunī），藏傳只有藏文叫 ani 的沙彌尼（śrāmaṇeri），但沒有比丘尼。上座部僧團原則上完全拒絕婦女，例如泰國，只有三眾。泰國、緬甸有剃髮，穿白衣或粉紅衣的婦女，泰文叫 mae chii，聚居寺院附近，但從宗教制度到國家法令來說，她們都不是僧侶，只是十戒女，即優婆夷（Upasika）或近事女，僧侶受到法定保障的所有權益，教育即為最重要的其中一項，但全部不包括這些女眾。僧團充其量只是不干預她們的存在，但並不承認她們的宗教身分和權益[48]。

比之於傳統，在現代化衝擊下的佛教社會（例如泰國），女眾能否藉出家獲得免費受教育的平等機會，其後果的嚴重與沉重程度，甚至超過傳統。僧團在現代繼續拒絕女眾出家的直接後果，固然是切斷年青農村婦女透過出家接受免費教育而得以成長與發展，並獲得尊嚴之機會。但研究指出，泰國城市紅燈區的大部分妓女與泰國專業僧侶的主要籍貫，皆同為泰北及泰東北。這意味僧團拒絕女眾出家直接造成她們失學，在農村自足經濟被現代經濟衝垮的現代化處境下，這會惡化成其中一個因素，間接將她們推向風塵。僧團教育的拒絕女眾，變成堅守並維持這一性別尊卑化的宗教分工之重要因素，使農村年青婦女失去受教育的機會[49]。

48 即使漢傳佛教是目前唯一有比丘尼戒制的佛教傳統，但這不表示就自動確保女眾擁有與男眾一樣的平等教育機會，這往往還受到僧團的其他因素影響。

49 Kulavir P. Pipat, “Gender and Sexual Discrimination in Popular Thai

所以近年對學界而言，女眾在不同僧伽教育傳統的處境，既是教育社會學，也是宗教的性別平權問題，藏傳的拉達克（Ladakh）藏族[50]，東亞漢傳方面的韓國[51]、臺灣[52]及早年的轉變[53]；上座部佛教的緬甸[54]、泰國[55]、蘭卡[56]、尼泊爾[57]、柬埔

Buddhism", *Journal for Faith, Spirituality and Social Change* Vol.1, No.1, 2006, pp.68-82; Martin Seeger, "The Bhikkhunī-ordination Controversy in Thailand", *Journal of International Association of Buddhist Studies* Vol.29, No.1, 2006 (2008), pp.155-184; Sandra Avila, *Buddhism and its Relation to Woman and Prostitution in Thailand* (M.A. Thesis, Florida International University 2008).

50 Diána Vonnák, "Feminism Himalayan Style? Tibetan Buddhist Nuns Struggling for Education and Equality", June 2014.

51 Kang Hye-won, "Becoming a Buddhist Nun in Korea: Monastic Education and Ordination for Women", *International Journal of Buddhist Thought & Culture* Vol.3 Seoul, Korea, September 2003, pp.105-129; Chung In-young (=Sukhdam Sunim), "Crossing over the Gender Boundary in Gray Rubber Shoes: A Study on Myoom Sunim' s Buddhist Monastic Education", in *Out of the Shadows: Socially Engaged Buddhist Women in the Global Community* (SriSatguru Publications, Delhi, India 2006), pp.219-228.

52 Cheng Wei-yi (鄭維儀), "Luminary Buddhist Nuns in Contemporary Taiwan: A Quiet Feminist Movement", *Journal of Buddhist Ethics* Vol.10, 2003, pp.39-58.

53 江燦騰著〈二十世紀臺灣現代尼眾教育的發展與兩性平權意識覺醒的歷史觀察：從傳統齋姑到現代比丘尼的轉型與開展〉。江燦騰著〈20 世紀臺灣佛教尼眾教育的歷史觀察〉，香光尼眾學院主編《比丘尼的天空：2009 佛教僧伽教育國際研討會論文集：悟因長老尼七秩嵩壽紀念論文集》（臺北：財團法人伽耶山基金會，2010 年），頁 70-97。

54 Hiroko Kawanami (川並　宏子), Renunciation and Empowerment of Buddhist Nuns in Myanmar / Burma: Building a Community of Female Faithful (Series Social Sciences in Asia Vol.33. Leiden; Boston: Brill

寨、寮國，乃至西方社會[58]，其尼眾的僧伽教育因而皆廣泛受到探討。

在傳統佛教社會，龐大而複雜的僧伽教育體系能夠長期維持穩定狀態，並有效地承托起男丁透過出家為僧求學向上遷移的渠道之功用，這並不是單憑宗教制度本身可以充分完成的，若考之於不同的佛教社會，其實需要起碼兩個關鍵條件的支援。首先是

2013)。討論緬甸婦女透過信仰，建立佛教尼眾的出家和充權，其中部分內容再以日文發表，見川並宏子著〈ビルマ尼僧院学校の所有形態と変遷〉，《國立民族學博物館研究報告》26 卷 4 號（日本國立民族學博物館，2004 年），頁 575-601。Chie Ikeya, Politics of Modernizing Education: Gendered Notions of Knowledge, Power and Authority", Ch.3, *Refiguring Women, Colonialism, and Modernity in Burma* (University of Hawai'i Press 2011).

55 Monica Lindberg Falk, "Buddhism as a Vehicle for Girl's Safety and Education in Thailand", in Vanessa R. Sasson (ed.), *Little Buddhas: Children and Childhoods in Buddhist Texts and Traditions* (*Series AAR Religion, Culture and History*, Oxford: Oxford University Press 2013).

56 Cheng Wei-yi (鄭維儀), "Bhikkhunī Academy at Manelwatta Temple: A Case of Cross-Tradition Exchange", *Journal of Buddhist Ethics*, Vol.21, 2014, pp.479-501; Nirmala S. Salgado, "Ways of Knowing and Transmitting Religious Knowledge: Case Studies of Theravāda Buddhist Nuns", *Journal of the International Association of Buddhist Studies* Vol.19, No.1, 1996, pp.61-79.

57 Sarah LeVine and David N. Gellner, *Rebuilding Buddhism: The Theravada Movement in Twentieth Century Nepal* (Cambridge: Harvard University Press 2005).

58 Bhikshuni Thubten Chodron, "Buddhist Education for Nuns in Western Countries", International Conference for Buddhist Sangha Education 2009, Taipei.

政權的制度保證，其次是社群經濟支援的保證。無論在傳統的藏傳或上座部，官方皆會在制度上規定，僧伽學業的考核是與數種職級系統及其薪酬相掛鈎，其中當然包括僧團內部行政系統的各級主管，但更典型的反而是與文、武官僚體系各級官吏，在現代，則除了公務員系統外，亦涉及與國家教育系統的學歷接軌，泰國即為典型例子。

僧伽教育與這些不同的科層組織的制度連結，是因為二者通常是透過政權為中介被規定而掛鈎，在很多情況下，包括僧伽教育系統在內的不同科層組織，其實都屬同一個政權下轄的不同部門。所以傳統佛教社會的僧伽教育所提供的社會階層流動，是因為政權把僧伽教育視作培養和選拔維持統治和社會運作所需的各類僧、俗人材的養成機制。

因此，佛教的辯義等僧伽學業考核，智性探討其實只是它的部分作用，不應忽視這類考核其實還有宗教教理學習之外，由官方所設定的其他目的，例如為官僚系統培養和選拔人材[59]。隨著現代民族－國家和世俗社會制度的日趨成熟，僧伽教育在傳統社會中的重要性歷經減退與改變，但即使時至今日，佛教社會的僧伽教育和社會流動之間，不乏在具體內容與細節的安排經過調整後，仍然維持著制度化的連結，作為國家教育系統在力有未逮的階段或地區之替代或補充機制，雖然其後果正面與否，則難以一

59　官方為達成其挑選人材的目的，而對僧伽教育與考核所作的干預，其造成的影響，不單是考核的目的與內容發生轉變，甚至連考核的方式都造成明顯的轉變，以泰國為例，由口試變為筆試、教理考核所使用的語言由巴利文改為曼谷泰文，而且這也由於包括政治上的考慮，把考核的重心落在背誦，而不鼓勵更具開放性的智性釋義。

概而論。

即使到現在，泰國、緬甸及蘭卡等的僧伽教育，仍然是農民子弟可以免費完成從小學到大學教育的重要平臺，而且僧團的學歷或學位與主流社會的國民教育系統的學級、學位，乃至公務員職級等，仍然存在由法律所正式規定的銜接關係，所以僧伽教育迄今依然是農民子弟社會遷動的重要渠道。在這些佛教社會，由於種種不同原因，每當官方在國民教育上出現資源投放不足時，最受影響的通常都是農民和城市勞工的家庭，同期內僧團的沙彌數目就會劇增，這種做法的後果，會因不同社會的條件與歷史而差異甚大，例如泰國的例子一時變通而無傷大雅，但亦有如蘭卡般，帶來嚴重後患。

值得注意的，比之於佛教社群（Buddhist community），一個佛教社會的政權對僧伽教育管束的程度，往往不單不會減少，反而更見細緻。傳統佛教社會的知識精英每多就是僧團的學僧群體，因此社會對他們本來就有比對大眾來得更高的期待、支持及要求，政權亦因而對他們也有更大的忌憚，所以對僧團的操控，也會伸展為對僧伽教育的操控，這尤其以國家進入現代化，政權要求中央集權時最為明顯。不過諸多案例皆清楚顯示，國家政權企圖運用各種法規約束與駕馭僧伽教育是一回事，但能否生效卻是另一回事。畢竟在一個佛教社會，不同身分與背景的族裔成員出家為僧，過程中亦會把社會階層、族群政治一併帶進僧團。而部分學僧會在僧團教育系統求學過程中，尋求知識上的解決之道，從而僧團教育系統亦不可免地與各種世俗社會問題相互糾纏。期間不見得官方可以一面倒地支配僧伽教育，反而這會成為政府與宗教，甚至是官方與民間（在有些例子，特別是農民）之間角力的場所之一。

這尤其在建立現代民族國家（nation state）的階段，政權對僧伽教育的干預程度，每多超過前現代的傳統王國。在傳統佛教社會，政權的干涉其實是相對有限。反之，即使是佛教國家的現代政權按照政權需要，不斷重塑僧團教育的目的、方向、方式及內涵。這些不同的政治目的包括：一，以佛教為價值工具，僧團為執行工具，從制度、語言、文化及意識形態層面，建立統一的民族國家；二，與國內異文化族群的內交；三，建立、維繫及擴充由宗教僧伽教育系統為媒介所承托的國際或跨境網絡，來支援他國離散族群維持其傳統，乃至執行宗教公共外交等官方任務，泰國即為典型例子。現代國家政權對政治版圖內統一語言、文化及政治認同之焦慮背後的主權意識，也會想方設法對傳統佛教社會僧團戒制及連帶僧伽教育的跨國性質進行規制，這其實會對僧伽教育的內容、方向及傳統上宗教所具有的國際連繫形成約束與重塑，而僧團精英為了堅持僧團教育的主導權，亦會對官方的支配進行週旋與反制。

此外，在傳統的佛教社會，不同社群對僧伽教育積沙成塔式的物質支援，其實是確保該制度能夠順暢地作為社會流動平臺的另一個關鍵條件。有志於學的年青僧人從本鄉寺院出家，並接受基本教育後，在後續的十餘廿年間，伴隨著教育程度的逐級提升，通常他們都會經歷數次地理位置的遷徙，而最終進入宗教首府，接受該僧伽教育體系金字塔頂端的最高教育。學僧社群在這整個求學過程中的基本物質需要，多由僧侶原先所屬的籍貫或族群的供養所支助，而且這往往可以形成民間自下而上，行之甚至數以百年計，並在地理上沿遷徙路線分布甚遙，且運作穩定成熟的後勤網絡，以確保歷代僧侶學子能夠在長年無後顧之憂的情況下求學。無論在上座部或藏傳[60]等，皆可找到類似遍布民間基層，而又運作穩定的後勤支援框架。

另一點是，由於上座部、藏兩系佛教在傳統上多為主軸文明，往往與政權或統治力量關係密切，所以其僧伽教育設有橫跨整個布教區，組織嚴密的金字塔式網絡，借助這種網絡，經常能夠建立統一與標準化的學制、標準教義、教學層級、考試制度、學位，甚至就業配套設施。其優點是迅速有效地建立起標準化的官方義理版本，但亦較易發生排斥教內異議聲音的情況。

四、世俗化和現代僧伽教育

第三層則是以僧伽教育為著力點，探討傳統佛教社會在面對

60 以格魯派拉薩三大寺或六大寺為例，每一大寺屬下，皆有數座法相聞思院或學院（藏 tratsang，常音譯作「札倉」），作為基本的釋義和教學單位，每一札倉屬下都有多個以族裔、籍貫及方言作分配準則的學僧宿舍康村（kham tsen），和再低一級的米村（mi tsem）。這些僧舍日常生活的部分開支，就是由僧員原籍貫所屬社群提供，見魏毅〈地域視角下的宗教共同體：關於拉薩哲蚌寺的個案研究〉，《禹貢博士生論壇》第 38 期（上海：復旦大學歷史地理研究中心，2012 年 3 月）；劉宇光撰〈宗教普世性的範圍與邊緣：以傳統藏傳佛教學問寺知識階層的身分認同為例〉，何光滬、許志偉編《儒釋道與基督教：對話二》（北京：社會科學文獻出版社，2001 年 10 月），頁 142-160。見 Melvyn C. Goldstein, “Tibetan Buddhism and Mass Monasticism”, in Adeline Herrou and Gisele Krauskoff (ed.), *Des moines et des monoales dans le monde. La vie monastique dans le miroir de la parente* (Presses Universitaires de Toulouse le mirail 2010), pp.9-10。

現代化（modernization），特別是被迫進入政－教分離的世俗化（secularization）[61]現代文明時，僧團是如何在教育下一代僧侶的過程中，回應這些衝擊。雖然「世俗化」一概念的意義，隨討論的脈絡而有異，但在佛教社會的僧伽教育之情況，它主要涉及教育、公共生活及知識（尤其是現代世俗知識的態度），三者性質雖異，但仍然有其內在連繫。

需要注意的是多數的佛教社會，都是在殖民主義的威脅，甚至是殖民統治的過程中，近乎被強迫地接受現代世俗文明，因而被殖民統治之經驗，往往深刻地左右著作為宗教精英的學僧社群對世俗化的理解，從而使他們很容易傾向視世俗化為殖民主義的產物，導致僧團在消化世俗化上障礙重重[62]。反之，沒有殖民統治的佛教社會，其僧團更能以較溫和與開放的態度來面對世俗化。即使屬於同一個佛教傳統，但有否被殖民常是形成兩種不同態度的分水嶺，而這些不同取態都會反映在僧伽教育當中。

一，**教育**　在前現代的佛教社會，僧伽教育是整個社會唯

61　在不同的討論脈絡中，「世俗化」一概念所指雖然各異，但當它放置在現代的政治－宗教關係裡，那是特別指宗教的制度、觀念及資源等，被要求與公權力脫勾，而退出公共領域。並且在教育問題上，既指宗教全面撤出教育體系，讓教育成為純世俗領域，也同時指宗教人員的訓練並不真的屬於教育領域內一環。此外，近年學界有「世俗化的退潮」與「宗教的回潮」一說，這與其是在推翻此前的世俗化之說，倒不如說是從另一角度默認之。但無論如何，宗教在近年重新復甦，與其在未被世俗化衝擊，這是兩種不同的情況。

62　以上座部為例，極端的宗教取態在泰國較難生根，因為泰國沒有直接淪為西方殖民地，但在緬甸與斯里蘭卡，宗教上的極端取態往往透過龐大的僧伽教育網絡作傳播，來推動宗教立場強硬的群眾運動，其怨恨來自社群的集體心態上未能走出曾被殖民的歷史經驗。

一組織嚴密、規模龐大，和有廣泛社會基礎的教育系統，所以一定程度上，出家為僧就意味著受教育。但這種情況隨著現代世俗化和民族－國家的形成而發生轉變。在很多佛教社會，傳統宗教和現代世俗兩套教育系統，往往是並存的，二者間關係受到諸多因素影響，所以很難一概而論，這些因素包括：一，該社會是否因為被殖民（包括內殖民）而被擲進與現代世界的相遭遇；二，國家官方意識形態對宗教的態度；三，在現代化過程中，由城－鄉差距所統攝的階級、職業和經濟差異；四，官方對國民教育資源的投放程度；及五，國家主流與少數民族之間的族群政治關係等。

雖然部分個案會階段性地出現以世俗國家所主導對宗教的徹底排斥和清洗，但這很難作為長期國策來維持，所以在大部分情況下，國家世俗教育和僧伽教育之間並非完全對立，更多是互相補充的。當中既有國家世俗教育興起全面取代傳統僧伽教育，而使後者被邊緣化乃至沒落，也有如二十世紀初泰國是以僧伽教育支援國民教育的成立；亦有如當代泰國、緬甸、蘭卡以僧伽教育作為國民教育未及兼顧的補充系統而長期並存。此外，也有例子如中國是國民教育以其強勢來邊緣化或徹底排斥僧伽教育，或如50、60 年代蘭卡僧伽教育系統對抗國民教育；僧伽高等教育整合現代人文暨社會科學如泰國僧伽大學，乃至國民教育系統有限度整合僧伽教育如臺灣等，從而形成不同的樣態。

二，**公共領域**　傳統佛教社會在現代的脈絡下，僧伽和國民的兩套教育制度之間關係的相融與否，其實是一個佛教社會的僧團和世俗公共價值之間關係的良好與否的間接折射。在最嚴峻的情況下，僧伽教育的網絡成為力抗政－教分離原則[63]的宗教原教旨主義（religious fundamentalism）[64]之溫床。

但並非舉凡是佛教社會的僧團，其教育系統在面對世俗化的價值衝擊時，都一定會走向極端，因為造成極端的根本原因，並不是僧伽教育系統本身，而是因為僧團不單未有妥善梳理與解決殖民統治所帶來的創傷經驗，客觀對待與省思搭殖民主義便車進來的現代文明世俗公共價值的積極意義[65]，尤其獨立後新興國家的本土政權推動的世俗化政－教關係，對僧團傳統地位的衝擊，促使僧團帶著焦慮和不滿來規劃對其後輩的培養方向，而逐漸使

63　現代的世俗化對傳統宗教社會構成的衝擊是宗教與社群的公共功能和權力的全面脫勾，其中教育是世俗化的主要領域之一。理論上說，當宗教退出教育後，遂由現代世俗國家的國民教育系統接手。但在現實上，由於亞洲傳統宗教社會的宗教教育在殖民統治期間受過破壞、現代國民教育系統的不發達、教育世俗化在執行上的偏頗不公而引發不滿、宗教人員因角色受損而產生的集體危機感、國家以國民教育強制排斥傳統宗教教育等各種原因，二者之間的過渡並不順利，往往充滿激烈的對立，這種情況在佛教亦沒有例外，所以不少傳統佛教社會在世俗化過程中皆會發生衝突。

64　所謂宗教原教旨主義（religious fundamentalism），其實是指在傳統上曾經是文化與公共生活支柱的主流宗教，在受到現代世俗文明衝擊而被迫萎縮後所產生的激烈反撲，旨在重奪對公共生活的支配。這還按照其針對不同問題所作的反撲取向，而與宗教－民族主義（religious nationalism）同為現代文明下的宗教極端主義（religious extremism）的主要樣態之一。

65　無論促使政－教分離的世俗化推手是殖民政權，或是獨立後其主要決策者皆受現代西式教育成長，並接納西方公共價值觀的本國政府，皆會被持宗教極端立場者目為殖民主義及其伸延，而不會考慮世俗化作為現代的基本公共價值，其理據合理與否。

部分激進僧伽趨近宗教極端主義，並在其掌握的僧伽教育系統內如凸透鏡般，將創傷聚焦並惡化為仇恨，且透過其教學網絡的散播，使持這類立場的部分僧團，借助其僧伽教育制度，成為培養宗教極端主義的溫床，其中典型的例子是獨立前後斯里蘭卡數座著名的佛學院（見本書第三章論蘭卡的一節），近年緬甸的部分大型佛學院的學僧群體亦出現類似情況[66]，雖然更有代表性的主流大型教學寺及國際知名緬甸禪修運動所在的寺院，沒有直接捲入這場仇外和排他的運動中。

三，**知識** 傳統佛教社會的僧伽教育，歷來皆包括諸多被整合進佛教文明內的世間（loka）知識，典型例子是印－藏大乘佛教的五明處概念，所以僧伽教育本來並不一定抗拒宗教經教以

66 緬甸其中一座規模較大的教學寺曼德勒的梅澤伊英寺（Masoeyein Monastery at Mandalay），有三千常住僧眾學習，激進僧侶維拉圖（Wirathu, 1969-）在寺內推動 969 運動，煽動以強硬手段對付緬甸國內的伊斯蘭教社群，導致緬甸在佛教和伊斯蘭教社群之間的連串大規模暴力衝突。對事態的報導，見 "Buddhism vs Islam in Asia: Fears of a New Religious Strife", *The Economist* Vol.408, No.8846, July 2013, pp.23-24; Hannah Beech etc, "When Buddhists Go Bad", *Time* Vol.182, No.1, 2013, pp.14-19; "Buddhist Monk Uses Racism and Rumours to Spread Hatred in Burma", *The Guardian* 18 April 2013; Anthony Kuhn, "Are Buddhist Monks Involved in Myanmar's Violence", *Parallels*; Jason Szep, "Buddhist Monks Incite Muslim Killings in Myanmar", *MEIKHTILA* April 2013; Maung Zarni, "Buddhist Nationalism in Burma: Institutionalization Racism Against the Rohinya Muslims led Burma to Genocide", *Seeds of Peace* Vol.29, No.2 (Bangkok May 2013), pp.56-60。其實類似事件早在 50 年代即已存在，見史拜羅著《佛教與社會：一個大傳統及其在緬甸的變遷》，頁 629-630、632、634-635、652-656。

外的其他知識領域，但當僧團以「世間知識」有違佛義為由作拒絕，甚或為此奮起作強烈對峙時[67]，其真正原因並不在它是世俗的（secular），毋寧因為它被視為引起對既有秩序的價值威脅[68]。這誠如專研緬、泰僧伽教育的緬籍學僧法主（K. Dhammasani）以「理想主義與實用主義之間的進退維谷」一語來形容時下緬甸與泰國僧團教育系統的困窘，現代緬、泰僧伽教育一直無法妥善解決的本質問題是：僧團對於現代僧伽教育的內涵，普遍難以達成基本共識，特別不知道應該如何對應現代的世俗知識。扼言之，由於遇上來自西方的現代世俗文明，使僧伽教育從其目的、意義、方式到內容，皆陣腳大亂。法主認為，只要僧團一日未能徹底解決涉及現代僧伽教育大方向的這一本質問題，時下僧侶教

67 以上座部為例，早期現代泰國僧團曾經因為引入英文、生物學、西方數學等世間知識（泰文 wicha thang lok），而一度引發違戒與否的激烈爭論，一方認為有違戒律，另一方則認為，若完全抗拒現代世俗知識，佛教只會與社會日益脫節，而且即使不教授世俗知識，也不見得能確保佛教可免於時代衝擊，見 K. Dhammasami, *Idealism and Pragmatism*, pp.265-291。以藏傳為例，清末民初藏傳佛教格魯派三大寺在二十世紀初甚至發生僧兵（rdab rdob）為了制止西方文化及英文的散播，以武力襲擊在拉薩英語學校學習英文和現代知識的藏族子弟。見 M.C. Goldstein, *A History of Modern Tibet 1913-1951: The Demise of the Lamaist State*, pp.424-425。傳統佛教和西方文明在十九～二十世紀相遭遇，僧侶對代表西方文明的英文懷有強烈敵意，以暴烈手段制止學習英文之舉措，廣泛見於多個佛教傳統的階段性普遍現象。

68 當「世間知識」被用作拒絕與其他價值作對話的擋箭牌時，這往往只是個內容隨需要與脈絡而異，作貶義概念來應用的主觀標簽，用於指控對佛教文明構成威脅的知識、價值及文明。這與其說只因為它是世俗，倒不如說她代表著帶來威脅的另一個文明或價值系統而已。

育將繼續成效不彰，即使在上座部佛教當中，發展得較上軌道的泰國，亦未能完全倖免[69]。

傳統佛教社會在殖民主義的壓力下，其僧伽教育被迫面對西方文明與知識，如何取捨情況尤其複雜。現代處境下的佛教不單要面對自然科學和人文暨社會科學的質疑，而且如國族主義、國家意識形態、世俗化等各種現代的觀念，也是僧伽教育難以完全迴避的價值衝擊，年青學僧被促使去思考這些現代價值觀的衝擊。不同佛教傳統整合現代世俗知識或價值進僧伽教育時，不單在知識方向與層次上各有差異甚大的不同選擇，而且不同選擇對年青一代僧侶所造成的效果並不相同。

這當中值得再思考的其中一個問題是，儘管像泰國和斯里蘭卡同屬上座部，其現代僧團教育同樣走過由傳統經院體制、佛學院，最終到以現代世俗大學為原型所建立的僧伽大學的過程，但兩國僧團對宗教與公共世界之間關係的取態，仍然存在巨大差異，除了部分源自雙方對課程內容設計上的不同偏重外，其實無可避免還是回到有否被殖民統治的創傷經驗，與仍否受困於創傷的記憶上。甚至可以說，不同的課程設計，也許就已經間接反映了兩者透過教育所企圖加強的，到底是對現代文明與價值觀的開放、抗拒還是迴避，其效果到底是殖民創傷在塑造並扭曲了僧團的教育，還是僧伽教育超克了殖民的威脅與屈辱，恐怕有待更深入的研究才能作出分曉。

最典型的區別是對人文暨社會科學與自然科學所作的不同抉擇。這部分是源自對西方文明的態度，這又與有否被西方殖民統

69 K. Dhammasami, *Idealism and Pragmatism*, pp.265-266.

治有關，而選擇不同學科對年青一代學僧的未來價值取態，亦會帶來不同的影響。例如蘭卡僧校在基礎和中等教育教授基本的自然科學知識，因為斯里蘭卡僧、俗知識分子認為，自然科學對基督宗教單一神論的質疑，可以幫助證明佛教是與現代理性相融。然而問題是，當這些學僧畢業後，在社會中需要面對的，其實是現代社會生活中人與社群的價值問題，而不是物理問題，自然科學並無助於這些學僧培養具批判性的人文反思能力。同時他們沒有認真對待人文和社會科學，這是因為被殖民的經驗，使僧團拒絕以政－教分離之世俗化原則為社會科學的價值預設。但反觀現代泰國的僧伽高等教育重視的卻是人文暨社會科學，對人文暨社會科學的開放性，既與沒有被殖民有關，也幫助年青學僧吸收和適應現代公共價值觀。

所以在傳統與現代交替之際，佛教社會（尤其以上座部為甚）在面對公共領域，尤其公權力需要與宗教進行從理念、功能、制度到權力的不同程度的分離與切割時，僧伽教育往往會夾在兩種路線之間，一者是堅持抵制世俗化，而走向原教旨主義，另一者是願意適應世俗化，向包括民族－國家在內等現代意識形態和制度，乃至現代知識與智性取態，採取某種實用主義式的妥協。然而，期間的路線抉擇，仍然相當程度受制於特定國家在遇上現代文明的衝擊時，其所廁身的局面。具體言之，有否被殖民統治是一關鍵要素，若曾受過殖民統治的，更易走向對世俗化持激進的對抗態度，尤其反映在僧伽教育中的原教旨主義傾向，往往是前一階段反抗殖民統治的佛教－民族主義（Buddhist Nationalism）運動，在國家獨立後的延續與變奏。

反之，在僧伽教育中，更傾向妥協、適應及開放的，是沒有被殖民統治的創傷，所以宗教民族主義和原教旨主義等防禦機制，皆沒有生根於這類佛教傳統，自然亦不會伸延進其僧伽教育內。因此若以上座部為例，其僧伽教育其實對抗世俗化，要比適應世俗化來得更常見，因為除了泰國之外，包括蘭卡和緬甸等傳統上座部國家都曾經歷過殖民統治（見本書第三章泰、緬及蘭卡環節的說明）。

此外，身處傳統與現代交替之際佛教社會的每一輪僧伽教育大型改革、重建或復興，往往都會有一些標誌性人物，以他們對其佛教傳統所面對的時代處境之理解，和對僧團未來可能社會角色的前瞻視野，提出從理念方向到具體內容的規劃與落實，雖然這些重訂僧伽教育的關鍵僧團領袖，有來自皇家或其他權貴階層，但亦不乏民間成長背景的僧侶精英，所以關鍵個體的成長與性格、價值與知識背景，乃至視野與能力特長等個人特質，亦是理解僧伽教育如何更替的重要線索（對上座部僧伽教育改革關鍵人物的介紹，見第三章有關篇章）。

小結而言，國際學界的佛教僧伽教育研究基本上不會完全採取主位（emic）觀點，即不會持純局內者立場，這尤以前述第二及三兩層議題為明顯。而且對上述三層問題的研究，都是以等量齊觀的比例齊頭推進，互相支援。所以對僧伽教育體系本身的剖析，有時只是過渡階段的預備工作，作為起步的踏腳石以承托第二與三兩層的討論。故此其著眼點不是在「培養僧材、振興佛教、續佛慧命」這類典型的局內者角度上，國際學界都以客位（etic）立場，著眼於僧團教育與現代國家意識形態和世俗公民社會，及其背後的公共價值之間的關係來展開討論。雖然局內者觀點與著眼點有異於局外者，但這可並不表示局內角度的研究在任何情況下，都可以對客位（etic）角度研究所提疑問或結論熟視無睹。

五、華文學界僧伽教育研究的反思

在前述背景下，在此提出兩點思考來結束本章：首先，扼要對比國際和華文學界在僧伽教育研究上的差異。其次，就漢傳案例的研究現況，提出觀察與問題。當國際學界的僧伽教育研究在近年逐漸成形之際，華文佛教知識界對僧伽教育議題的關注亦在增長，但當中留下了三組值得思考的問題：

一，**華、洋學界在僧伽教育研究上的學風差異**　雖然華、洋雙方近年皆就僧伽教育議題作討論，但彼此的方式、問題、知識裝備及性質等差異甚鉅，難以當成是同一回事來相提並論。「僧伽教育」作為一個宗教局外者的人文暨社會科學的學術議題，而不是宗教體制局內者的教義學（theological）議題，其實存在一系列問題意識和研究方法論層面的預設，但華、洋學界對此明顯相異。

首先，問題意識與前文所論列的三層議題組合。當代兩岸華文學界和漢傳佛教內部僧俗知識界近年多次舉辦以「僧伽教育」為題的學術會議，作週期性的反覆討論，無論是所撰文字或現場討論，每多集中在佛學院課程安排，充其量只類似前文提及，作為制度的僧伽教育來作討論。至於與僧伽教育相關的社會流動、政－教關係，及它如何回應世俗化的現代衝擊等議題，基本上接近缺席。在學術上，這種討論讓僧伽教育變成只有佛教徒才會關心的小眾問題，未能把它放進更宏觀和更富批判性的視野，成為一個可以與更廣泛的學術暨社會的議題互動及參照的共同論域。

其次，時下華文佛教知識界在「僧伽教育」議題上，幾乎自動默認只是指漢傳佛教，並因而罕會參考其他佛教傳統的僧伽教育，似乎亦沒有注意現代國際學界對僧伽教育的相關研究，亦漠視對僧伽教育作跨傳統對比的重要性。

第三，即使在僧伽教育作為教育體系這一點上，值得思考的是，比之於國際學界，華文學界的討論往往只有教育制度和課程安排的靜態描述，但卻罕會觸及實質的教學運作與流程，亦不會去探討在此等教育系統下成長的過來人，對該制度種種深層的問題有何觀察與反思。畢竟單純作為一個籠統意義下的制度，與一個具體的僧侶社群如何在該制度中成長，還是不同的問題。這部分原因涉及學者的知識裝備，西方學界高達 75% 是人類學者，重視兼顧歷史文獻與具體案例，但這在華文學者間仍屬較罕見，目前華文學界寺院教育的研究，多屬據歷史文獻作史學研究。

第四，當西方學界以教育社會學等系列議題作為知識手段，來討論僧伽教育時，基本上已經預設了採取局外者角度，此一位置避免了隔離於時代和社會視野下，孤立地討論僧伽教育的課程設計之困局，但華文的僧伽教育討論大多純屬從局內者（insider）角度為當代僧團教育的出路與方向作籌謀。尤其在中國，大學的佛教學者應僧團之邀，對僧伽教育所發表的見解，更像一個佛教團體內部的院務甚或業務會議，只流於連串激昂但空洞的口號[70]。這反映中國學界對作為學術議題之「僧伽教育」，

---

70 釋宗舜著〈近兩年大陸佛教教育問題研究述評〉，正體版見郭麗娟、林郁芝編《承先啟後：兩岸佛教教育研究現況與發展研討會論文專集》（臺北：中華佛學研究所，2005 年），頁 1-19；簡體版見《覺群學術

其實是未有進行過學術專業意義下的思考，本章無意在此討論造成此一缺憾的體制與學風成因[71]，但起碼就其現有的文字來說，都更近於佛學院內部的院務或業務討論。問題是對佛學院課程設計本來應該是僧團自己需要解決的分內事，學界根本就無需要，亦無責任越庖代俎，畢竟學術界雖然同樣探討僧伽教育，但學界理應有其自己的著眼點，與僧團所關心的並非完全相同的問題。

二，**「僧伽教育」概念在漢傳佛教適用與否？**　在西方學界對眾多佛教傳統僧伽教育之研究當中，漢傳佛教一直敬陪末座，不單落後於雖同屬東亞一脈的日本和越南佛教，甚至及不上鎖國五十年的緬甸上座部。也許這與西方曾經殖民東南亞有關，但是這一推測卻無法解釋以下情況。

在目前的中國學界，漢傳佛教史的研究專著可謂汗牛充棟，無論是大部頭的多卷本古代中國的漢傳佛教通史、斷代史、宗派史、地方史（省分或區域）等，更不乏中國學界頗熱中的歷朝佛教政－教關係（當代中國的獨特表達是所謂「宗教管理」），或僧官制度之研究。前文已指出，政－教關係是國際學界探討僧伽教育的主要線索之一，很多佛教傳統的僧伽教育暨考核、政－教關係及官僚科層的職級（無論僧官或其他）三者之間關係密切。但即便如是，這些探索中國歷朝佛教政－教關係或僧官制度的論著，皆沒有如西方和日文學界般，沿此線索論及僧伽教育。而且

論文集：第三輯》（北京：宗教文化出版社，2004 年），頁 478-496。

71 有關討論，見劉宇光著〈一個徘徊在中國內地的學院佛學研究上空的幽靈〉，趙文宗和劉宇光編《現代佛教與華人社會論文集》（香港：紅出版－圓桌文化，2012 年 11 月），頁 24-65。

在大部情況下即使下及清朝的個案[72]，僧伽教育都不是漢傳佛教史研究所必不能缺的議題[73]。

除了清末民初受西方文明衝擊的這一階段的僧伽教育受到關注之外，古典如隋唐等佛教中世鼎盛階段，恐怕是漢傳佛教史上，最可能存在具規模佛教經院體系之時代。此外，在唐代高峰階段過後的歷朝僧伽教育，又是否皆處在瀰散而聽任自流的狀態？缺乏統一而有效落實僧伽教育的嚴格考核制度？然而中外學界迄今幾乎沒有討論過歷史上的漢傳佛教到底是否存在過制度意義下的僧伽教育體系與傳統，至於有哪些主要相關的一手原始材料等基本問題，似亦未有作過討論，即使在極偶爾的情況下，出現單看書題似可有所期待的論著，但其實質內容卻是不知所云，書不對題，讓人大失所望[74]。諷刺的是近年華文學界對藏傳僧伽教育的專題研究，其量反而是明顯超過漢傳佛教頗多。

從而才有西方學者直接認為，與高度體制化的僧伽教育概念是一體二面的經院佛學（Buddhist Scholasticism），根本就不存在於東亞佛教傳統[75]。若與藏傳和上座部的僧伽教育傳統相比，

---

72 楊健著《清王朝佛教事務管理》（北京：社會科學文獻出版社，2008年）。

73 查閱當代中國學界不下六十種各種主題的漢傳佛教研究論著，只找到一種在全書 470 頁中，有一個小節以 6 頁討論僧伽教育的制度，見何孝榮著《明代南京寺院研究》（《中國社會歷史研究叢書》，北京：中國社會科學出版社，2000 年），頁 342-348。雖然不無遺漏少數篇、冊之可能，但總的情況不會有太大的差異。

74 丁剛著《中國佛教教育——儒佛道教育比較研究》（成都：四川大學出版社，1988 年 4 月）。

75 Jeffrey Hopkins, “A Tibetan Perspective on the Nature of Spiritual

即使是清末民初階段太虛等僧人所建立的僧伽教育，原先更多是佛教在廟產興學壓力下的救亡處境的被動產物，與上座部和藏傳在維持僧團本身的宗教知識傳統之餘，尚有餘力將其經學作主動擴充，似仍難以相提並論。正因如此，今天中國學界的部分佛教學者才會覺得，將佛教與教育相提並論，乃是孤明先發的創舉，在指導博士生時，要求論文題目需強調佛教高等教育為宗教傳播與化世的所謂「新範式」[76]。這「創見」當然是由於中國部分佛教學者對其他佛教傳統和現代國際佛教學術一無所知，但從另一個角度來說，是否也真的間接反映了在傳統社會，漢傳佛教與教育之間關係的確薄弱之歷史實況？

討論至此所呈現出來的，也許缺乏的就不只是漢傳僧伽教育的研究（及研究者），而是進一步反映研究對象的模糊與不確定，即漢傳佛教的僧伽教育傳統是否因其零碎不全，或無法長期穩定維持，從而根本不存在可與藏傳和上座部經院的質量相提並論的僧伽教育系統。何以中、外學界對於前現代的傳統漢傳僧伽教育研究不足，甚至近乎缺乏？這本身就是一個極值深思和探討的議題。這到底是漢傳佛教僧伽教育本身就真的是乏善可陳，還是學界由於定義偏頗不公等原因，造成應受討論的案例被排斥在

Experience", in R.E. Buswell, Jr. and R. Gimello (ed.), *Path to Liberation* (Honolulu: University of Hawaii Press 1992), p.225。筆者對此一論斷仍有保留，因翻譯大量有部阿毘達磨和唯識論書的玄奘系四代師徒而言，不無此一經院佛學與僧伽教育的可能。

76　釋覺冠著《宗教傳播與化世的新範式：佛教在當代中國興辦高等教育之思考》（上海：復旦大學哲學學院博士論文，2010 年，論文導師是王雷泉先生）。

研究之外而形成所謂研究不足？也許我們可以思考的，是「僧伽教育」一概念中的所謂「教育」，是否應預設系統化的經、教傳授和研習方為唯一或主要標準？還是透過儀軌、禪修、戒律、苦行、閉關等對行者身、心所作的訓練與規訓，其實不應被排斥在「僧伽教育」一概念之外？尤其禪宗叢林根據清規，在寺院日常生活細節中，對僧人應對進退所施行的直接磨練，是否比研習經教概念更近於「僧伽教育」？

然而，上說未足以完全釋除困惑。首先，若以明、清以降，公認已走向沒落的漢傳佛教僧團的修持旨趣為旨趣，來討論何謂漢傳僧伽教育時，則前述儀軌、禪修等系列訓練，當然就優先於以經教義理之研習標準。問題在於我們是否應只以此一階段的漢傳佛教為線索，來訂定對「僧伽教育」基本性質的理解。即使儀軌、禪修、持戒等是僧侶訓練不可或缺的必要環節，但是否可以在欠缺經教義理等的妥善講授之情況下，仍然可以稱上是完整的僧伽教育，這是相當成疑問的，畢竟既然是指教育，則即使循局內者角度作訓練，這仍然不見得可以排除掉系統的智性運用，無論是釋義、義詮或批判。甚至可以說，在此意義下，叢林不單未有充分證實或呈現漢傳有僧伽教育，反而剛好是突顯了漢傳僧伽教育的存在與否更為晦暗不明。

其次，若作佛教僧伽教育的跨傳統對比，無論是古典印度、上座部或藏傳，經義解讀與學理辯證並非絕無僅有的例外，卻都是作為僧伽教育內容的主要成分，雖然不同傳統所依賴與使用的佛教文類偏重各異。藏傳尤其像格魯派是重大乘論書（śāstra）過於大乘經（sūtra）。又如上座部，尤其緬甸，重視阿毘達磨論書（Abhidharma）和律藏，及其註書的分級系統研習，乃至對尼柯耶（Nikaya）或阿含經藏的研習更是最高的課程內容[77]。凡此皆是僧伽教育的核心，故此很難說法義和經教研習並非傳統僧伽教育的靈魂。我們只能同意，經教研習以外的其他修學內容也確應為「僧伽教育」一概念所包括，並使僧伽教育的內涵更為多元，但卻也很難以此取代經教研習而成為「僧伽教育」的主要成分。所以回到剛開始的問題上去，學界對前現代階段傳統漢傳佛教僧伽教育的研究不足，恐怕很難說是單源自現代學界在探討「僧伽教育」時，先設定了一個有偏見而對漢傳不利的定義，使前現代的漢傳佛教的傳統僧伽教育無法被公平對待和呈現於研究中。但到底最終應該如何理解目前此一研究不足的事實，筆者在此並無定論，只是拋磚引玉，仍待學界思考。

三，最後的問題是：我們應該如何理解漢傳僧伽教育作為一個制度的晦暗不明？從佛教作為一個組織在傳統宗教社會中的角色來看，本章開始時所提出「佛教社會」與「佛教社群」的區別，也許可以從制度與角色的層面，部分地解釋了何以漢傳沒有以規模宏大、制度嚴密及悠久傳統見稱的僧伽教育體制。

此外，支撐藏傳與上座部僧伽教育皆以論書為教學基礎，其經院佛學在宗教解脫上的構思，皆是以智性與認知為基本格局的知識論模式（epistemological model）。所以真理某義上是作為認知對象而被掌握，並因而藉此促成宗教上的覺悟與解脫。而此一知識論模式在哲學上不單預設了真實是透過建構知識才能被掌握，因而經院佛學成了僧伽教育的最根本型態，其特質就是在建

77　臺籍緬甸上座部僧侶觀淨法師（Bhante Sopaka）於 2016 年 9 月 25 日在臺灣南投靜樂禪林舉行的東南亞上座部工作坊中告訴筆者有關情況，特此致謝。

構及增長知識。換言之在哲學上，經院學型態的僧伽教育，其實預設真理是認知對象或所知（jñeya），和認知真理是宗教解脫的必要條件兩個前提，才有確立的內在理據。但若一個佛教傳統的真理觀是透過除蔽或消滅知識來揭示真理，則真理既非認知的對象，知識亦非解脫的必要關鍵成分，從而即使需要僧伽教育，也不會強調以知識的建立為原則。

隋唐定形後的漢傳佛教在真理觀乃至其方法論上，都不是以建構知識以見真實為旨趣，則即使宋、元、明以降仍存僧伽教育，它是否會以建構或增長知識作為覺悟因，本就不無疑問。傳統東亞佛教的如來藏－佛性說與唯識學、民國時期支那內學院的本寂與性寂、近年日本批判佛教（Critical Buddhism）的本覺與始覺，或近年林鎮國教授稱為認知與呈現／去蔽[78]之間的系列對揚，是否已有在觀念層面預告了隋唐後的漢傳佛教的僧伽教育難以成形，這實值得作進一步思考。

78 林鎮國著《空性與方法：跨文化佛教哲學十四講》（臺北：政大出版社，2013 年）。

第三章　國際學界「佛教僧伽教育」研究回顧：上座部

引　言

本章是佛教僧伽教育的第二篇，前章循跨傳統的對比，就「佛教僧伽教育」作為學術議題之構成和組合，提出學理上的綜合說明，並剖析了當中的方法論議題。但並未論及國際學界已有的論著，這是本章及下一章的工作。將以梵、巴、藏、漢等佛教經典語言和不同國家形成的傳統為單位，逐一回顧迄 2019 年中為止，國際學界對僧伽教育的研究與專著。本章討論上座部，第四章討論古典印度、藏傳及東亞等傳統的僧伽教育。

在傳統內再以國家為輔助單位，因為國家政權及其政體經常是塑造佛教所處特定社會環境的最強大力量之一，從而對僧伽教育帶來明顯影響，這尤以現代民族－國家為甚。故此第三、四章是以佛教傳統及國家這兩道線索所織成的框架，來逐一回顧國際學界對諸傳統佛教僧伽教育的研究現況，乃至相關專著。本章涵蓋的主要是英文學界的著作，但按需要亦兼顧日文、華文的研究。

一、泰國

國際學界目前對僧伽教育之研究以上座部為大宗，當中以泰國和斯里蘭卡為甚，所以下文從泰國上座部開始回顧現有論著。泰國是現階段學界在僧伽教育研究上最受關注的案例，泰國佛教的僧伽教育在結合傳統與現代上，已建立一定規模，而且議題多樣性高，不是如斯里蘭卡般，偏重單一議題上。而泰國沒有被殖民統治，其僧團和社會皆沒有強烈排外傾向，開放的態度令其國際交往甚為活躍，便利國際學界田野工作的展開。

泰國歷史上向來都是以上座部寺院與僧團作為社會的教育機構，泰國著名學僧柏育圖（Prayudh Payutto）對此有綜合說明[1]。自十九世紀中旬以來，歷經三次有計劃的僧伽教育改革，每次都有靈魂人物規劃並推進運動，從而使泰國僧團在整個東南亞和南亞上座部文明中，形成較具規模的現代僧伽教育體系。第一波改革是由出家為僧長達 27 年的王子蒙固（Mongkut, 1804-1864）[2]在 1830 年代創立推動「回歸」典籍的宗教改革運動法宗派（Thammayuttikāt）來達成；第二波是金剛智（Vajirañāṇa-varorasa, 1860-1921）[3]在 1890-1910 年代推動的僧伽教育改革；

---

1 Phra Rajavaramuni (Prayudh Payutto), translated by Grant A. Olson, “Buddhism and Education”, Equanimity House, Bangkok, 1987.

2 還俗後在 1851-1868 年間擔任為曼谷王朝的拉瑪四世（Rama IV）。他是現代泰國國父拉瑪五世朱拉隆功王（Rama V the Chulalongkorn, 1853-1910）的父親。

3 金剛智是拉瑪五世朱拉隆功王的皇弟瓦猜拉延親王（Wachirayān Warōrot），出家後出掌法宗派第二任宗長及第十任僧王（Samgharaja）。

第三波是 1960 年代由上座部大宗派領袖毘蒙曇長老（Phra Phimonlatham, 1903-1989）推動建立摩訶朱拉隆功僧伽大學（MCU）為鵠的；然而近年隨著泰國上座部在地方上的再本土化（re-localization），僧伽教育逐漸重新呈現多元的地方傳統，形成對先前百年的統一趨向的反制。

上述三輪的僧伽教育改革，其動力並非全都源自僧團內部，卻皆與官方的民族－國家塑造過程密切相關，以應對不同階段的政治需要。這誠如緬甸撣邦傣族學僧法主（Khammai Dhammasani）在牛津大學的博士論文根據巴利文、緬文及泰文的寺院文獻、皇室制誥、皇室紀要及政府官方檔案等原始資料，說明殖民統治和國內政權的現代政治與經濟改革政策，是如何複雜而深遠地影響著十七世紀迄今緬甸與泰國的數輪僧伽教育的改革，這若不放置在政－教關係內，與官方在同一階段所推動的政治暨社會制度改革作一併考慮，而只是採取與這背景分離的角度作說明[4]，現代泰國這數輪僧伽教育的大幅更革都是無法理解的[5]。這博士論文經修改，已於年前正式出版[6]。

4　這種情況，尤以第二（1910 年代）及第三（1960 年代）兩輪教育改革為甚。這兩次改革與《僧團法》、《兵役法》、《國民教育法》、國家行政人員的大型選訓制度、經濟發展的人材後勤支援，及以不同族群對象和規模為目標的國家統合計劃等系列政策的制定與落實，共同構成一個體系，作為推動泰國政治－社會體制現代化的推進機制。

5　Khammai Dhammasami, *Idealism and Pragmatism: A Study of Monastic Education in Burma and Thailand from the 17th Century to the Present* (Ph.D. Dissertation, St. Anne's College, Oxford University 2006)，論文導師是上座部學者理查・岡布里奇（Richard Gombrich）。

6　Khammai Dhammasami, *Buddhism, Education and Politics in Burma and*

石井米雄是日文學界泰國研究的先鋒，所撰《上座部佛教の政治社會學：國教の構造》一書[7]，及其英譯本，探討在歷史的不同階段，泰國佛教的僧團與國家和社會的關係。該書為泰國上座部僧團提供了一個兼顧內、外的綜合說明，堪作為理解泰國上座部僧團的入門必讀，其中第五章「僧團考試制度的成立與意義」專題討論泰國上座部僧團的教育、考試、學級及學位等制度，是為英文學界的最早綜合性說明[8]。

後來登基為拉瑪四世（Rama IV）的蒙固比丘在 1830 年代透過建立法宗派來推動的僧團改革，雖然的確涉及僧伽教育的整頓，不過它更多是強調戒律和儀軌踐行的宗教改革，並非只集中在狹義的僧伽教育，但由於1890年代金剛智所領導的一輪僧伽教育改革，無論在理念、制度及人力資源上，都是在法宗派的基礎上展開，所以在討論泰國僧伽教育時，必需以蒙固比丘建立法宗派，及連帶的僧團重整為預備。在克雷格・雷諾茲（Craig J. Reynolds）論十九世紀泰國佛教僧侶[9]、康斯坦詩・威爾遜（Constance M.

Thailand: From the Seventeenth Century to the Present (Bloomsbury Academic, January 2018).

7 石井米雄著《上座部佛教の政治社會學：國教の構造》（收於《東南アジア研究叢書》9，東京：創文社，昭和五十年＝1975 年）。

8 Yoneo Ishii, translated by Peter Hawkes, *Sangha, State and Society: Thai Buddhism in History* (Honolulu: University of Hawaii Press 1986), pp.81-99，該書是將僧伽教育放在泰國上座部僧團的不同議題中來討論，試圖呈現出較結構性的理解。其他篇章包括：僧團與國教、國家及社會之關係；僧團的科層組織；就不同版本《僧團法》所規定的僧團組織、權力關係與不同年代國家政體之間的對應關係；僧團在國家整合中的角色；泰國的佛教民族主義；泰國佛教的千禧年運動等。

9 Craig J. Reynolds, Ch.III "Mongkut and the Thammayuttika Order 1824-

Wilson）論拉瑪四世治下 1851-1868 年間現代化前夕的暹羅政治與社會[10]，及阿博特・莫法特（Abbot L. Moffat）論蒙固王生平[11]等數部有關拉瑪四世的專著中，皆有專章討論蒙固在出家為僧的階段，建立法宗派及對僧伽教育的整頓。其中雷諾茲和威爾遜二氏的論著，其實皆是以研究東南亞文明著稱的康奈爾大學（Cornell University）在 70 年代的博士論文，泰國僧侶學者亦撰有討論蒙固王和法宗派的泰國佛教現代教育趨向的專題論文[12]。

現代泰國上座部真正具規模而關鍵的僧伽教育改革，是拉瑪五世（Rama V）治下由其王弟瓦猜拉延親王（Prince Wachirayān Warōrot）負責的一輪改革。親王出家後法號作金剛智（Vajirañāṇavarorasa）。由他所策劃與執行的僧伽教育改革，其部分目標是服務於建立現代民族國家和政治身分的需要，但金剛智也是非常

1851"; Ch.IV "The Intellectual and Institutional Legacy of Mongkut's Reform", in *The Buddhist Monkhood in Nineteenth Century Thailand* (Ann Arbor, Mich.: University Microfilms International 1978), pp.63-152.

10 Constance M. Wilson, *State and Society in the Reign of Mongkut, 1851-1868: Thailand on the Eve of Modernization* (Ph.D. Thesis, Ithaca, N.Y.: Cornell University 1970, Microfilm-xerographic copy, Ann Arbor, Mich., Xerox University Microfilms1975) 2 volumes.

11 Abbot Low Moffat, Ch.2 "in the Buddhist Priesthood", in *Mongkut, the King of Siam* (Cornell University Press 1961), pp.11-22.

12 Phra Dr. Anil Dhammasakiyo (Sakya), "A Modern Trend of Study of Buddhism in Thailand: King Mongkut and Dhammayutikanikāya", International Conference on Exploring Theravada Studies: Intellectual Trends and the Future of a Field of Study, organized by the Asia Research Institute at National University of Singapore, August 12-14, 2004.

多產的學者[13]。有關金剛智的生平、佛學著作或詮釋的角度[14]、僧團及其教育改革，前述雷諾茲（C. J. Reynolds）的兩部論著，皆與此直接相關，首先是前段所提到，以十九世紀泰國佛教僧侶為題的康乃爾大學博士論文的下半冊[15]，其次是雷諾茲執泰－英譯筆、導論及作註的金剛智自傳[16]，70 年代後期康乃爾大學還再

---

13 金剛智一方面運用曼谷泰文（而不是巴利文），以經、律二藏（而不是阿毘達磨論藏）為參考，對佛教教義進行有系統的大規模重寫，並且亦用曼谷泰文撰寫現代西方人文暨社會科學的基礎教材。上述的書寫要促成數個功能：一，透過大量書寫來使書面泰文句法逐漸定形和規範化；二，將國家觀念寫進佛教教義的新詮釋中，透過向大眾有計劃地普及曼谷版上座部教義，同時也普及對國家的政治認同；三，建立並持續擴大能夠使用曼谷書面泰文的社群人口；及四，用泰文向僧眾普及西方的現代知識。更為關鍵的，是上述這些文本在印製後，分發全泰寺院，進入僧伽教育系統，作為課程的制式教科書，亦作為僧伽教育學歷考核的標準，以便在相對短的時間內，在僧團系統內有效率地擴展教育群體。

14 有研究指，與佛使比丘（Buddhadāsa）的簡潔自由詮釋相比，金剛智不單緊貼上座部的經院學傳統，也因其皇室成員與僧團最高領袖等體制內的身分，他對佛教義理的詮釋非常強調作為價值規範的成分，從而與其時泰國政府利用宗教悉力建立中央集權的民族國家的政治規劃積極配合，見 Pataraporn Sirikanchana, *The Concept of Dhamma in Thai Buddhism: A Study in the Thought of Vajiranana and Buddhadāsa* (Ph.D. Thesis, University of Pennsylvania 1985)。

15 Craig J. Reynolds, *The Buddhist Monkhood in Nineteenth Century Thailand* (Ph.D. Dissertation, Department of History, Cornell University 1973), Ch. IV-VIII, pp.113-273.

16 Prince Vajirañāṇa-varorasa, translated, edited, and introduced by Craig J. Reynolds, *Autobiography: the life of Prince-Patriarch Vajirañāṇa of Siam, 1860-1921* (*Southeast Asia Translation Series* 3, Athens: Ohio University Press 1979)，由著名泰國研究學者克雷格．雷諾茲（Craig J. Reynolds）

有由斯蒂芬・扎克（Stephen J. Zack）所撰，以專研金剛智的僧伽教育的另一部博士論文[17]。雖然不乏單篇文章循泰國教育史早期階段的線索，來討論僧伽教育的角色[18]，但在這問題上，泰國研究的另一位著名學者戴維・懷亞特（David Wyatt）的名著自然遠為全面，他的博士論文是以現代泰國國父拉瑪五世朱拉隆功王（Rama V the Chulalongkorn, 1853-1910）治下，全泰教育改革的政治含意為主題[19]。懷亞特把金剛智的僧伽教育改革，放在拉瑪五世任內所推動的國家改革之宏觀脈絡中，作為國民教育建設的引擎或推進器來理解，因為這一波的僧伽教育改革，本來就是泰國建設第一輪現代國民教育所作的預備工作。

50 年代初，隨著泰國已經逐漸建設為一個現代民族－國家，各種現代的機構與專業亦慢慢成形，傳統社會中本來是由僧團負責的各種公共功能逐一被架空，金剛智在世紀初所推動的一輪僧伽教育改革的社會效力已成強弩之末。50 年代初，當時年青一代的僧人開始對佛教在現代泰國社會的前景陷入迷茫，特別是僧伽教育的部分[20]。但隨著泰國在冷戰中作為美國在東南亞的

從泰文英譯，並撰有一 40 頁的導言。

17 Stephen J. Zack, *Buddhist Education under Prince Wachirayan Warorot* (Ph.D. Dissertation, Cornell University 1977).

18 Keith Watson, Ch.4 "Early Forms of Education: The Monastic Tradition", in *Educational Development in Thailand* (Hong Kong, Singapore, Kuala Lumper: Heinemann Asia 1980), pp.69-76.

19 David Wyatt, *The Politics of Reform in Thailand: Education in the Reign of King Chulalongkorn* (New Haven and London, Yale University Press 1969).

20 金剛智階段的改革，在 50 年代顯得與時代嚴重脫節與停滯，年青僧人要求僧伽教育朝現代大學的方向作調整，並應該增加現代知識的傳授，

橋頭堡，泰國軍政府為著解決政權的新需要[21]，遂在 60 年代初，宣布以獨裁聞名的第三版《僧團法》，同時下令僧團在曼谷的高等學院建立師範、社會科學及人文學科系所，學僧需要修讀有關學科，並分批派遣到有關地區執行政治拓邊的官方宗教暨政治意識形態宣傳工作後才能畢業。此一背景成為 1960 年代新一輪僧伽教育改革的原因，而其關鍵是將原高等佛學院擴大和重組，成立摩訶朱拉隆功僧伽大學，一開始就提供相當數量的人文暨社會科學基本學理和應用的課程予學僧修讀。於是這呈現出一獨特的弔詭局面，僧伽教育改革者在 50 年代的訴求，終於在事隔十餘年後，由於官方出於政治上的獨裁籌謀而意外地把它實行了出來。

對於這一輪的僧伽教育改革，國際學界沿兩道主要線索展開討論。首先是循冷戰局勢下，泰國國內在政治、經濟及社會三方面大環境的急劇變化為背景，來處理官方出於反共需要所推動的僧伽教育改革，乃至僧伽大學的成立。專研現代泰國佛教政－教關係的泰國學者松布·蘇克沙南（Somboon Suksamran）在其頗具代表性的系列數書中，將僧團的傳統教育轉型為現代大學之教育制度的改革，放在 70 年代泰國僧團政－教關係、學僧社群公

而大宗派的年青領袖毘蒙曇長老，在 40 年代末即連同僧團的其他年青才俊對官方作出公開的改革呼籲。但此一要求最初為官方和僧團最高當局所拒絕，年青僧人在整個 50 年代都一籌莫展。

21 當時泰國官方需要防禦共產主義在國內貧乏地區的滲透。這些地區無論在語言、宗教、文化、生產方式，甚或種族上，都與主流泰族相異，包括泰北的山區苗夷部族、東北寮族或泰南馬來族等，軍政府認為唯有讓他們在文化價值上也統一在曼谷主導的政治、宗教及文化意識形態下，才能確保其政治忠誠，因而形成了其政治需要。

共意識的覺醒、學僧畢業前參與多個官方計劃派赴邊遠地區從事宗教暨政治宣導工作，及僧侶學生所發動或協辦的多起大型社會運動等系列議題中作綜合探討，並匯聚為兩組主題，分別是：一，60 年代泰國現代化過程中僧團的政治和社會角色[22]；二，70 年代泰國僧團的社會暨政治行動，對泰國佛教政－教關係所造成的轉變[23]。

正是在前述角度下，新制的僧伽高等教育將知識重心從傳統的經教伸展到人文暨社會科學。所以在新制下接受高等教育畢業，並在稍後出掌僧團行政管理系統各級僧官職位的大部分學僧，雖然在一般意義下，皆受上座部思想洗禮，但其在大學中的知識專長，大部分是其他學科，特別是預設了現代世俗觀念的人文暨社會科學。不少研究皆已指出，這一知識基礎的轉變，部分地解釋了何以自 60 年代末以來迄今，泰國僧團的學僧群體，尤其是僧伽大學畢業生當中，總一直存在「公共介入」參與推動泰國公民社會之傳統[24]。

另一方面，在 70 年代中期，陸續出版多部探討泰國僧團與

---

22 Somboon Suksamran, edited and introduction by Trevor O. Ling, *Political Buddhism in Southeast Asia: The Role of the Samgha in the Modernization of Thailand* (London: C. Hurst & Company 1977).

23 Somboon Suksamran, *Buddhism and Politics in Thailand: A Study of Socio)-Political Change and Political Activism of the Thai Sangha* (Singapore: Institute of Southeast Asian Studies 1982).

24 數十年來歷經 70 年代左翼政治僧侶（left winged political monk）、80 年代農村的發展僧侶（泰：phra nak patthana），及近二十年的環境保育僧侶（泰：phra nak amnuraksa）等，由僧侶組織的社會運動不降反升。

官方和社會之間關係的社會人類學專著，探索 60、70 年代之際泰、寮僧伽教育的社會流動議題。首先當然要數斯坦利・坦比亞（Stanley J. Tambiah），他循歷史背景研究泰國佛教與政體的名著[25]，就 70 年代泰國僧伽教育的金字塔式結構與都會、城、鄉分層之間的關係，作出細緻的田野調查，當中特別分析朱拉僧伽大學在現代泰國來自東北伊森（Isan）地區僧團為主的專業僧侶之養成教育中的獨特角色與其間的密切關係。有關研究實證數據與學理剖析兼備，堪稱據佛教人類學研究泰國僧伽教育的經典傑作。

其次，巴倫德・特威（Barend J. Terwiel）在其探討泰國中部稻米農業區宗教節慶當中佛教僧侶與地方巫術信仰傳統之間的關係之專著當中，深入討論農村子弟就地在本鄉寺院出家上學的農村寺院，是如何承擔著泰國僧團教育體制金字塔基層的角色[26]。再者，簡・邦恩納（Jane Bunnag）在其探索泰國中部曼谷－

---

25 Stanley J. Tambiah, W*orld Conqueror and World Renouncer: a Study of Buddhism and Polity in Thailand Against a Historical Background* (Cambridge Studies in Social Anthropology 15, Cambridge: Cambridge University Press 1976)，尤其該第二部分第 13-18 章，pp.265-470。

26 Barend J. Terwiel, *Monk and Magic: An Analysis of Religious Ceremonies in Central Thailand* (*Scandinavian Institute of Asian Studies Monograph Series* No.24, Studentlitteratur 1975)。該書原乃作者 1971 年在澳洲國立大學的博士論文，此書目前已分別印行了 1975、1994 及 2012 年（修訂本）四版，本文用的是 1975 年版書，作者前後出過三次田野，維期 17 個月。巴倫德・特威（Barend J. Terwiel）是荷蘭籍社會人類學者，專攻泰國社會－文化史，撰有泰國史和泰國政治史論著多部，先後任教於澳洲、荷蘭及德國，退休前是漢堡大學泰－寮語言及文學教授。

吞武里都會區僧團組織的專著[27]，亦直接觸及反映在作為龐大僧伽教育體系傳統核心的三大教學寺的僧、俗關係。

因此邦恩納和坦比亞二氏的前述專著分別論及曼谷－吞武里三大教學寺和朱拉僧伽大學，前者是僧伽教育的傳統頂峰，後者則是 60 年代之後泰國僧團教育在現代制度下的新頂峰，兩者都是僧伽教育金字塔的頂層，因此正好是前段特威氏一書所述農村僧侶在本鄉寺院完成基本教育後，如欲深造時所會前赴的不同終點站。由於三書題材相關但重點各異，剛好形成討論上的相互分工、伸延及補充，共同構成循教育人類學，剖析泰國農民子弟是如何透過在僧團讀書，而達到向上社會流動的綜合分析。

如此一來，泰國的現代僧伽教育系統形成一非常獨特的態勢，在僧團中有更強學習動機與能力，因而可以升讀僧伽大學的學僧，他在整個僧伽教育系統頂端所接受到的，其實是混合有大量世俗人文暨社會科學知識的佛教教育，重要指標是僧伽大學本科及碩士學位畢業的學僧，並將會擔任僧團行政管理職務的僧侶。其效果是，在大部分人穩健地繼承傳統的基礎上，僧團中的精英分子在知識裝備、價值觀及社會宏觀視野上，卻是對現代價值具備開放性。

泰國學者菲布．喬波佩斯莎（Phibul Choompolpaisal）亦以類似但更集中的角度，討論 1880-1960 年代，從王子身分出家，成為法宗派宗長的金剛智（Vajirañāṇa-varorasa, 1860-1921），到

27　*Jane Bunnag, Buddhist Monk, Buddhist Layman; a Study of Urban Monastic Organization in Central Thaila nd* (Series of Cambridge Studies in Social Anthropology, No.6., Cambridge University Press 1973)，該研究是建基在 12 個月的田野工作上。

大宗派領袖的毘蒙曇（Phra Phimonlatham, 1903-1989），前後八十年間，這些在泰國僧團現代教育改革的不同階段，皆擔當過重任的僧侶精英，其改革的考慮與規劃，無不涉及當時外在的政治環境，不管這是指建立現代統一的民族國家、政局、高層政爭還是其他政治因素[28]。

泰國僧團在 1830、1900 及 1960 三個年代的僧團制度變革，皆涉僧團教育的重組。如前述，這皆各有其相應的政治、社會，甚至經濟背景，且這遠不只是泰國國內的政治作用，因為國內政治變化往往是在回應國際政治環境帶來的挑戰。一般來說，僧團教育改革不是國際政治的直接產物，卻只是透過國內層層力量，間接波及僧團教育規劃，但 1960 年影響深遠地導致摩訶朱拉隆功僧伽大學（MCU）正式成立的那一輪僧團教育改革，卻幾乎是美國因為冷戰的原因而直接介入促成的。美國學者尤金・福特（Eugene Ford）在其有關冷戰時期，美國如何透過泰國僧團運用佛教在東南亞作為抗共秘密戰略之專著中，第四章專題探討僧伽大學的成立及僧侶教育制度的現代改革[29]。

與上座部僧伽教育相關的另一有趣問題是，傳統上學習經義與修持（尤其是禪觀）之間，一般並不特別對立。但在近代以

---

28 Phibul Choompolpaisal, "Political Buddhism and the Modernisation of Thai Monastic Education: From Wachirayan to Phimonlatham (1880s-1960s)", *Contemporary Buddhism: An Interdisciplinary Journal* Vol.16, Issue 2, May 2015, pp.428-450.

29 Eugene Ford, Chapter 4 "Reform the Monks: The Cold War and Clerical Education in Thailand and Loas 1954-1961", in *Cold War Monks: Buddhism and American's Secret Strategy in Southeast Asia* (Yale University Press 2017), pp.104-145.

來，由於包括政權介入以圖建構民族－國家等其他因素，泰國上座部僧伽教育在歷經標準化後，更強調經教文字知識的學習，對禪觀在宗教修學中的角色甚為質疑，也對一直拒絕被徹底納入國家僧團及其教育系統的泰北叢林禪修僧侶非常不信任，甚至不乏發生以國家機器進行整肅之情況，如占姆士・泰勒（James Taylor）等人類學者固然也對此有作探討[30]，這種關係也導致叢林禪修僧強烈批評與質詢此一以曼谷為根據的僧伽教育體系，泰裔學者卡瑪拉・提雅瓦妮琦（Kamala Tiyavanich）就此撰寫了系列多部叢林禪修僧的口述史[31]，當中記錄了禪修僧對現代泰國僧團教育的強烈異議，堪值互作參照。近年泰國官方及僧團對禪修傳統的態度有所調整，除了將禪修踐行亦列作僧伽教育的配套學習內容，並據不同級別的學習而設定系統化的不同要求外，亦將與禪修相關的學理問題視作佛教學術探討的一環。

百年之前今天的泰國仍稱為暹羅（Siam），其時她尚未經歷拉瑪五世統一國家的現代化洗禮，暹羅上座部普遍存在地方傳統，除了泰北叢林禪修僧統外，以清邁為中心的泰北蘭納（Lan Na）、與緬甸撣邦（Shan State）接壤的泰國西北撣族地區，及

30　James Taylor, *Forest Monks and the Nation-State: an Anthropological and Historical Study in Northeastern Thailand* (in Series of Social issues in Southeast Asia, Singapore: Institute of Southeast Asian Studies 1993).

31　Kamala Tiyavanich, *Forest Recollection-Wandering Monks in Twentieth-Century Thailand* (Honolulu: University of Hawai'i Press 1997); *The Buddha in the Jungle* (Seattle: University of Washington Press; Chiang Mai: Silkworm Books 2003); *The Life Story of Luang Ta Chi* (The Council of Thai Bhikkus in U.S.A. 2005); *Sons of the Buddha: the Early Lives of Three Extraordinary Thai Masters* (Boston: Wisdom Publications 2007).

泰東北伊森地區的寮族（Lao）即為二例。唯歷經百年的持續標準化，這類地方傳統一度沉寂下去，一度被視作湮沒。但隨著近二十年泰國公民社會的壯大，從而使本來由僧團總部借助國家權力所建立的統一標準開始鬆綁，先前被壓抑的地方傳統再度浮現，形成本土傳統的多元重現，此即學界所謂泰國上座部近年在地方上的再度地方化（re-localization）[32]。

正因如是，有關泰國僧伽教育的新一輪論著，都是以曼谷以外，尤其在歷史上本來就有很強地方傳統的本土僧伽教育為研究對象，這也是從僧伽教育之議題印證重新地方化與多元化的近況。目前有兩冊專題研究，分別循歷史學和人類學來展開探究。首先是丹尼爾・維庭格（Daniel M. Veidlinger）的博士論文主要循歷史研究來探討泰北佛教的文本、傳授渠道及僧伽教育[33]。

---

32 Michael Parnwell and Martin Seeger, "The Re-localization of Buddhism in Thailand", *Journal of Buddhist Ethics* Vol.15, 2008, pp.87-92.

33 Daniel M. Veidlinger, Spreading the Dhamma: Writing, Orality and Textual Transmission in Buddhist Northern Thailand (Honolulu: University of Hawaii Press 2006)，該書是按作者的博士論文 Spreading the Dhamma: The Written Word and the Transmission of Pali Texts in Pre-modern Northern Thailand (Ph.D. Dissertation, University of Chicago 2002, p.330) 改寫而成。該書研究第十五、十六世紀蘭納（Lan Na）王國鼎盛階段，是如何以泰北蘭納文寫成的三藏和其他典籍，結合書寫、口註及文本，形成複雜的僧團教學結構，傳遞文本與義理的知識，並把這種僧伽教學體系放在地緣和時序政治中。當時泰北有三個主要僧伽傳統，唯有斯里蘭卡派才強調巴利文及配套的僧伽教育體系，但該派歷史維期最短。表面上，巴利文在泰北蘭納鼎盛期是僧團不同群體之間的溝通平臺，但實際上當地不同群體對巴利文獻的不同態度，反映了由政治與文化統一所造成的霸權，國王及其政權有時會以巴利作為政治暨法律文件的書面其次是賈斯廷・麥克丹尼爾（Justin T. McDaniel）的兩部書。第一部是有關泰國東北伊森地區寮族上座部當代僧伽教育的研究[34]。他以貝葉經的編纂機制為線索，循人類學方向探討寮－泰佛教僧伽教育史。該書的主旨是質疑時下學界普遍預設泰國佛教在僧團的行政和教育等方面，早在二十世紀初已全面建立統一標準，因而不再存在地方上諸多本土傳統和地方差異的假設[35]。雖然麥氏的論證其實存在有疑問的缺憾[36]，而且在文獻資料等之

語，以加強政權與特定佛教傳統之間關係的密切度。這往往受到本土僧侶對巴利文的抵制，因此外來的巴利文和本土的地方口傳傳統之間的分歧成為常態，並伸延於各自的僧伽教育制度中。此一僧伽教育案例的研究，說明地方傳統並非從來就只是邊緣者。

34 Justin Thomas McDaniel, *Gathering Leaves & Lifting Words: Histories of Buddhist Monastic Education in Laos and Thailand* (University of Washington Press 2008), pp.8-9. 這是據作者的博士論文 *Invoking the Source: Nissaya Manuscripts, Pedagogy and Sermon Making in Northern Thailand and Loas* (Ph.D. Dissertation, Harvard University 2003) 修訂而成。

35 麥克丹尼爾論證指，此一有疑點的前提，是建基在學界既高估官方權力和精英階層在推動宗教改革時的影響力；也低估了地方學僧師生在教育法、文本詮釋及儀式等領域上的批判能力，及其抵制被單一標準所統一的決心。權力精英不見得擁有徹底的支配能力，因此他們推動改革是一回事，但地方僧團是否接受、如何接受，乃至接受到什麼程度，卻是另一回事。

36 筆者對於麥氏在《纂葉成文》的好些觀點略有保留與疑問，筆者懷疑麥氏在撰寫此書時，雖然集中在泰北的案例，但他對泰國僧團教育系統，恐怕是欠缺宏觀的基本綜合理解，作為支援專研時的背景知識。因為只要讀過坦比亞等數氏的書，其實不大會出現麥氏的論斷。筆者意識到麥氏有此潛在不足時，檢視《纂葉成文》一書書目，才發現連一部坦比亞的書都沒有，當欠缺對宏觀背景的綜合理解時，無怪麥氏會過於強調國

引述被質疑缺點甚多，但根據當前的田野調查所得實情，重新提醒學界不要過於側重國家僧伽教育系統來作理解，這仍然是甚具價值與意義的貢獻。

此外麥氏撰有多篇僧伽教育相關文章，探討泰北和寮族僧伽課程如何應用正典[37]、《法句經》（*Dhammapadas*）在泰國僧團中的教學脈絡[38]、寮國對泰北文獻的影響[39]、泰國是如何教授巴利文法[40]，及僧伽教育如何開展佛教文學[41]。麥氏的第二部專著探討現代泰國現實中的民間佛教所踐行的怨魂和施行巫術的作法僧[42]，當中亦多有觸及僧伽教育議題，因為現代泰國僧團所強調

家僧團在地方上的無能為力，掉入自我誤導的偏見中。

37 Justin T. McDaniel, "The Curricular Canon in Northern Thailand and Laos", Special Issue, Manusys: Journal of Thai Language and Literature 2002, pp.20-59.

38 Justin T. McDaniel, "The Arts of Reading and Teaching Dhammapadas: Reform, Texts, Contexts in Thai Buddhist History", *JIABS* Vol.28, No.2, 2005, pp.299-337.

39 Justin T. McDaniel, "Notes on the Lao Influence on Northern Thai Literature", in *The Literary Heritage of Laos: Preservation, Dissemination, and Research Perspectives* (Vientiane: National University of Laos 2005), pp.373-396.

40 Justin T. McDaniel, "Some Notes on the Study of Pali Grammar in Thailand", in Carol Anderson, etc (ed.), *Embedded Religions: Essays in Honor of W.S. Karunatillake* (Colombo: S. Godage and Brothers 2011), pp.69-108.

41 Justin T. McDaniel, "Creative Engagement: The Sujavanna Wua Luang and its Contribution to Buddhist Literature", *Journal of the Siam Society* 88, 2000, pp.156-177.

42 Justin T. McDaniel, *The Lovelorn Ghost and the Magical Monk: Practicing*

的「理性」成分，每與兼有巫術色彩的地方佛教傳統相礙。

泰國西北與緬甸撣邦（Shan State）接壤的地帶是撣族社群所在，雖然撣族在宗教、語言及文化上，屬泰暹一系，但由於該族長期在泰、緬二國邊界之間往來遊走，故此前述拉瑪五世時期始所建立，以曼谷為中心，透過國家僧團所試圖形成的標準化教育體制，並不能夠徹底支配撣族的上座部僧伽教育，雖然不無干擾和壓力，泰國境內的撣族上座部僧伽教育，仍然存在以不同方式延續與發展的空間[43]。

傳統的佛教社會在受到現代世俗文明的衝擊後，如果僧伽教育沒有經歷改革，但規模仍然居高不下，甚或如蘭卡般一度不減反增，這往往只是因為世俗的國民教育資源投放不足，落後於社會的教育需要，卻不是求覺悟的人突然大幅增加，英裔泰國上座部慧光比丘（Phra Peter Pannapadipo）以類似人類學訪談的方式，記錄一群主要來自泰北和東北農村，在僧團出家為沙彌求學兒童的身世[44]，對此作出說明。泰國僧伽大學有一以僧伽教育為題的碩士學位論文，亦透過泰國學界數據，從統計上和應慧光比

Buddhism in Modern Thailand (New York: Columbia University Press 2011).

43 Tadayoshi Murakami（村上忠良）, "Buddhism on the Border: Shan Buddhism and Transborder Migration in Northern Thailand", *Southeast Asian Studies* Vol.1, No.3 (Center for Southeast Studies, Kyoto University, December 2012), pp.365-393, 尤其 pp.366-369, 376-379, 384-390.

44 Phra Peter Pannapadipo, *Little Angels: Life as a Novice Monk in Thailand* (London: Arrow Books 2005)，他也以宗教的局內者，文化的局外者的角度，記錄他在泰國僧團的觀察，見 Phra Peter Pannapadipo, *Phra Farang: An English Monk in Thailand* (London: Arrow Books 2005)。

丘的判斷[45]。

泰國僧伽教育體制的另一個低調但重要的功能，是以留學泰國僧伽大學作為與鄰近地區，發展佛教公共外交關係的主要平臺。從全面支援泰－馬邊界北馬境內吉蘭丹（Kelantan）[46]和吉達（Kedah）[47]兩州暹裔上座部社群的各級本土僧伽教育、學業和教理考核（pariyattidhamma）、赴泰留學、學成出路等，擴展

---

[45] Warrin Ratanamalai, *Sāmanera Rāhula and Education in the Early Sangha and Relevance to the Contemporary Pedagogy* (M.A. Thesis in Buddhist Studies, Graduate School of International Program, Mahachulalongkorn-rajavidyalaya University, Bangkok, Thailand 2007), 尤其在 pp.123-130，這部厚達 225 頁的碩士論文，是以早期佛教僧侶教育的人物個案和當代泰國僧伽教育作對比研究，雖然就對比的部分言之，效果不算突出，但討論當代泰國僧伽教育的第三、四兩章，循農民子弟受教育的平等機會和泰國國家教育資源分配不均之間的落差，來探討以僧伽大學為核心的現代泰國僧伽教育，還是就當代實況提供資料豐富而數據充實的說明。

[46] Mohamed Yusoff Ismail, *Wat Pathumwihaan of Baan Maalaj: A Study of Siamese and Chinese Buddhists in a Malay State* (Ph.D. Dissertation, School of Arts, Australian National University, July 1987), 後來修訂本出版為 *Buddhism and Ethnicity: Social Organization of a Buddhist Temple in Kelantan* (*Series of Social Issues in Southeast Asia*, Singapore: Institute of Southeast Asian Studies 1993); Mohamed Y. Ismail, "Buddhism in a Muslim State: Theravada Practices and Religious Life in Kelantan", *Jurnal e-Bangi*, Jilid 1, Bilanganl, Julai-Disember 2006, pp.1-20.

[47] Alexander Horstmann, "Deconstructing Citizenship from the Border: Dual Ethnic Minorities and the Local Reworking of Citizenship at the Thailand-Malaysian Border", in A. Horstmann and R. Wadley (ed.), *Centering the Margins: Agency and Narrative in Southeast Asian Borderlands* (*Asian Anthropologies* Vol.4, New York: Berghahn Books 2006).

到近年觸及中國雲南省傣族地區等（見下文），遂使泰國僧伽大學近年逐漸成為東南亞暨南亞的上座部僧侶教育的區域中心。

二、斯里蘭卡

若我們以僧團看待現代西方文明之不同態度為據，來劃分不同國家的上座部類型，泰國其實自成一格，屬相對溫和與開放一類，但若觀之於斯里蘭卡和緬甸，卻是強硬抗拒現代西方價值觀的典型例子，雖然二者的程度不一。溫和與極端之間的分歧，主要是源於有否因為被西方殖民統治，導致佛教與僧團受創有關，這種背景亦間接反映在國際學界對上座部僧伽教育的研究上。國際學界的蘭卡上座部僧伽教育研究，在題材的多樣程度上是稍遜於其對泰國的研究。蘭卡僧伽教育與當地僧侶自十九世紀中以降的激烈政治抗爭之間的關係，往往引起西方學界更多的關注，從而使僧伽教育的其他議題較易被忽視。其研究重點多放在殖民統治前後的現代發展，古典歷史階段多在探討近代變化時，作為歷史背景簡單交代。以下據所涉歷史時序，對相關論著依次作說明。

南亞學者古納沃達納（R.A.L.H. Gunawardana）所撰，探討早期中世紀斯里蘭卡寺院和經濟的專著是他在倫敦大學的博士論文的修訂本[48]。雖然該書並非有關僧伽教育的專論，唯當中有相

48 R.A.L.H. Gunawardana, *Robe and Plough: Monasticism and Economic Interest in Early Medieval Sri Lanka* (*The Association for Asian Studies: Monographs and Papers* No.XXXV, University of Arizona Press 1979), Ch.4.

當篇幅討論中世紀蘭卡僧伽教育制度，及它在整個寺院制度和僧團中的角色，尤其學界對中世紀蘭卡僧伽教育的歷史研究有限的情況下，該書的相關篇章值得關注。此外，喬納森・沃爾特（Jonathan S. Walters）亦有論文探討稍後十八世紀蘭卡寺院的佛教經典修學[49]。

專事斯里蘭卡上座部研究的人類學學者安妮・布萊克本（Anne Blackburn）熟悉巴利語和僧伽羅語，著有二書，皆屬斯里蘭卡近代僧伽教育的專著。首冊乃布氏在芝加哥大學博士論文的修訂本[50]，該論以十八世紀暹羅系（Siyam Nikaya）的興起為例，探討當時蘭卡僧伽教育的經教學習，是如何藉著與民間文化和社會之間的緊密互動，在大眾當中建構宗教傳統與民族的身分認同，以抵抗殖民統治。該書並據此指當時的僧伽教育，並非如時下學界有觀點認為傳統與現代之間是二元對立。

此外，布萊克本還撰有論及蘭卡僧伽教育議題的系列論文，涉及上座部的戒律運用[51]、蘭卡僧團的經教教育對巫術的態

---

49 Jonathan S. Walters, "Buddhist Learning and Textual Practice in Eighteenth-Century Lankan Monastic Culture (review)", *Buddhist-Christian Studies* Vol.23 (University of Hawaii 2003), pp.189-193.

50 Anne M. Blackburn, *Buddhist Learning and Textual Practice in Eighteenth Century Lankan Monastic Culture* (Princeton University Press 2001), 原為布萊克本在芝加哥大學的博士論文 *The Play of the Teaching in the Life of the Sasana: Sārārthadīpanī in Eighteenth Century Sri Lanka*, (Ph.D. Dissertation, Divinity School, University of Chicago 1996, 414 pages).

51 Anne M. Blackburn, "Looking for the Vinaya: Monastic Discipline in the Practical Canons of the Theravada", *JIABS* 22(2): 1999, pp.281-311.

度[52]、十九世紀蘭卡佛教社群的僧伽教育和信願[53]、南亞和東南亞上座部具足戒傳承的本土化[54]、學刊「僧伽教育專題」的編者導論[55]、英治可倫坡下明增佛學院的教育[56]、對麥克丹尼爾（J.T. McDaniel）寮－泰佛教僧伽教育史專著的書評[57]，及十九世紀蘭卡佛教復興和文化論著[58]，當中多篇期刊論文後被整合為布氏前

---

52 Anne M. Blackburn, "Magic in the Monastery: Textual Practice and Monastic Identity in Sri Lanka", *History of Religions* 38(4): 1999, pp.354-72.

53 Anne M. Blackburn, "Crossing the Watershed: Buddhist Education, Devotion and Communities in Nineteenth Century Sri Lanka", *The Sri Lanka Journal of the Humanities*, Vol. xxvii & xxviii, No.1 & 2, 2001-2002, pp.197-214.

54 Anne M. Blackburn, "Localizing Lineage: Importing Higher Ordination in Theravadin South and Southeast Asian", in J.C. Holt, J.N. Kinnard and J.S. Walters (ed.), *Constituting Communities: Theravada Buddhism and the Religious Cultures of South and Southeast Asia* (SUNY 2003), pp.131-149.

55 Anne M. Blackburn, "Introduction", in *JIABS* Vol.28, No.2, 2008, pp.235-240.

56 Anne M. Blackburn, "Education and Oriental Literature In British Colombo: a View from Vidyodaya Pirivena", in Carol Anderson, Susanne Mrozik and R.M.W. Rajapakse (ed.), *Embedded Religions: Essays in Honor of W.S. Karunatillake* (Colombo: S. Godage and Brothers 2009).

57 Anne M. Blackburn, "Histories of Buddhist Monastic Education in Laos and Thailand? Review on J.T. McDaniel's *Gathering Leaves and Lifting Words*", H-Buddhism September, 2010.

58 Anne M. Blackburn, "Buddhist Revival and the Work of Culture in 19th Century Lanka", in H.L. Seneviratne (ed.), *The Anthropologist and the Native: Essays for Gananath Obeyesekere* (Series of Cultural, Historical and Textual Studies of Religions, London: Anthem Press, 2011).

述二書的部分專章。

十九世紀斯里蘭卡的明增（Vidyodaya，1873 年）和明莊嚴（Vidyālaṅkāra，1875 年）兩所佛學院（pirivena），是探討蘭卡現代僧伽教育所不能繞道的主角。這兩座學院並非純屬傳統的僧伽教育機構，卻是在與現代西方文明相遭遇，既與基督宗教作爭鬥，又作學習之後的產物。二院之間在學風上的差異，直到 1950 年代後期改制為大學時才有所改變。在殖民時期，二者在佛教經典的語言讀拼上各有自己的釋義傳統，在梵、巴、僧伽羅三語典籍版本等取捨上各有側重。明增學院在學風、文化、社會及公共議題上傾向傳統，強調對傳統經教知識的深度理解，對實驗性或開創性的研究多有保留，且與官方關係密切。而明莊嚴學院對語言、文體、文化、藝術及學術等持開放態度，傾向接受現代，亦介入政治和社會議題，常持激進觀點引發爭議，令在家眾側目，且與官方疏離，為維持獨立觀點，需自籌資源，後來與在野政黨關係較深。二院校友遍布全蘭卡的寺院，且皆堅持一己學院學風，並著意維持彼此的學風差異，二者在僧團知識精英內的影響力亦不相伯仲[59]。

二院是在英國殖民統治期間成立，藉著僧伽教育來復興業已衰頹的蘭卡上座部，並在此後的蘭卡國內外佛教民族主義反殖民運動[60]、獨立以後由僧侶所發動的多輪佛教原教旨主義運動，及

---

59 Ananda. W.P. Guruge, "The Socio-Cultural Background to the Evolution of Vidyodaya and Vidyālaṅkāra Universities", *Vidyodaya Journal of Arts and Science: Silver Jubilee*, 1984, pp.354-355.

60 值得注意的，是這兩座佛學院的政治參與並不完全限於蘭卡本國，主事者是懷有為其他國家的佛教，特別是上座部的同道培養僧材以對抗殖民

教族衝突等前後百年的連串事件當中，皆有其身影。二院在蘭卡僧團內部有巨大的動員能力，因而亦對蘭卡社會具廣泛影響力，國際上已有多種論著循不同脈絡、問題與角度研究這兩座佛學院。

布萊克本的第二部論著，是把先前對十八世紀蘭卡僧侶教育問題的關注，順移下及英治時期[61]。她在這第二部著作中，探討十九世紀暹羅派（Siyam Nikaya）關鍵人物，影響現代蘭卡僧團至深的著名學僧，即明增佛學院創立者希卡杜維・蘇曼伽羅（Hikkaduve Sumangala, 1827-1911）。該書以蘇曼伽羅為例，說明蘭卡上座部是如何在殖民主義中區別出現代性，並把現代與傳統兩種成分結合，來作為發展新式僧伽教育的原則，以回應殖民統治所帶來的危機。因此這階段的蘭卡僧伽教育已經不是純屬傳統的產物。

對蘭卡這兩座著名佛學院僧伽教育的最早專論，其實已經是半個世紀之前的著作，斯里蘭卡學僧拉塔那撒拉（Hevanpola Ratanasara）1960 年代初在倫敦大學（London University）的博

統治之國際抱負，而事實上民國時期太虛大師門下專事上座部佛教研習的法舫法師（1904-1951 年）當年留學印度，並順訪斯里蘭卡時（1946-1947 年），即就學於明莊嚴佛學院。

61 Anne M. Blackburn, *Locations of Buddhism: Colonialism and Modernity in Sri Lanka* (University of Chicago Press 2009) 全書用上頗長的篇幅來討論蘇曼伽羅（H Sumangala）的生平，但亦沿著先前質疑傳統與現代二元對立為主要線索，尤其質疑有觀點視他為所謂革新派佛教（Protestant Buddhism）之立論，蘇曼伽羅對種姓、君主和皇家制度與僧團之間關係，乃至對僧伽教育應該如何看待現代的自然科學和數學上，他的觀點其實非常保守。

士論文[62]，是以前述明增和明莊嚴兩座佛學院為焦點，探討 1815 年以來錫蘭佛學院教育[63]。

威吉塔・亞巴・班達拉（von Wijitha Yapa Bandara）的博士論文是研究鵲起於十九世紀的明增佛學院（Vidyodaya Buddhist College）[64]，以它從成立迄今的歷史為例，探討蘭卡傳統佛學院，並折射上座部佛教的現代改革。該學院以佛教（sasana）、學習（śāstra）及社會服務（samaja）為重心，它是由希卡杜維・蘇曼伽羅（Hikkaduve Sumangala, 1827-1911）、瓦里維泰・索拉達（Valivitye Sorata）及卡魯康納達耶韋・般若賽克（Kalukona-dayawe Pannasekera）等僧人建立的傳統。

另一南亞學者塞納弗拉納（H.L. Seneviratne）的書以主要篇

62 Hevanpola Ratanasara, *A Critical Survey of Pirvena Education in Ceylon from 1815 with Special Reference to Vidyodaya and Vidyālaṅkāra Pirivena* (Ph.D. Dissertation, Institute of Education, London University 1965, 509 pages).

63 唯筆者迄今仍未取得該論文，由於該論文篇幅頗巨，且年代久遠，加上目前仍未有製作電子版，所以筆者在 2012 年曾試圖直接聯絡原作者，才發現作者已離世。及後特別再托請時為牛津大學漢學研究中心博士後研究員的學友，倫敦大學亞非學院畢業的佛教學者林佩瑩博士代查其下落，根據林博士在 2012 年 7 月 29 日的電郵回覆：「這本論文原來收在倫敦大學國會圖書館（ULRLS-Senate House Library / Heythrop College / Sch. Advanced Study），倫大其他學院都沒有收藏。向來所有倫大各學院的博士論文定稿均是交至國會圖書館，但是根據圖書館目錄顯示，這本論文可能已經又移回原來畢業的教育學院（Institute of Education）。可惜大英圖書館的聯合論文資料庫（British Library EThOS）沒有製作它的電子檔」。

64 Wijitha Yapa Bandara, *Dawn of Knowledge: The Establishment and Rise of Vidyodaya Buddhist College* (Ph.D. Thesis, University of Virginia 2010).

幅（第二到第五章）分析 1850-1950 年代的百年之間，明增和明莊嚴兩座佛學院在僧伽教育的觀念上，是如何繼承和推動十九世紀蘭卡學僧達摩波羅（Anagarika Dharmapala, 1864-1933）思想中的不同成分。達摩波羅對公共議題的思想，包含著不同甚至是彼此競爭的價值趨向，但皆被僧團內的不同精英集團所繼承。明增佛學院傾向倫理教導、重視農村社區的發展、務實開放、多元共存、慈悲寬容等；明莊嚴佛學院卻偏重強調反殖民統治的民族主義、僧伽羅佛教的文化復興，及佛教的優越地位，而明莊嚴佛學院院長羅候羅·化普樂（Walpola Rahula）在其學院的著名演講[65]，等於間接把僧侶的公共介入定位作僧伽教育的基本精神，及後此一理念亦成為明莊嚴佛學院在獨立前後僧伽教育的重要指引。所以達摩波羅對公共議題兼具務實與高舉理想主義的雙重趨向，一併體現於斯里蘭卡佛教復興運動中，成為塑造現代蘭卡新型佛教的基本價值觀，而深遠地引導著現代蘭卡僧人的反殖民抗爭運動，並對蘭卡社會留下長期的影響[66]。

斯里蘭卡學僧法見比丘（Naimbala Dhammadassi）的博士論文主題是蘭卡僧伽教育在獨立前後到下及 80 年代的發展[67]，剛

65 Walpola Rahula, "Bhikkhus and Politics: Declaration of the Vidyālaṅkāra Pirivena", in *The Heritage of the Bhikkhu: A Short History of the Bhikkhu in Education, Cultural, Social and Political Life,* New York: Grove Press 1974), Appendix II, pp.131-133.

66 H. L. Seneviratne, *The Work of Kings: The New Buddhism in Sri Lanka* (University of Chicago Press 1999).

67 Naimbala Dhammadassi, *The Development of Buddhist Monastic Education in Sri Lanka with Special Reference to the Modern Period* (Ph.D. Dissertation, Lancaster University 1996)，該書探討僧伽教育制度在古

好接上前段塞氏（H.L. Seneviratne）一書的歇筆處，從而與前書形成對二院不同歷史階段的分工討論。此論雖不乏對蘭卡僧伽教育作通史式的背景勾勒，但它的重點是放在由獨立前夕下及 80 年代前後五十年間，網絡遍布全國，但以明增、明莊嚴二院為中心的僧伽教育系統之發展。當中所詳細展列的數據，其實已經間接地反映政治、社會及族群的隱患，乃至宗教的反常狀態之諸多細節[68]，故若配合獨立之後教族關係的日趨惡化之進程作對照閱讀，可以立體地把宗教衝突背後的一些引發因素呈現出。

原籍斯里蘭卡的著名佛教人類學家坦比亞（S.J. Tambiah）以專研上座部聞名。雖然他的大部分上座部研究都是以泰國為案例，但也撰有二書專題討論現代蘭卡上座部在宗教族群上的爭執與衝突，其中一部是討論獨立後，明增和明莊嚴兩座佛學院，與僧侶群體在宗教暨政治上的霸權態度，甚至暴力行徑之間的關係[69]。

阿難陀・阿本塞卡拉（Ananda Abeysekara）是從事斯里蘭卡宗教、政治及族群身分衝突研究的蘭卡籍學者，他並不是僧伽教育的專題研究者[70]。但由於僧伽教育都一直深深嵌入殖民與獨

代、西方殖民統治及獨立後三個不足階段的發展，但重點放在現當代。

68 包括課程設計與比重、僧侶學生的農村淵源，乃至全國中、初級僧伽教育師生數量的分布、發展及變化等的具體數據。當中特別注意獨立以後廿餘年間，僧校及師生數量近乎反常的急劇倍增背後所隱藏的政治、社會、經濟及族群問題。

69 Stanley J. Tambiah, *Buddhism Betrayed? Religion, Politics and Violence in Sri Lanka* (Chicago: University of Chicago Press 1992).

70 Ananda Abeysekara, *Colors of the Robe: Religion, Identity and Difference* (University of South Carolina Press 2002)，該書以檢討時下西方學界討論

立、現代與傳統、宗教與世俗，及族群政治等議題內，並反覆浮現，所以這也是理解蘭卡僧伽教育時不能忽視的重要論著。

明增和明莊嚴這兩座佛學院在 1950 年代後期轉型和升格，成為今天的斯里耶雅華達普拉大學（University of Sri Jayawardhapura）[71]和肯蘭尼亞大學（University of Kelaniya）。二院轉型對於僧團及僧伽教育而言，可謂褒貶參半，南亞學者阿難陀・古魯格（Ananda W.P. Guruge）撰文探討 50 年代二院轉型前後的處境和變化，包括二院在研究、維持傳統文化及民族教育等側面的歷史和現實上的貢獻、佛教研究在新制度下如何延續，及其得失等[72]。

賈弗里・塞繆爾斯（Jeffrey Samuels）是英語學界另一位專研蘭卡僧伽教育的年青人類學者。他的博士論文的修訂版以「心嚮往之」（Attracting the Heart）為書題出版，該題其實是僧伽羅語 hita ādaganīma 的翻譯[73]，他以近十年的田野調查，才完成這

蘭卡宗教－族群武力衝突時的不同學理分類模式作為主線議題之一。

71 耶雅華達普拉大學（University of Sri Jayawardhapura），見 M.M. Karunanayake, "University of Sri Jayewardenepura: Towards Meeting National Aspirations", *Vidyodaya Golden Jubilee Issue*, pp.1-32。

72 Ananda W.P. Guruge, "The Socio-Cultural Background to the Evolution of Vidyodaya and Vidyalankara Universities", *Vidyodaya Journal of Arts and Science: Silver Jubilee*. 尤其見 pp.356-362。

73 Jeffrey Samuels, *Attracting the Heart: Social Relations and the Aesthetics of Emotion in Sri Lankan Monastic Culture* (in the Series of *Topics in Contemporary Buddhism*, Honolulu: University of Hawai'i Press 2010, 200 pages). 是書改寫自其博士論文 *Becoming Novices: Buddhist Education, Monastic Identity and Social Service in 20th and 21st Century Sri Lanka* (Ph.D. Dissertation, University of Virginia 2002, 233 pages).

部有關蘭卡上座部僧團在千禧年前夕開始運作的沙彌教育新學制的人類學考察[74]。該書是以蘭卡中部省分康提（Kandy）附近孟族羅曼那派（Rāmañña Nikāya）普哥達寺（Polgoda Vihāra）及其分布在鄰近和東岸地區的下院網絡，輔以僧團領袖那難陀比丘（Narada）為例，探討當地社群僧、俗之間複雜的施－供關係。一方面是學僧鼓勵在家年青人立志出家求學，另一方面則是俗家社群提供僧伽教育所需資源，使學僧能夠無後顧地，從地方學寺升學到提供較深課程的高級教學寺。此外，塞氏也撰文討論當代蘭卡僧伽教育議題，包括僧團文本教學的教育法[75]、文本記誦在僧伽教育的角色[76]、僧侶社群的所依和養成[77]等，部分修訂後來匯編成冊。

自從近年比較經院學（comparative scholasticism）成為宗教研究的其中一個議題後，包括上座部在內的經院佛學，也會放在僧侶教育制度的對比脈絡下作討論。教育學者彼德（W.L.A. Don

---

74 該制度邀請在家眾擔當監護人來重塑沙彌身分、服務社會的入世意識，新的僧伽教育制度企圖栽培僧團下一代成員新的社會角色和參與社會的僧團新文化。

75 Jeffrey Samuels, "Toward an Action-Oriented Pedagogy: Buddhist Texts and Monastic Education in Contemporary Sri Lanka", *JAAR* Vol.72, No.4, 2004, pp.955-71.

76 Jeffrey Samuels, "Texts Memeorized, Texts Performed: A Reconsideration of the Role of Paritta in Sri Lankan Monastic Education", *JIABS* Vol.28, No.2, 2005, pp.339-367.

77 Jeffrey Samuels, "Ordination (Pabbajja) as Going Forth? Social Bonds and the Making of a Buddhist Monastic", in Vanessa R. Sasson (ed.), *Little Buddhas: Children and Childhoods in Buddhist Texts and Traditions* (*Series AAR Religion, Culture and History*, Oxford: Oxford University Press 2013).

Peter）據佛教戒律和天主教本篤會（Benedictine）《聖本篤會規》（*Rule of St. Benedict*），比較上座部佛教和本篤會僧侶教育之間的同異[78]。

三、緬甸

目前國際學界對上座部僧伽教育的研究，最不成比例的是緬甸，因為以緬甸上座部經院佛學的阿毘達磨教習，其所占的規模與特殊地位[79]，理應與泰國和斯里蘭卡鼎足而立，但由於包括政局等客觀環境的長期限制，對它的研究之現狀遠落於對泰國等其他案例的研究之後[80]。

近代緬甸上座部的經歷和狀態與蘭卡（而不是泰國）較接近，即皆因受到西方（尤其英國）的殖民統治，過程中僧團及其教育系統皆曾歷經挫敗，而僧伽教育的重建過程又同時成為反抗殖民運動的其中一個重要環節，所以殖民統治與反殖民運動（或

78 W. L. A. Don Peter, *Buddhist and Benedictine Monastic Education:A Comparative Study of the Educational Implications of the Vinaya and Rule of St. Benedict* (Sri Lanka: Colombo Evangel Press 1990, 304 pages).

79 在傳統上座部文明，緬甸僧團以阿毘達磨經院佛學聞名，近代則又以內觀禪修運動而蜚聲國際（雖然當中有關止與觀的成分與定位不無爭議），而緬甸的禪觀體系實質上亦與阿毘達磨佛學關係密切。

80 由 60 年代初迄近年，緬甸歷經半個世紀的軍事獨裁與鎖國，使國際學界無法對緬甸上座部進行任何真正的研究，遑論其僧伽教育制度。偶有漏網之魚每多都是緬甸學僧在海外升學深造時，以過來人身分所作的研究，目前專研緬甸僧伽教育的學者多屬這類背景，歐美和日文學界方面，到近年才有數冊研究間接而部分地論及緬甸僧團教育制度，在深、廣度上，皆明顯大幅落後於現有對泰國和蘭卡僧伽教育的研究。

佛教民族主義）之對揚，乃至在獨立以後，僧團往往成為衝擊新生世俗國家政體，和在社會上挑動教族衝突的原因。這些都是研究近代以緬甸僧伽教育議題時，無從或缺的基本背景。

西方學界對緬甸僧伽教育最早的研究是 1921 年芝加哥大學的一部碩士論文[81]，但目前無從得知該論文的內容，在此姑且不論。半個世紀前，緬甸學者崑恩（U. Kaung）撰有頗長的論文，闡述在英治前後的緬甸教育史，討論獨立前僧伽教育是緬甸社會的教育最重要一環。在考察教育和社會的關係上，將僧伽教育放在教育史的脈絡甚至比放在佛教史當中來討論更具啟發性[82]。唐納德・尤金・史密斯（Donald Eugene Smith）在其有關緬甸的宗教與政治一書[83]，把緬甸僧團的教育、考試及學位等相關制度，放在英國殖民統治前後的不同政權與時局之間的互動關係中來作說明。稍後麥爾福・史拜羅（Melford E. Spiro）討論上座部佛教作為緬甸社會大傳統的現代變遷時，亦零散地論及僧團教育，但與政－教關係角度稍異，史拜羅關注的首先是城、鄉之間的經濟差距，及連帶教育水平上的差異，但更深層的其實是現代世俗國民教育與傳統寺院教育之間，在價值觀與知識成長上的差異[84]。

---

81 Paul Richmond Hackett, *Religious Education of Burma Buddhists* (M.A. Thesis, University of Chicago 1921).

82 U. Kaung, "A Survey of the History of Education in Burma before the British Conquest and After", *Journal of the Burma Research Society* 46 (Rangoon: Burma Research Society, December 1963), pp.1-124.

83 Donald Eugene Smith, *Religion and Politics in Burma* (New Jersey: Princeton 1965) 的第二章〈英治階段的宗教政策〉和該書 pp.31-80, 164-165, 178-179, 224-229 等多處。

84 Melford E. Spiro, *Buddhism and Society: A Great Tradition and its Burmese*

門德爾松（E.M. Mendelson）1967 年在緬甸 18 個月，其未及成書的田野筆記匯編成 400 頁的部冊在 70 年代中出版，探討緬甸僧團的派系和領導層，當中部分涉僧團教育議題[85]。

在前述這數本屬四、五十年前的著作之後，再下來的緬甸僧侶教育研究，就已經是千禧年後，但由於斷層甚久，所以在英文學界其實專著不多，目前多屬書章或單篇論文。有關緬甸僧伽教育的研究在近年從新起步之初，對所謂「佛教教育」的問題，焦點其實尚未對準，從而諸如尤金妮婭・卡（Eugenia Kaw）聲稱循解脫道的社會精神特質的條件，來研究緬甸的佛教與教育的人類學博士論文[86]，但這部研究其實強差人意，頗引人側目，隨後的系列研究才更上軌道。

尼克・奇斯曼（Nick Cheesman）的論文精簡到位地勾劃出

Vicissitudes, University of California Press in Berkeley 1982. 中譯有麥爾福・史拜羅著，香光書鄉編譯組譯《佛教與社會：一個大傳統並其在緬甸的變遷》（《法衍叢書》5，嘉義：香光書鄉出版社，2006 年），頁 558-560、593-594。

85 E.M. Mendelson, edited by John Ferguson, *Sangha and State in Burma: A Study of Monastic Sectarianism and Leadership* (Cornell University Press 1975).

86 Eugenia Kaw, *Buddhism and Education in Burma: Varying Conditions for a Social Ethos in the Path to Nibbana* (Ph.D. Dissertation, Princeton University, 2005, 285 pages)，在當代緬甸僧辦、官辦與民辦三個教育系統的對比下，以教授禪修的僧侶所主持的教育為重心，探討他們如何引導行者在信、解兼具的情況下透過正見而趨向解脫。在世俗大學當中，作者此一研究的論旨頗讓人側目。但作者的辯詞聲稱，該論文特別強調宗教向度，是因為要藉此抗衡國家利用佛教作為民族主義的符號，或意識形態的宣傳工具。

從殖民統治到獨立後，緬甸在不同階段，僧團在學校教育問題上與國家之間的開合關係[87]，此文可以作為有關問題歷史線索與輪廓的基礎讀本，引向更專題的討論。

艾麗茜亞・特納（Alicia M. Turner）由博士論文改寫的新書[88]，討論殖民統治對傳統緬甸體制的衝擊[89]。該書第三章以專章探討在這大背景下，僧侶在僧伽教育制度一併受損後，是如何悉力維持經教學習（pariyatti），以便在英國殖民統治的夾縫中，匯合僧、俗的改革派知識群體，重建僧侶作為社會的價值社群。

---

87 Nick Cheesman, "School, State and Sangha in Burma", *Comparative Education* Vol.39, Issue 1, 2003, pp.45-63. 這文章循比較教育的角度對緬甸教育史進行歷史分析。十九世紀前，緬甸的教育其實就是廣泛分布的上座部僧團寺校，政府或國家並不負責教育，僧團從而有其存在的意義和合法性。但十九世紀英國殖民統治破壞此結構，從而亦波及它所庇護的僧團。英國人所建立的公共教育體系，使僧侶作為教育者的社會角色日趨邊緣化，但僧侶頑抗未息。獨立後的新生國家沒有將教育大權交給僧團，反之她緊握公共教育權以便建立全面的國家觀念，及後軍政府全權控制教育，僧團被迫支持國家主義，而不再能如早期般，有組織地頑抗政權。

88 Alicia M. Turner, *Saving Buddhism: The Impermanence of Religion in Colonial Burma* (University of Hawaii Press 2014)，該書是據作者在芝加哥大學的博士論文 *Buddhism, Colonialism and the Boundaries of Religion: Theravada Buddhism in Burma 1885-1920* (Ph.D. Dissertation, Illinois: The University of Chicago 2009) 改寫而成，論文導師是布魯斯・林肯（Bruce Lincoln）和史蒂文・柯林斯（Steven Collins）。

89 作者據文字媒體、佛教期刊、功德主名單及殖民當局的報告等迄今罕被注意的資料，來理解佛教與殖民統治之間的複雜關係，探討僧團是如何以行動與論述反制殖民主義，以拯救臨近崩塌邊緣的佛教，僧伽教育則是構成抗爭組織的重要一環。

該論揭示這一處境下的寺院僧伽教育目標，是如何在殖民當局的教育政策之外，打開新型僧伽教育的缺口與空間，以抗拒在殖民期間，由英－緬殖民當局的政策所造成，日趨嚴重的價值滑坡。並說明殖民當局是如何把佛教精英群體的價值振興運動，視作緬甸民間公開地表達其政治抗爭訴求的平臺，因而需要一直壓抑僧伽教育，此外特納也探討殖民統治期間是如何把寺院變為學校[90]。

朱莉安娜・蕭伯（Juliane Schober）的書循文化敘事、殖民遺產及公民社會三點來探討緬甸現代佛教的處境[91]，重點落在英治後期到獨立後初期，僧伽教育與整個社會的政治動蕩之間的相互關係，此外蕭伯也撰文探討殖民的知識和緬甸的佛教教育[92]。賈森・卡賓（Jason A. Carbine）的書以當代緬甸上座部最精英，但又最少受到研究的瑞景派（Shwegyin Nikaya）僧團與寺院組織為主題，探討緬甸僧伽傳統在軍政府獨裁統治半世紀以來，在宗教上的續與斷，瑞景派是創立於十九世紀的上座部改革派，強

90 Alicia Turner, Ch.11 "Religion Making and its Failures: Turning Monasteries into Schools and Buddhism into a Religion in Colonial Burma", in Markus Dressler and Arvind-Pal S. Mandair (ed.), *Secularism & Religion Making* (Oxford University Press 2011).

91 Juliane Schober, *Modern Buddhist Conjunctures in Myanmar: Cultural Narratives, Colonial Legacies and Civil Society* (Honolulu: University of Hawai'i Press 2010).

92 Juliane Schober, "Colonial Knowledge and Buddhist Education in Burma", in I. Harris (ed.), *Buddhism, Power and Political Order* (London and New York: Routledge, Taylor & Francis Group 2007), pp.52-70.

調奉行嚴格的戒律和阿毘達磨的研習[93]，該書第四章專題討論教習阿毘達磨的僧伽教育體制。

而埃里克・布朗（Erik Braun）在其研究緬甸現代著名學僧雷迪尊者（Ledi Sayadaw, 1846-1923）的書當中，討論由雷迪所引發的緬甸阿毘達磨教學和爭論的部分篇章，也觸及緬甸的僧伽教育[94]。川並宏子（Hiroko Kawanami）的書[95]把緬甸上座部僧團尼眾的經院佛學傳統及僧伽教育體制，放在緬甸的政治及社會脈絡中，來探討緬甸婦女如何透過在僧團出家為尼以接受教育，並成立尼眾僧團，而轉變社會角色。此外，柏特里克・普蘭克（Patrick Pranke）據《耆宿竹節譜》（*Vaṃsadīpanī*）探討十八世紀緬甸的僧團改革與佛教史書寫[96]和古斯塔夫・霍曼（Gustaaf

---

93 Jason A. Carbine, *Sons of the Buddha: Continuities and Ruptures in a Burmese Monastic Tradition* (Series Religion and Society 50, New York: Walter de Gruyter, 2011). 原為其博士論文 *An Ethic of Continuity: Shwegyin Monks and the Sasana in Contemporary Burma / Myanmar* (Ph.D. Dissertation, The University of Chicago 2004)，指導教授是雷格・雷諾茲（Frank Reynolds）。

94 Erik Braun, *The Birth of Insight: Meditation, Modern Buddhism, and the Burmese Monk Ledi Sayadaw* (Series Buddhism and Modernity, 2012).

95 Hiroko Kawanami (川並 宏子), *Renunciation and Empowerment of Buddhist Nuns in Myanmar / Burma: Building a Community of Female Faithful* (*Series Social Sciences in Asia* Vol.33. Leiden; Boston: Brill 2013).

96 Patrick Arthur Pranke, *The "Treatise on the Lineage of Elders" (Vaṃsadīpanī): Monastic Reform and the Writing of Buddhist History in Eighteenth-Century Burma* (Ph.D. Dissertation, University of Michigan 2004).

Houtman）的緬甸佛教實踐傳統[97]兩部有關緬甸上座部僧團的博士論文，皆有部分篇章涉及僧伽教育。邁克・克拉奈伊（Michael W. Charney）的專著是探討英國殖民統治降臨前夕的最後皇朝，公元 1752-1885 年間緬甸貢榜王朝（Konbaung Burma），僧、俗精英之間，在知識、教育及價值上的新舊變化，僧伽教育是涉及其間改變的體系之一[98]。

但上述的論著，都只是以部分篇幅探討僧伽教育問題，迄今已知有三部完全以緬甸僧伽教育為主題的專著，分別是兩部博士論文和一部碩士論文，而且三論的作者都是在現代學術體制中受訓的緬甸學僧。首先是留學英國的緬甸撣族學僧法主（Khammai Dhammasani）在牛津大學的博士論文[99]，他以十七世紀迄今緬甸與泰國僧伽教育為主題，並把它放置在宗教理想和政治實用主義之間的張力拉扯中來作討論。不過此一專著的真正貢獻，倒不在這兩個上座部僧伽教育制度的歷史描述，畢竟其他論著已經對此有所探討。其貢獻反而在於以專章就此二例，說明上座部僧伽教育在現代脈絡下，內、外相交的諸多困局。

第二冊同樣是由留學英國的緬甸學僧執筆。龍軍比丘（Bhikkhu Nagasena）在倫敦大學的博士論文以寺院的界（sīmā）

---

97 Gustaaf Houtman, *Traditions of Buddhist Practice in Burma* (Ph.D. Dissertation, SOAS, London University 1990).

98 Michael W. Charney, *Powerful Learning: Buddhist Literati and the Throne in Burma's Last Dynasty 1752-1885* (Ann Arbor: Centers for South and Southeast Asian Studies, University of Michigan Press 2006).

99 Khammai Dhammasami, *Idealism and Pragmatism: A Study of Monastic Education in Burma and Thailand from the 17th Century to the Present* (Ph.D. Dissertation, St. Anne's College, Oxford University 2006).

為題[100]，這部專著詳盡而深入地探討無論是在傳統或現代，緬甸上座部僧團用作宗教考核的神聖場所，乃至圍繞這舞臺為中心所建立的阿毘達磨教學、釋義及考試制度。第三冊則是一位留學臺灣的緬甸漢傳學尼祖道（Hla Kyu）的碩士論文[101]。

而沃德・基勒（Ward Keeler）的新作探討緬甸佛教，尤其僧團組織的男性陽剛氣（Masculinity）及其它者（Others）[102]，這以寺院僧團生活包括在教育等事宜上的安排為線索，折射緬甸社會的性別意識形態、角色及不同身分間的從屬關係，尤其涉及婦女出家意願時問題最為尖銳。

獨立後的緬甸並沒有成功建立國民教育系統，情況尤以農村為甚，因此在廣大農村地區，僧伽教育普遍仍然是國民教育的過

---

100 Bhikkhu Nagasena, *The Monastic Boundary (Sīmā) in Burmese Buddhism: Authority, Purity and Validity in Historical and Modern Contexts* (Ph.D. Dissertation, SOAS, University of London 2012) http://eprints.soas.ac.uk/17369.

101 釋祖道（Hla Kyu）著《巴它麻扁：緬甸佛學考試及其影響》（臺南：國立成功大學歷史學系碩士論文，2011 年，105 頁。論文導師是鄭永常教授）。該論文研究緬甸上座部僧團始自 1638 年，迄今已超過三個世紀的佛學考試制度（Pahtamapyan，作者音譯作「巴它麻扁」），此一考試制度曾因英國入侵及二戰，而中斷兩次合共約十三年外，一直延續三個世紀。歷年來考試內容、形式、等級等，都隨著時代而稍有變異，但始終是檢證僧侶佛學知識的指標。該論文分別探討其起源，及其在君王制、殖民和獨立後三個階段的角色及功能沿革，乃至該制度能歷久不衰的原因。而考試所涉教學內容是緬甸人族群認同、思想文化、價值信仰、文學藝術、政－教關係，及人材社會流動的根源，此一碩士論文亦廣泛應用緬文文獻。

102 Ward Keeler, *The Traffic in Hierarchy: Masculinity and Its Others in Buddhist Burma* (University of Hawaii Press, September 2017, 350 pages).

渡性替代系統，緬甸學者派普凱（Pyi Phyo Kyaw）循當代緬甸的社會、政治環境來剖析緬甸僧伽教育的課程、目的及角色[103]。但僧伽教育在當代緬甸社會的處境中，往往涉及很多複雜的問題，若要對僧伽教育在現實社會中的角色形成較完整的理解，這不單要放在與官方國民教育系統的關係中來討論，更需要放在軍政府代表的國家和少數或弱勢族群的兩層身分之間[104]，乃至國家與公民社會的國內非政府組織（NGO）或社區組織（CBO）之間，兼具合作和競爭的多層關係中來作理解。因為在緬甸，即使如孟（Mon）[105]、撣（Shan）[106]等族群同樣都是以

---

[103] Pyi Phyo Kyaw, "Burmaese Monastic Education in Contemporary Sociopolitical Context of Burma: Curricula, Motivation and the Roles of Monastic Education", International Burma Studies Conference, 5th-7th October 2012. 該文有關緬甸僧伽教育，其實是要對應西方緬甸研究主流模式，沿著緬甸被殖民前、後的僧伽教育發展史，針對世俗與非俗、不同法脈傳承之間的競爭，及僧俗佛教徒之間孰是之爭論展開討論，由國家所資助，通行全國的教理考試（pahtamapyan），是企圖在塑造當代緬甸的統一的上座部佛教之形像，但也會論及多個由非官方佛教僧伽組織所推行，但在官方僧伽考試中被邊緣化的其他僧伽正規考試和相關的課程，以反映出多樣的僧伽教育之實況。

[104] Jasmin Lorch, "Myanmar's Civil Society: A Patch for the National Education System? The Emergence of Civil Society in Areas of State Weakness", *Südostasien aktuell: Journal of Current Southeast Asian Affairs* 26, March 2007, pp.54-88, 尤其 pp.64-68。

[105] Marie Lall and Ashley South, "Education, Conflict and Identity: Non-state Ethnic Education Regimes in Burma", March 2012, 尤其 pp.11-14，該文以緬甸國內同樣信仰上座部佛教的主要少數民族孟族（Mon）為例，說明其僧伽教育是如何作為載體，維護族群文化和身分認同。

[106] 法主討論緬甸撣族僧團教育的論文，見Khammai Dhammasami, "Growing

信仰上座部佛教為主，但無論語言文字或宗教傳統等，皆自成一格，而其僧團及僧伽教育體系，正是有組織地傳承其傳統的最主要載體。

四、其他

除了緬甸和斯里蘭卡，柬埔寨也是曾經被西方殖民統治的東南亞上座部國家，由於柬埔寨在 1930 年代結束殖民統治後，還經歷二戰、內亂及共產黨極權統治的反覆摧殘，其禍皆遠較殖民統治為烈，佛教甚至一度被赤柬政權徹底滅絕[107]，畢竟在殖民統治期間，上座部佛教仍有僧伽教育可言，先有伊恩・哈里斯（Ian Harris）在他的柬埔寨佛教專著中，以專項作說明[108]，未

---

but as a Sideline: an Overview of Modern Shan Monastic Education", *Contemporary Buddhism: An Interdisciplinary Journal* Vol.10, Issue 1, Special Issue: Shan Buddhism 2009, pp.39-49。此外橋本氏亦探討在緬甸官方的壓制下，僧團教育在維繫撣族社群語言和宗教傳承時的作用，見 Takashi Hashimoto, "Theravada Buddhism among the Shan: Transformations in the Shan Monastic Life Cycle and Shan Community", *Exploration: A Graduate Student Journal of Southeast Asian Studies* Vol.11, Issue 1, Spring 2011, pp.129-134, 尤其 pp.131-133。

107 專研柬埔寨佛教的學者哈里斯在首次處理此議題，見 Ian C. Harris, *Cambodian Buddhism: History and Practice* (Honolulu: University of Hawai'i Press 2005), Chs.7,8, pp.157-224，及後哈里斯對有關事件的剖析作進一步擴充，並獨立成冊，見 Ian C. Harris, *Buddhism in a Dark Age: Cambodian Monks under Pol Pot* (Honolulu: University of Hawai'i Press 2013)。

108 Ian Harris, *Cambodian Buddhism: History and Practice* (Honolulu:

幾安妮・漢森（Anne Hansen）專研 1860-1930 年代殖民統治期間柬埔寨上座部佛教與現代性之間關係的論著[109]，其中在第三、四兩章以全書正文近半的篇章，直接探討在殖民統治背景下，佛教僧伽教育的轉變，餘下的篇章亦多有段落間接涉及僧伽教育相關的諸多議題。柬埔寨在擺脫赤柬政權的血腥統治後，傳統文化逐漸復甦，一位柬埔寨學僧討論柬埔寨上座部近年在此脈絡下對僧伽教育的初步重拾[110]。該文並不諱言指出，在歷經摧殘後徹底斷層的佛教要如何重建真正的宗教傳承與社會價值觀，卻是讓人憂慮和難以樂觀的。

中國雲南　數百年來，雲南省今天西雙版納和德宏二州境內，都是泰、緬上座部佛教的流布區域，但雲南歷來都只屬上座部文明的邊緣地帶，因為它並非上座部僧團學術、實踐及教學中心，因而也不是標準典範的所在地。尤其在 1949 年後，國家機器根據政治意識形態進行清洗，使本就談不上茁壯的傳統更一度被徹底打斷數十年，迄 90 年代方逐漸恢復部分宗教傳統，但作為經院文明核心的僧伽教育卻遠未上軌道，只要僧伽教育一日未能成熟建立，則都只是上座部文明的邊緣，中國學界對雲南上座

University of Hawai'i Press 2005), Chs.4, 5, pp.81-130 對此皆有所說明，尤其 pp.124-130。

109 Anne Hansen, *How to Behave: Buddhism and Modernity in Colonial Cambodia 1860-1930* (Honolulu: University of Hawaii Press 2007).

110 Ven. Sovanratana Sovanratana, "Ch.13: Buddhist Education Today", in Alexandra Kent, David Porter Chandler (ed.), *People of Virtue: Reconfiguring Religion, Power and Moral Order in Cambodia* (*Studies in Asian Topics* 43; Copenhagen: NIAS Press, Nordic Institute of Asian Studies 2008), pp.256-271.

部僧伽教育的討論亦甚有限[111]。

唯在近十年，雲南上座部僧伽教育出現了特殊的新問題，而且中國西南的教育界及教育學界對此逐漸形成深入探討，只是這一議題完全沒有引起主流華文佛學界的注意。前文已述，在泰、緬、蘭卡等上座部佛教社會，僧伽教育在國家現代化進程中，與國民教育系統之間，因各國國情的差異，形成從合作、補充、替代到排斥等不同關係。雲南上座部在「僧伽教育」之議題上，亦無從迴避。自民國時期雲南官、民雙方皆使用民族國家概念始，雲南上座部的傳統僧伽教育與現代國家兩個系統之間一直存在張力，雖然在 1949 年後到 90 年代止，由於政治意識形態高漲，此一問題似乎「已被解決」，但 90 年代以降傳統文化的逐漸復甦，這困擾重新浮現。

美國學者浦同德（T.A. Borchert）在其博士論文循中國西南邊境的佛教、政治及宗教自由三個議題來探討雲南西雙版納上座部的僧侶教育[112]，尤其是當中所折射與國家政權的關係和身分

111 劉岩著《南傳佛教與傣族文化》（昆明：雲南民族出版社，1993 年，第五到第七章，尤其頁 166-220）和鄭筱筠著《中國南傳佛教研究》（北京：中國社會科學出版社，2012 年，第九章，頁 205-209），皆有篇章討論雲南上座部僧伽教育。不過後者雖然是新書，但論及寺院教育的小節，篇幅和內容皆簡陋，不如劉岩二十年前的深度。

112 Thomas A. Borchert, *Educating Monks: Buddhism, Politics and Freedom of Religion on China's Southwest Border* (Ph.D. Dissertation, University of Chicago 2006)，論文導師是泰國研究（Thai Studies）的著名學者弗蘭克．雷諾茲（Frank E. Reynolds）教授。該書分別以在西雙版納村社寺廟、上海佛學院及泰國僧團高中三個不同制度學習的雲南傣、寮比丘與沙彌為例，來考察在中國國家的觀念下，佛教在雲南傣族身分構成中所扮演的角色。作者認為，西雙版納傣族僧侶謹慎地以刻意去除政治化和

認同等問題。此博士論文經數年修改後，已正式出版[113]。其基本構思是：時下對佛教社群，尤其僧團的研究通常會放在一寺或一國之內的單一而固定的體系來作探討，但佛教寺院與僧團其實常會交錯於地方社區、地方當局的管治和法令、全國及跨國的佛教網絡之間，尤其這會同時一起反映在僧侶教育一事上。靠近寮、緬邊界的雲南西雙版納傣－寮上座部僧團教育即為一例，對中國主流漢人和漢傳佛教來說，他們是族群與宗教身分的雙重少眾。然而他們借助地方當局、漢傳佛教，及泰緬上座部跨境宗教資源的幫助，來重振西雙版納的僧團教育時，其實需要同時與官民、僧俗及國內外的持分諸方週旋，因為各皆有其私下議程。透過以中國的傣族僧侶為論述的焦點，和多方的細緻田野訪談與調查，本研究展現出雲南傣族僧團教育背後的宗教跨國動力。

浦同德亦撰文探討雲南上座部如何遊走在次民族主義（sub-nationalism）和中國官方僧團之間的夾縫，以營運出僧侶留學泰

非對抗性的方式，運用佛教在族人之間，建構一種既承認中國，但又明顯有別於主流漢文化的族群身分。所以起碼在傣族的個案，上座部佛教作為跨國宗教，可以起到調和中國當局與少數民族之間關係的正面作用。分析的焦點放在過去三十年，傣族上座部僧團領袖是如何遊走在代表官方的中國佛教協會，和上座部的跨國僧團網絡之間，以便可以不受干擾地持續遣送傣族出家子弟前赴國外（主要是泰國），接受遠為妥善與完整的上座部僧伽教育，在此過程中，僧伽教育除了幫助傣族學僧學習如何成為一個上座部僧人外，也學習如何在中國制度下，維持傣族的族群身分。

113 Thomas A. Borchert, *Educating Monks: Minority Buddhism on China's Southwest Border* (*Series on Contemporary Buddhism*, University of Hawaii Press May 2017).

國完成僧伽教育之支援空間[114]、傣族夾在中國現代性與佛教現代主義之間的處境[115]，及分析當代西雙版納傣族男童出家為沙彌僧的情況[116]，他亦連帶撰文觸及雲南上座部作為當代中國少數民族宗教此一獨特角色之問題[117]。此外，羅傑・卡薩（Roger

---

[114] Thomas A. Borchert, "Training Monks or Men: Theravada Monastic Education, Subnationalism and the National Sangha of China", *Journal of International Association of Buddhist Studies* Vol.28, No.2, 2008, pp.241-272. 浦同德論證，官方的政策與權勢是一回事，但對信仰上座部如傣族等族群而言，還是有其與官方週旋的條件和空間，像和尚生這種安排，官方已經作出很大的讓步、妥協與容忍，同樣的彈性安排，恐怕就很難會被當局願意施之於其他佛教族群的僧侶（例如藏族）身上。浦同德認為，官方政策的嚴苛與否，其實與所涉及的少數民族在中國以外是否另有獨立國家相關，若有則政策傾向寬容，否則傾向嚴厲，而雲南上座部屬前者。

[115] Thomas A. Borchert, "Worry for the Dai Nation: Sipsongpanna, Chinese Modernity and the Problems of Buddhist Modernism," Journal of Asian Studies 67: 1 (February 2008).

[116] Thomas Borchert, "Monk and Boy: Becoming a Novice in Contemporary Sipsongpanna", in Vanessa R. Sasson (ed.), *Little Buddhas: Children and Childhoods in Buddhist Texts and Traditions* (*Series AAR Religion, Culture and History*, Oxford: Oxford University Press 2013).

[117] Thomas A. Borchert, "The Abbot's New House: Thinking about how Religion Works among Buddhists and Minorities in Contemporary China," Journal of Church and State Vol.52 No.1, 2010;Thomas A. Borchert, "Monastic Labor: Thinking about the Work of Monks in Contemporary Theravada Communities," Journal of the American Academy of Religion 79, 2011, pp.162-192. Thomas A. Borchert, "Buddhism, Politics and Nationalism in the Twentieth and Twenty-first Centuries," Religion Compass 1: 5 (2007).

Casas）論及西雙版納傣族上座部在當代中國旅遊業[118]和少數民族語言政策[119]的夾縫下如何復興，乃至小島敬裕（Kojima Takahiro）討論雲南德宏州傣族佛教[120]的多篇論文，皆有部分篇幅涉及在這些議題的脈絡下，上座部僧伽教育的困境。

2010 年前後，中國西南部的教育或民族學研究機構，一口氣出了起碼三冊博士論文[121]和五冊碩士論文[122]探討被當地教育

---

118 Roger Casas, "Beyond Fantasyland: Religious Revival and Tourist Development in Sipsona Panna", in ANRC Workshop Human Security and Religious Certainty in Southeast Asia, Chiang Mai, Thailand, 2010, pp.1-16.

119 Roger Casas, "Linguistic Policy and "Minority" Languages in the People's Republic of China: The Case of the Tai Lue of Sipsong Panna", (Working Paper).

120 Kojima Takahiro (小島　敬裕), "Tai Buddhist Practices in Dehong Prefecture, Yunnan, China", in *Southeast Asian Studies* Vol.1, No.3 (Center for Southeast Asian Studies, Kyoto University, December 2012), pp.395-430.

121 三冊博士論文分別是：一，羅吉華著《文化變遷中的文化再制與教育選擇：西雙版納傣族和尚生的個案研究》（原為北京中央民族大學民族學系博士論文，《教育人類學研究叢書・第三輯》19，北京：民族出版社，2011 年）；二，陳薈著《西雙版納傣族寺廟教育與學校教育共生研究》（重慶：西南大學博士論文，2009 年）；三，劉曉巍著《奘寺學童現象及其教育法規因應研究》（重慶：西南大學博士論文，2011 年，226 頁，奘寺是指傣族的上座部寺院）。

122 五冊碩士學位論文分別是：一，單江秀著《對傣族僧侶學生的二元教育體系之博弈分析：以西雙版納州為例》（雲南大學民族研究院民族學碩士論文，2007 年）；二，孫雲霞著《雲南佛教院校教育研究》（雲南大學碩士論文，2010 年）；三，鄒媛著《西雙版納傣族佛爺的生存狀態對和尚生發展的影響研究》（重慶：西南大學教育學原理碩士論文，2012 年）；四，杜沙沙著《傣族和尚生與教師衝突的歸因分析及對策

界稱作「和尚生」的問題[123]。此外，西南部社科院等機構亦有學者撰文討論與雲南上座部僧伽教育引伸出來，諸如「有寺無僧」和重新浮現的「緬僧入境」[124]等種種難題[125]。唯最早觸及雲南上座部僧伽教育之此一議題的研究，都不是來自中國學界，十多年前先有臺灣的一部碩士論文[126]，海內、外對傣族僧伽教育的關注點並不相同，臺、美學人更多站在民間繼承宗教與族群文化的視野，乃至維護民間應有的權利之角度，來探討雲南上座部僧伽教育在當代所面對的新機會和困難[127]，但中國的八部研

研究》（重慶：西南大學教育學原理碩士論文，2012 年）；五，楊雄著《西雙版納寺廟教育對傣族學生發展的影響：基於男女學生性別比較》（重慶：西南大學教育學原理碩士論文，2012 年）。

123 所謂「和尚生」問題，這是指雲南省信仰泰、緬上座部佛教，諸如傣族等部分西南族群的童僧帶著僧人的宗教身分，在中共的國家學校系統受教育時，所產生的系列難題。迄今全部研究皆一致指出，現況無論是對執行標準化國家教育的學校和教師、上座部僧團的宗教－文化教育傳承，及童僧個人的成長來說，都是三敗俱傷的局面。

124 梁曉芬著〈雲南傣族上座部佛教佛寺教育的變遷與發展〉（東南亞南亞研究網，2010 年 12 月 14 日：http://www.sky.yn.gov.cn/ztzl/yq30zn/zgwj/zjyjs/732206887597057032）；梁曉芬著〈雲南南傳佛教有寺無僧問題的再研究〉（佛學研究網，2012 年 12 月 18 日：http://www.wuys.com/news/article_show.asp?articleid=36218）。

125 見程利的兩篇論文，分別是〈宗教背景下的傣族教育發展策略〉（中國論文網，原文地址：http://www.xzbu.com/4/view-3051861.htm）和〈傳承與創新：西雙版納傣族佛寺教育芻議〉《前沿》2012 年（中國論文網，原文地址：http://www.xzbu.com/4/view-3051861.htm）。

126 曾政雄著《雲南傣族學僧教育之研究》（臺北：淡江大學中國大陸研究所碩士論文，2002 年），論文導師是專研中共少數民族教育政策的楊景堯教授。

127 中國在傣族地區實施九年國民教育政策，間接造成村寨佛寺生源、財源

究生論文，皆不同程度地循近於官方角度，來討論傣族童僧的入讀主流學校如何為學校教育帶來困擾，甚少著眼於傣族社群可以如何建立上座部僧伽教育體系維持文化傳統，不過無論是前述的美國學者浦同德或羅吉華等皆已經注意到，雲南傣族學僧的泰國留學傾向正在增長[128]。

越南　東南亞佛教雖以上座部為主流，但因為歷史、地緣等諸多因素，境內佛教皆維持著不同程度的多元與混雜。當中越南是一個很好的例子，同時存在不同傳統的上座部、華人的漢傳佛教及形成本土特質的越南禪宗，但沒有任何一者是壓倒性多數。國際學界近年有兩冊論著直接處理越南佛教的僧伽教育議題，二書作者皆為越南人，但兩部研究重心仍稍有差異。阮明（Minh T. Nguyen）在威斯康辛大學的博士論文探討 1930-1970 年代為止的四十餘年之間，越南僧、俗二眾是如何以改良僧伽教育為著力點，來推動佛教復興運動[129]。另一部是一位越南研究

不足，傳統上座部僧團教育面臨停辦、經費不穩定、無力改善師資及教學設備，乃至最終導致僧團教育和傣族文化難以為繼等多層困擾。見曾政雄著《雲南傣族學僧教育之研究》（見前）。

128 筆者在過去三年於泰國的訪學經驗，亦與前述論者的觀察一致，曾數度在曼谷遇上來自雲南省，在泰國寺校升學的中國籍傣族童僧。部分傣族童僧甚至在尚未成年的階段，即就學於設有泰國教育部部訂標準中、小學課程的寺院僧校，以期最終入讀泰國的摩訶朱拉隆功僧伽大學（MCU）。雲南籍傣族僧人赴泰升學如持續成風，在學成返國後，會對雲南上座部佛教，尤其僧團的發展造成什麼影響，仍有待進一步觀察。

129 Minh T. Nguyen, *Buddhist Monastic Education and Regional Revival Movements in Early Twentieth Century Vietnam* (Ph.D. Dissertation, University of Wisconsin-Madison 2007, 342 pages). 這部著作探究二十世

生在泰國僧伽大學的碩士論文，專研越南的上座部佛教，當中有專章討論僧團教育[130]。

另一個類似的例子是新加坡，謝明達對新加坡佛學院（Buddhist College of Singapore）的分析，是放在戰後東南亞新、馬華人從早期階段的華人民間混雜信仰，逐漸變為以所謂革新的佛教（Reformist Buddhism）來進行佛教化（Buddhistization）的脈絡中來作探討[131]，該學院中、英雙語，和漢傳、上座部雙傳統並行的僧伽教育規劃，更是體現出這一地區的佛教特色。而新加坡佛學院的課程設計，基本上亦以現代大學人文暨社會科學為參考。

現代南亞　二十世紀多個佛教本已絕跡以百年計的南亞國家，如印度、尼泊爾（Nepal）及孟加拉（Bangladesh）等，皆重新出現佛教。雖然藏傳佛教在 1960 年代隨著離散的藏族社群在這地區定居，但上述數國的佛教新建僧團，反而都是從緬甸、蘭

紀前期，越南北、中、南三部的佛教復興運動一致認同，皆以佛教和僧伽教育的改革為著力點，尤其僧人的宗教實踐與行持需要以教理掌握為基礎，此一切實端賴有否妥善的僧伽教育系統，而其教育方式各異，從三個月結夏安居、跨境遊方，留學中國、南亞及歐美諸國。60 年代的佛教危機促成地區性和全國性的僧侶組織首先在僧伽教育上形成整合，以應對時局。雖有受干擾，但越南僧伽教育體系在 80 年代初重新復甦。

[130] Mae Chee Huynh Kim Lan, *A Study of Theravāda Buddhism in Vietnam* (M.A. Thesis, International Program in Buddhist Studies, Graduate School, Mahachulalongkornrajavidyalaya University, Bangkok, Thailand, 2010), pp.42-52, 60-62, 70, 93-95.

[131] Jack Meng Tat Chia (謝明達), "Teaching Dharma, Grooming Sangha: The Buddhist College of Singapore", *Sojourn: Journal of Social Issues in Southeast Asia*, Vol.24, No.1, April 2009, pp.122-138.

卡等上座部佛教引入的法脈。佛教在這一地區的現代復甦，往往皆以巴利經典的僧伽教育為開路前鋒。南亞地區僧伽教育的復興，最早是十九世紀中旬的孟加拉[132]，比喬・巴魯（Bijoy Barua）把孟加拉僧伽教育放在殖民主義、教育及農村佛教社群脈絡中作討論[133]。

其次尼泊爾約在 1920 年代前後建立僧伽教育，而印度則是安培卡（B.R. Ambedkar）在 1950-1960 年代，出於社會平權運動的脈絡，推動以百萬計印度賤民階層群眾皈依佛教之後頗一段時期，到第二代成長才逐漸出現僧伽教育的需要，所以印度在三者當中，反而是起步較晚的一例。國際學界目前對現代南亞三國僧伽教育的探討，只有尼泊爾的個案是有成冊的研究，分別是由薩拉・萊文（Sarah LeVine）和戴維・蓋爾納（David N. Gellner）合作探討上座部在二十世紀尼泊爾復興的專著[134]，僧伽教育的議題幾乎是貫穿全書大部分篇章的主題，尤其再三論及其與尼泊爾僧團尼眾之間的關係，此外泰國摩訶朱拉隆功僧伽大學的一冊碩士論文對尼泊爾的上座部經義學作歷史學的專研[135]。

---

132 Bhikkhu Gyanabodhi (Sajal Barua), "Buddhist Education in Bangladesh: Challenges and Possibilities", presented in the International Seminar on Buddhist Education, MCU, Thailand, 2014.

133 Bijoy Barua, "Colonialism, Education and Rural Buddhist Communities in Bangladesh", *International Education* Vol.37, No.1, Fall 2007, pp.60-76.

134 Sarah LeVine and David N. Gellner, *Rebuilding Buddhism: The Theravāda Movement in Twentieth Century Nepal* (Canbridge: Harvard University Press 2005).

135 Ven. Panna Murti, *A Historical Study of Pariyatti Sikkn in Nepal* (MA Thesis, MCU, Thailand 2005, p.174).

結　語

綜合言之，在諸多佛教傳統中，學界目前對上座部僧伽教育的研究，普遍側重近現代，古代多只是作為背景來說明。以對泰、蘭卡二國案例的研究為最多，但論研究題材的均衡，泰國的主題更為豐富多樣，蘭卡受族群衝突的現實處境影響，學界偏重與此相關的議題，反而忽視其他側面，隨著內戰結束，衝突放緩，對蘭卡僧伽教育的研究，似乎正逐漸形成新的議題。緬甸因曾長期獨裁鎖國，所以儘管其僧伽教育系統深負盛名，唯有近數年學界才有機會嘗試作出探討，所以成熟的研究恐怕需要一段時間才能出來，但緬甸上座部的教育系統的確應受到學界的更大重視，其他上座部國家的僧伽教育案例，近年亦受到學界關注，一一展開探討。

第四章　國際學界「佛教僧伽教育」研究回顧：印－藏和東亞

引　言

本章是學界僧伽教育研究回顧的第三部分，繼前二章的綜合討論和上座部回顧，本章集中在古典印度、藏傳、漢傳及日本等大乘佛教的僧團教育。

一、印－藏佛教

下文介紹國際學界對古典印度、東亞及藏傳等僧團教育研究的論著，首先是古典印度佛教。雖然印度是佛教發源地，但自公元十二世紀以降迄 1950 年代的再發明佛教止，作為文明系統的佛教，基本上在印度大陸已經消亡超過八個世紀，所以雖然歷史上如那難陀大寺（Śrī Nālandā Mahāvihāra）等印度佛教僧伽教育一度非常輝煌，並成為古代亞洲不同佛教傳統僧伽教育的原型與源頭，但時至今日，雖然那難陀大寺硬件的建築遺跡甚富歷史意義，並仍然是印度佛教考古學的熱門題材，但其軟件傳統不單早已不再，即使是歷史上的盛況，亦欠缺印度語言的系統記錄，這直接導致學界的佛教僧伽教育研究，傳統印度反而是認知最薄弱的一例，而且現有的研究所根據的主要歷史資料，每多是當年外國朝聖者或留學僧在回國後，用其他文字撰寫的記述，典型例子是中文材料。

有關印度佛教僧伽教育的現有專著，其作者多為印度或其他南亞學人，西方學者似較有限，年前有由摩克志（Radha K. Mookerji）[1]、尼蒂雅那達（V. Nithiyanandam）[2]及尼薩・辛哈（Nisha Singh）[3]三位南亞學者分別所撰專著。亦有其他南亞學者的單篇論文或書章，探討古典印度佛教寺院的僧伽教育，例如蘭卡籍學者拉塔那撒拉（Hevanpola Ratanasara）對古代著名學

---

1 Radha Kumud Mookerji, *Ancient Indian Education: Brahmanical and Buddhism* (Delhi: Motilal Banarsidass Publishers 1989; London 1947). 本書以婆羅門教和佛教各半的篇幅，在對比的關係下，分別討論二教在教育上的基本觀念、歷史及制度，尤其在佛教部分的十二章當中，法顯、玄奘、義淨三位中國留學僧所述的印度大乘佛教寺院僧團教育情況各占一章。印度佛教的寺院教育是在第 13-24 章，pp.374-610。

2 V. Nithiyanandam, *Buddhist System of Education* (Delhi: Global Vision Publishing House 2004, 168 pages). 該書雖然內容廣涉佛教在印、藏、蘭卡傳統，乃至在現代等多種脈絡下的僧伽教育，但稍為談得詳細一點的只有藏傳。

3 Nisha Singh, *The Origin and Development of Buddhist Monastic Education in India* (Delhi\ Varansi: Indo-Asian Publishing House 1997, 229 pages). 從所據文類、教師類別，及典型學寺案例等為線索，說明印度僧伽教育的組成與體系。

寺制度的討論[4]，乃至討論佛教寺院教育在印度文明中的角色[5]。至於探討印度學寺僧伽教育背後所據的知識觀與大乘修道理論如五明處等觀念之間的關係，則可見占姆士・睦倫仕（James G. Mullens）的博士論文[6]。

近日特別值得一提的，是平塔・庫瑪（Pintu Kumar）據中文和藏文史料，加上非常詳細的考古與建築研究，以學科綜合的方式研究那難陀大寺的教育、宗教及文化之專著[7]，遍及對其淵源、沿革、行政、經濟、學術、教育及文化之討論，尤其著墨於其課程、教學法、師生及教師等細節的闡明。尤其歷來多目之為具有大學功能之寺院，作者在此之外注意到其宗教的政治功能，

---

4 Havanpola Ratanasara, Ch.V "Ancient Buddhist Institutions", in *Buddhist Philosophy of Education* (Sri Lanka 1995), pp.93-119.

5 Manish Meshram, "Role of Buddhist Education in Ancient India", *International Journal of Research in Humanities, Arts and Literature* Vol.1, Issues 3, 2013, pp.7-16.

6 James G. Mullens, *Principles and Practices of the Buddhist Education in Asaṅga's Bodhisattvabhūmi* (Ph.D. Dissertation, McMaster University, Hamilton, Ontario 1994). 這論文根據無著（Asaṅga）《菩薩地》（*Bodhisattvabhūmi*）對菩薩道修道（bodhisattva-śikṣāmārga）內容所作的系統論述，輔以玄奘與義淨的參訪記述，以五明處（pañca-vidyā-sthānāni）為骨幹，來說明諸如那難陀大寺等大乘寺院僧伽教育在課程設計上的基本綱領，在持續擴闊知識與深化對真實的認知的過程中，以期最終成就無上正等正覺（anuttarasamyaksambodhi），同時兼顧有關真實的原理與實踐，而此一基本的框架後來亦成為藏傳佛教學寺經院僧伽教育制度的原則。

7 Pintu Kumar, *Buddhist Learning in South Asia: Education, Religion, and Culture at the Ancient Sri Nalanda Mahavihara* (Lexington Books, May 2018).

它當時是如何在君王的庇護下，兼而負有意識形態的作用，和運用知識與教育作為政治擴展的一環。

藏傳佛教　藏傳佛教在現存的佛教僧伽教育傳統中，恐怕是最複雜而龐大的體系之一，各種古代或現代的藏傳僧傳、寺誌及地方政教史等，其實都提供了大量有關藏傳僧伽教育制度的豐富資料，因而其研究潛質和意義皆非比尋常。在過去約廿年，無論是國際或使用華文的中國[8]、臺灣[9]等學界，亦對此日漸重視，但儘管如是，這一領域的研究在總體上仍然處在起步階段，諸多相關議題仍待學界進一步探討。

在國際學界的僧伽教育研究當中，繼上座部佛教之後，藏傳是最受關注的傳統。早在學界展開研究之前，多位流亡海外，來自不同教派和法相聞思院釋義傳統的蒙、藏學僧，例如格西．倫珠梭巴（Geshe Lhundub Sopa, 1923-）[10]、羅桑．嘉措（Lobsang

---

8　華文學界有一頗有趣的特殊現象，即有關藏傳僧伽教育的論著數量較漢傳為豐。姑且不算期刊單篇論文、書章或大量半普及作品，中國大陸學界的專著（monograph）有周潤年、劉洪記編著《中國藏族寺院教育》（蘭州：甘肅教育出版社，1998 年）、洲塔著《論拉卜楞寺的創建及其六大學院的形成》（蘭州：甘肅民族出版社，1998 年），及冉光榮著《中國藏傳佛教寺院》（北京：中國藏學出版社，1994 年）。

9　臺灣的研究生學位論文有李珮華撰《藏傳佛教格魯派之教育研究》（高雄：國立高雄師範大學國文教學碩士論文，2003 年）、周子鈴撰《藏傳佛教格魯派傳統寺院教育研究》（嘉義：南華大學宗教學研究所碩士論文，2006 年），及陳明茹著《藏傳佛教格魯派僧伽教育訓練與生涯發展之研究》（高雄：國立中山大學人力資源管理研究所碩士論文，2005 年）。不過，雖然華文學界在研究的量上不比國際學界弱，其學術質素仍有待改善。

10　倫珠．梭巴格西（Geshe Lhundub Sopa）是美國威斯康辛大學－麥迪遜

Gyatso, 1928-1997）[11]、德雄・仁波切（Dezhung Rinpoche, 1906-1987）[12]、阿嘉・仁波切（Arjia Rinpoche, 1950-）[13]、直貢澈贊・仁波切（Drikung Chetsang Rinpoche, 1946-）[14]、班丹・嘉措（Palden Gyatso, 1933-）[15]、格西・惹丹（Geshe Rabten, 1920-）[16]、噶傑康楚・仁波切（Garje Khamtrul Rinpoche, 1928-）[17]、祈

分校（University of Wisconsin-Madison）佛教研究課程的榮休教授，其自傳見 Geshe Lhundub Sopa, His Holiness the Dalai Lama and Paul Donnelly, *Like a Waking Dream: The Autobiography of Geshe Lhundub Sopa* (Boston: Wisdom Publishers 2012)；中譯見倫珠・梭巴格西著，保羅・唐那利英文編，達賴喇嘛序言，翁仕傑譯《如夢覺醒：倫珠・梭巴格西自傳》（臺北：春天出版國際文化公司，2014 年），尤其 13-38 節，即中譯本頁 115-246。

11 Lobsang Gyatso, Translated and edited by Gareth Sparham, *Memoirs of a Tibetan Lama* (New York: Snow Lion Publ. 1998), pp.54-211. 作者後來流亡南亞，並受第十四世達賴喇嘛旨擔任達瑪莎拉高等藏傳辯經學院院長，唯在教派暗殺中受害身亡。

12 Dezhung Rinpoche, David Jackson, *Saint in Seattle: The Life of the Tibetan Mystic Dezhung Rinpoche* (Boston: Wisdom Publications, 2003).

13 Arjia Rinpoche, Dalai Lama (Introduction), *Surviving the Dragon: A Tibetan Lama's Account of 40 Years under Chinese Rule* (March 2010).

14 Elmar R. Gruber, *From the Heart of Tibet: The Biography of Drikung Chetsang Rinpoche, the Holder of the Drikung Kagyu Lineage* (Boston: Shambhala 2010).

15 Palden Gyatso, *The Autobiography of a Tibetan Monk* (1998).

16 Geshe Rabten, *The Life of a Tibetan Monk* (October 1st Edition Rabten, 2000).

17 Garje Khamtrul Rinpoche, Lozang Zopa trans., *Memories of Lost and Hidden Land: The Life Story of Garje Khamtrul Rinpoche* (Chime Gatsal Ling 2009)，這書的中譯是噶傑康楚仁波切蔣揚敦珠著，達賴喇嘛法王

竹・仁波切（Khejok Rinpoche, 1936-）[18]、洛桑珍珠（邢肅芝，1916-）[19]、君亟庇美（Chos 'phel 'jigs med bla ma, 1913-1991，歐陽無畏）[20]等的自傳或回憶錄，皆以可觀的篇幅，循作為傳統學寺求學僧的過來人經驗，詳細介紹其學習經驗。上述僧侶多持有寺院學術制度的格西學位，有學者撰有論文深入討論此一學位制度[21]。

探討藏傳僧伽教育，制度固然是一直接而基礎性的進路，然而作為這個制度的局內者與受其訓練而成長的過來人，他們到底如何理解與感受這樣的一個制度，卻也是探討僧伽教育時不應或缺的理解角度。上述這些都是在西藏現代劇變前夕，成長於傳統的最後一代，也是被擲進現代社會的第一代藏傳學僧，各書皆以

序，哲仁多傑譯《失落的密境：噶傑康楚仁波切回憶錄》（新竹：新竹市倫珠企美噶察林佛學研究會，2010 年）。

18 Khejok Rinpoche, Presented by Dhawa Dhondup, *A Drop from the Tears of a Wanderer: Autobiography* (Sydney: N.S.W.: Samsara Relief Thought Publications 2001)。這書的中譯是大藏寺祈竹仁寶哲著《祈竹・仁寶哲浪丐心淚：大藏寺祈竹仁寶哲自傳》（臺北：圓明出版社，2003 年）。

19 邢肅芝（洛桑珍珠）口述，張健飛、楊念群筆述《雪域求法記：一個漢人喇嘛的口述史：横跨漢藏兩地，出入僧俗之間》（北京：三聯書店，2003 年）。

20 蕭金松著〈歐陽無畏教授（君亟庇美喇嘛）的學術貢獻與影響〉，《蒙藏季刊》第二十卷第一冊（臺北：蒙藏委員會，2010 年），頁 56-71。君亟庇美（Chos 'phel 'jigs med bla ma，歐陽無畏），屬哲蚌寺（'Bras spungs dgon pa）廓芒札倉（sGo mang grva tshang）的學脈，後在臺北國立政治大學邊政研究所任藏學教授。

21 Per Kværne, "The Traditional Academic Training for the Geshé Degree in Tibetan Monastic Scholasticism", Roma: Bulzoni 2014.

頗長篇幅，從局內者角度深入說明藏傳學寺的學習生活。這批廣泛談及僧伽教育的僧侶自傳或回憶錄，與傳統西藏典型的僧侶成道傳（rnam thar）[22]之間的差異，在於他們都是西藏劇變的倖存者，流亡海外後執筆，所以已經不再會如典型的成道傳般，充斥著誇張的宗教溢美之辭與過多的信仰情感，毋寧是更為簡潔樸實。

雖然前文提及，泰、緬上座部僧侶的自傳或回憶錄亦對僧伽教育多有議論，但方向各異，藏傳幾乎是一面倒地追憶因時移世易，業已不再的傳統僧伽教育，但是泰等政府是透過推出標準化的僧伽教育制度來建立現代的上座部，在這僧伽教育框架下所排斥和邊緣化的，正是後來撰寫自傳，在泰、緬叢林從事苦行的禪修僧，所以這類禪修僧談及標準化的僧伽教育時，語多批評。

學界方面，1990 年代初即已有藏族學者敦卡・赤列（Dungkar L Tinley）從歷史角度撰文勾劃藏傳寺院教育體系的發展史[23]，但專著則在十年後才陸續出現。喬治斯・德雷弗斯（Georges B.J. Dreyfus）在 90 年代後期，於其主攻的藏傳佛教知識論的哲學研究之餘，先撰文討論解脫論在藏傳經院教育的角色[24]，再擴充為首冊深入討論藏傳僧伽教育的專著[25]，及後他繼續在藏傳僧伽教

22　J.D. Willis, “On the Nature of rnam thar: Early dge lugs pa Siddha Biographies”, in B.N. Aziz and M.Kapstein (ed.), *Sounding in Tibetan Civilization* (Manobar 1985), pp.304-319.

23　Dungkar Lobzang Tinley, translated by Sangye T.Naga, “Development of Monastic Education System in Tibet”, *TJ* 18(4), 1993, pp.3-48.

24　Georges B.J. Dreyfus, “Tibetan Scholastic Education and the Role of Soteriology”, *JIABS* Vol.20, No.1, 1997, pp.31-62.

25　Georges B.J. Dreyfus, *The Sound of Two Hands Clapping: The Education of*

育的議題上撰文，循疏釋學派的形成來反思藏傳的經院學歷史[26]，並透過剖析藏傳辯經的理據和當中幽默的角色，來探討辯經的目的[27]等議題。

肯尼思・利伯曼（Kenneth Liberman）是現象學背景的社會人類學學者，擁有豐富的田野經驗，撰有系列題材多元的人類學論著。他以藏傳格魯派僧伽教育制度的核心教學手段法義辯論（藏 chos-rtsod，俗稱「辯經」）為主題撰有專著[28]，該書獨特之處，是將通常被定位為邏輯學或哲學議題的佛教因明－量論，轉換為僧伽教育的制度與方法問題來探討。不過早在該書出版之前的十多年，利伯曼即已經撰寫系列遊走在辯經作為義理的哲學討論和僧伽教育方法之間的論文，探討藏傳學院的哲學辯論[29]、

---

a Tibetan Buddhist Monks (Berkeley: University of California Press 2003).

26 Georges B.J. Dreyfus, "Where do Commentarial Schools come From? Reflections on the History of Tibetan Scholasticism", *JIABS* Vol.28, No.2, 2008, pp.273-297.

27 Georges B.J. Dreyfus, "What is Debate for? The Rationality of Tibetan Debates and the Role of Humor", *Argumentation* 22, 2008, pp.43-58. 該文以印度的檢證式（probative）與藏傳的互詰式（agonic）兩類論證之間的對照，來考察藏傳佛教法義辯論的目的與操作模式，兼而探討規範著藏傳經院教育正式辯論之操作的規則。作者試圖說明實質的辯論操作不應化約為只是辯義模式，因為當中包含有難以納入為規則所約束的表演成分，典型例子如辯經過程中出現的戲謔和修飾元素，乃至其背後的理性形態。

28 Kenneth Liberman, *Dialectical Practice in Tibetan Philosophical Culture: An Ethnomethodological Inquiry into Formal Reasoning* (Rowman and Littlefield Publ. 2004).

29 Kenneth Liberman, "Philosophical Debate in the Tibetan Academy", *Tibetan Journal* Vol.17, No.1, 1992, pp.36-67.

循形式分析的釋義學來探討藏傳哲學批判[30]、格魯派學問寺如何透過辯經來論構空性[31]、中觀辯證和文本的局限[32]，及藏傳實踐的真理與權威之間的關係[33]等議題。

前述德雷弗斯和利伯曼的二書皆為國際學界討論藏傳僧伽教育必讀的開基之作[34]，兩位學者皆有在南亞藏傳格魯派寺院出家為僧學習經年之獨特經驗。而格魯派僧團教育所強烈依賴的辯經能夠順暢落實，並持之以恆變成穩定的制度，其實是需要不同條件的支撐，其中一者是以大寺院轄下學院為基本教學單位所撰寫的辯經用教科書。韓國學者李宗馥（Jongbok Yi）在維吉尼亞大學（University of Virginia）的博士論文[35]，是以嘉木样・協巴

---

30 Kenneth Liberman, "The Hermeneutics of Formal Analytics: the Case of Tibetan Philosophical Criticism", *International Philosophical Quarterly* Vol.35, No.2, 1995, pp.129-140.

31 Kenneth Liberman, "Can Emptiness be Formulated?: A Debate from a Gelugpa Monastic University", *Tibetan Journal* Vol.23, No.2, 1998, pp.33-48.

32 Kenneth Liberman, "The Grammatology of Emptiness: Postmodernism, the Madhyamaka Dialectic and the Limits of the Text", *International Philosophical Quarterly* Vol.31, No.4, 1991, pp.435-448.

33 Kenneth Liberman, "Truth and Authority in Tibetan Religious Practice", *Religious and the Social Order* 6, 1997, pp.251-258.

34 已有文章回顧此二書，故不在此冗言。見劉宇光撰〈藏傳佛教經院學研究三書評介〉，刊北京大學哲學系編《哲學門》總第 14 輯（北京：北京大學出版社，2007 年 4 月），頁 263-276。

35 Jongbok Yi (李宗馥), *Monastic Pedagogy on Emptiness in the Geluk Sect of Tibetan Buddhism: Intellectual History and Analysis of Topics Concerning Ignorance According to Svātantrika-Mādhyamika in Monastic Textbooks by Jamyang Shaypa* (Ph.D. Dissertation, Department of Religious Studies,

（'Jam dbyangs bzhad pa'i rdo rje, 1648-1721）所撰哲蚌寺廓芒札倉經院教科書，即《中觀廣論》（藏文 *Dbu ma chen mo*）〈中觀抉擇〉（藏文 *Dbu ma'i mtha' dpyod*）內自續中觀（Svātantrika-Mādhyamika）對所破事「無明」的剖析為例，來探討藏傳格魯派教授空義所運用的經院教學法。由於嘉木样・協巴是格魯派中期以後的學者，所以其著述是以學院前期口註為主的解釋，作為他書寫時的主要對話對手，這亦間接反映數個世紀以來該議題在廓芒札倉內的教學與思想發展史。這其實是一部側重文本和哲學的研究，但對哲學細節的討論間接反映了辯論作為教學法的運用與效果。

此外，阿克塞爾・斯特羅姆（Axel Kristian Strøm）在挪威奥斯陸大學的博士論文亦同樣以南亞藏傳寺院為例，探討辯經作為僧伽教育的核心方法與制度，是如何成為在義理知識探索上起著承先啟後，繼往開來作用的舞臺[36]。

索尼婭・麥克弗森（Sonia MacPherson）在英屬哥倫比亞大學課程和教育學系的博士論文[37]，是以流亡南亞的兩座藏傳格魯

University of Virginia 2013).

36 Axel Kristian Strøm, *Disputas: Continuity, Adaptation and Innovation: Tibetan Monastic Colleges in India* (Sted: Auditorium 2, Georg Sverdrups hus Tidspunkt: Onsdag 3. oktober, kl. 10.15, Melding:Sted: Auditorium 5, Eilert Sundts hus, Tid: Tirsdag 2. oktober 2001. 是論據 Axel Kristian Strøm, *The Dynamics and Politics of Institutional Community: Tibetan Monastic Colleges in India* (Ph.D. Dissertation, Oslo University 2000) 修訂而成。

37 Sonia MacPherson, *A Path of Learning: Indo-Tibetan Buddhism as Education* (Ph.D. Dissertation, Faculty of Curriculum and Pedagogy

派寺院，即卓瑪林尼眾學院（Dolma Ling Nunnery）和辯證學院（Institute of Dialectics）為例，探討流亡而面對全球化脈絡下的現代世俗世界的寺院教育，如何在理念和方法上既維持傳統經教義理的學習，亦需要展示它能與現代相融無礙，所以它其實是將兩套教育文化安置在同一個教育制度內。論文五章以修學五位為喻，分別探討藏傳寺院教育的多樣型態和發展史、與佛教社會的關係、傳統辯經公共意義的民族學探討，及禪觀修習的建立等。作者認為，在制度化的辯論教學方式中，諸如生、死、苦等實存與價值議題的探索其實不易安置，所以特別注意到敘事、文學、藝術及詩詞等方式有助於將理性與概念轉換為體驗與行動，乃至仕量。

伯賽爾・賈森（Berthe Jansen）在荷蘭萊頓大學（Leiden University）的博士論文是據寺制規章（bca' yig）和口述歷史，研究前現代西藏佛教寺院組織的戒制，這組文類的佛教理念與制度設計，對寺院的組織、經濟、法律、文化教育及社區關係所起的作用，是探討僧團教育所不可缺的綜合背景[38]。

近年對藏傳佛教的研究，已從前一階段偏重格魯派轉為擴散到其他教派，無論是哲學義理或寺院體系，包括僧團教育等的研究，皆有這一新取向。在教學方法上，雖然因為格魯派而使辯經幾乎成為標準，但其他教派而言，更傾向採取多元手段，學界近年對此亦多有注意。學術期刊《宗教》（*Religions*）在 2017 年 9 月出版的第八（十）號以藏傳佛教的指點教化和示現（Pedagogy

---

(EDCP), University of British Columbia, 2000).

38 Berthe Jansen, *The Monastery Rules: Buddhist Monastic Organization in Pre-Modern Tibet* (Ph.D. Dissertation, Leiden University 2015).

and Performance in Tibetan Buddhism）的專輯[39]，從教育體制的層面，落到具體的師生之間的教育互動，甚至作為老師的角色應該如何作策略多樣而方便善巧（upāya kauśalya）之示現上。四篇論文皆屬寧瑪（rnying ma）等其他教派，在格魯派體制之外建立遠為多樣的教學方式，包括十一世紀寧瑪派榮松班智達・曲吉桑布（音譯 Rongzom Chokyi Zangpo, 1012-1088）的學群（sngags pa'i bca' yig）[40]、瑜伽士（grub thob）和遊方隱士（bya bral ba）的傳記敘事[41]、藏東巴楚仁波切（音譯 Dza Patrul Rinpoche, 1808-1887）的機鋒應對啟迪學生[42]，及十七世紀寧瑪派敏珠林寺卓嘉德達林巴（音譯 Chögyal Terdak Lingpa, 1646-1714）在教派政治環境下的經院課程設計如何兼顧結構與彈性[43]。

多明尼克・湯森（Dominique Townsend）在哥倫比亞大學的博士論文是以寧瑪派六大寺之一的敏珠林寺（Mindroling）為例，研究寺院從空間安排到僧團教育上所呈現的美學與宇宙意

39 *Religions* 8 (10), 2017, Special Issue "Pedagogy and Performance in Tibetan Buddhism", (September 2017), pp..

40 Dominic Sur, "Constituting Canon and Community in Eleventh Century Tibet: The Extant Writings of Rongzom and His Charter of Mantrins (sngags pa'i bca' yig)", *Religions* 8.

41 Annabella Pitkin, "Dazzling Displays and Hidden Departures: Bodhisattva Pedagogy as Performance in the Biographies of Two Twentieth Century Tibetan Buddhist Masters", *Religions* 8.

42 Joshua Schapiro, "Performative Framing: Dza Patrul Rinpoche's Performative Pedagogy", *Religions* 8.

43 Dominique Townsend, "How to Constitute a Field of Merit: Structure and Flexibility in a Tibetan Buddhist Monastery's Curriculum", *Religions* 8.

識，其中部分專題篇幅是對僧團教育的探討[44]。及後亦討論藏傳寺院學習所授「世間」知識[45]。

當然，有趣的是，由於藏傳僧伽教育將其主要教學手段，建基在日復一日的法義辯論上，因此視其為理性訓練似亦不為過。然而邁克爾・倫珀（Michael Lempert）的書所要探討的，正是在藏傳佛教寺院似應理性的辯論過程中所出現的暴烈語言[46]。倫珀是繼前文提及的德雷弗斯、利伯曼及斯特羅姆三氏之後，從事藏傳僧伽教育研究而撰有專著的人類學後起之秀，也同樣以南亞的藏傳格魯派寺院（例如色拉寺）為主要案例，藉此展示藏傳僧團為著把一個普通人磨煉成可堪負佛教解、行重任的僧材，是如何不惜以嚴厲手段進行訓練。

作者深入觀察與分析僧團在日常的教學場合（即辯經）中，是如何以嚴詞訓斥和體罰來作為手段，對個體進行社會化的規訓，從而學、德兼具的人格卻是藉由暴烈的語言教育出來。作者試圖說明可以如何理解這種情況，乃至其在現代價值觀衝擊下的改變。該書部分篇章是作者較早階段數篇期刊論文的修訂版本，

---

44 Dominique Townsend, *Materials of Buddhist Culture: Aesthetics and Cosmopolitanism at Mindroling Monastery* (Ph.D. Dissertation, Columbia University, 2012).

45 Dominique Townsend, "Buddhism's Worldly Other: Secular Subjects of Tibetan Learning", *Himalaya, the Journal for the Association of Nepal and Himalayan Studies* Vol.36, 2016, pp.130-44.

46 Michael Lempert, *Discipline and Debate: the Language of Violence in a Tibetan Buddhist Monastery* (Berkeley: University of California Press 2012). 全書由兩大部分組成，第一部分分別從制度和教學法等角度，來理解法義辯論的設定；第二部分討論如何在辯經中進行規訓。

分別討論藏傳佛教辯經的符號文本性和架式的意義[47]、以印度色拉寺公開訓斥和文本演示為例來剖析這種安排的劇場效果[48]，及離散藏人的符號構成[49]。此外，倫珀也探討藏傳的法義辯論是如何在離散社群中，繼續成為藏傳經院的教學法[50]，並成為被流亡社群引以為榮的輝煌遺產[51]等其他議題[52]。

---

47 Michael P. Lempert, "Denotational Textuality and Demeanor Indexicality in Tibetan Buddhist Debate", *Journal of Linguistic Anthropology* Vol.15, Issue 2, December 2005, pp.171-193.

48 Michael P. Lempert, "Disciplinary Theatrics: Public Reprimand and the Textual Performance of Affect at Sera Monastery, India", *Language and Communication* Vol.26, No.1, January 2006, pp.15-33.

49 Michael Lempert, "How to Make Our Subjects Clear: Denotational Transparency and Subject Formation in Tibetan Diaspora", *Text & Talks: An Interdisciplinary of Language, Discourse & Communication Studies* Vol.27, No.4, 2007, pp.509-532.

50 Michael Lempert, "Interaction Rescaled: How Monastic Debate Became a Diasporic Pedagogy", *Anthropology & Education Quarterly*, Vol.43, Issue 2, 2013, pp.138-156. 該文考慮「規模」對僧伽教育如何在社會空間實踐（sociospatial practice）中構成影響，作者以印度色拉寺辯經為例探討其教育實踐如何在印度發揮影響，並被藏傳佛教改革者再確立為離散社群的教育法。

51 Michael Lempert, "Conspicuously Past: Distressed Discourse and Diagrammatic Embedding in a Tibetan Represented Speech Style", *Language and Communication* Vol.27, No.3, 2007, pp.258-271.

52 Michael Lempert and Sabina Perrino, "Entextualization and the Ends of Temporality (Introduction)", *Language and Communication* Vol.27, No.3, 2007, pp.205-211；詩學中的文本－格律詩特質見 "The Poetics of Stance: Text-metricality, Epistemicity, Interaction", *Language in Society*, Vol.37, Issue 4, 2008, pp.569-592；宗教和論述見 "Discourse and Religion", D.

在目前中文學界多屬概論性質的藏傳僧伽教育研究當中，有一部幾乎完全未引起注意的專著，因其題材與落筆的獨特角度，值得在此作扼要介紹。眾所周知，藏傳寺院是根據印－藏大乘佛學的五明處觀念作為知識框架，來設計其課程，其中聲明包括音樂知識和演奏的教習。臺灣一位音樂研究生撰有近三百頁厚的碩士論文《藏傳佛教「央移譜」之研究：以南印度下密院為例》[53]，與學界現有的藏傳音樂研究將重點放在音樂的內涵與結構不同的，該論在對藏傳佛教寺院音樂樂譜作出背景說明後[54]，餘下大部分篇章的重心移向寺院樂僧的學習、學級、學程、師資認定和養成，及考核之教育制度上[55]。

流亡南亞復校的藏傳寺院，其僧團教育面對的，也不再是傳統的佛教世界，其處境亦會為其既有教育體系帶來衝擊。范洛赫（M.J. van Lochem）在其研究生論文中，以在南亞復寺的色拉寺

Tannen etc (ed.), *The Handbook of Discourse Analysis* 2nd Edition (John Wiley & Sons 2015), pp.902-919.

53 廖英如著《藏傳佛教「央移譜」之研究：以南印度下密院為例》（臺北：國立臺北教育大學音樂教育學系碩士論文，2005 年，271 頁，論文導師是李秀琴教授）。

54 藏傳佛教不同教派和寺院各有獨特的音樂傳統及稱為「央移」的樂譜，以符號表達及記錄頌經時，不同樂器與聲腔的節奏變化。該論文作者實地調查南印度下密院央移譜的傳承、學習、考核制度及音樂特色。

55 從南印度下密院僧院教育制度的教學操作與範圍，來梳理央移譜學習的次序、方式、唱誦特色及詮釋方法，乃至其教、習制度，如僧伽音樂教育體制的三層學級、學程、考核方式與學習內容；央移譜的教師養成條件、選聘方式、教師級類、央移譜教學內容與進度、授課方式與時間、教習歷程、聲音鍛鍊、央移譜的學習禁忌、譜上的背誦，及央移譜考試制度「央讓法會」的流程等。

（sera）屬下傑札倉（Jey）的就學童僧為例，探討他們在包括僧伽教育制度求學內的僧團生活狀態，乃至童僧對此的態度[56]。藏人索南丹增（Tenzin Sonam）年前在阿利桑那大學（The University of Arizona）教學暨社會文化研究系的博士論文以六個藏傳僧人為例，研究徘徊在佛教教義學和西方科學之間的知識與教育路口上的佛教[57]。

以僧伽教育制度嚴密見稱的格魯派（dge lugs pa）在其最鼎盛的階段，有聞名蒙藏世界的拉薩三大寺，多產而著名的拉丁裔美國學者荷西・卡貝松（José I. Cabezón）剛出版一部篇幅厚達648頁，以三大寺之一的色拉寺（se ra dgon）的發展史為主題的研究專著[58]，其部分篇章涉及色拉寺的僧團教育體系，有趣的是卡貝松與該書的另一作者皆是曾在色拉寺出家，後來才還俗的前格魯派學僧，所以他們能夠同時具局內者的經驗與角度。除了三大寺之外，在不同藏區皆有社會基礎雄厚的眾多地方大型寺院，它們建立以三大寺為制度原型的僧伽教育制度。這類地方上的大型學寺的僧伽教育制度及其與所在社區、拉薩三寺之間的關係等，在近年亦逐漸引起西方學界的重視。同時改有唐名「邵雲

---

56 M.J. van Lochem, *Children of Sera Je: The Life of Children in a Tibetan Buddhist Monastery and their Opinion about That Life* (Thesis of Master Degree, Leiden University 2004).

57 Tenzin Sonam, *Buddhism at Crossroads: A Case Study of Six Tibetan Buddhist Monks Navigating the Intersection of Buddhist Theology and Western Science* (Ph.D. Dissertation, Department of Teaching, Learning and Sociocultural Studies, The University of Arizona 2017).

58 José Cabezón and Penpa Dorjee, *Sera Monastery* (Boston: Wisdom Publications, November 2019).

東」和藏名貝丹達傑（Dpal ldan dar rgyas）的布倫頓・沙利文（Brenton Sullivan）先以民國時代法尊法師及其漢藏教理院的漢、藏佛教交流，作為碩士階段的研究主題（下文另作討論）。

沙利文的博士研究則轉到更為徹底的藏傳議題，以今青海省境內漢名為「佑寧寺」的格魯派大型學寺郭隆慈氏洲（dgon lung byams pa gling）為主題[59]，探討該寺在明末清初的第十七、八世紀，是如何在安多（Amdo）藏區建立佛教經院學制度之基準，作為更廣闊地區內寺院的典範。作者認為，佑寧寺的規模也許及不上拉薩三大寺，但卻是格魯派得以扎根並擴充於蒙古人聚居的安多藏區，並成為往後地方上以百計寺院的源頭母寺，同時也在安多與衛藏和北京之間起著連繫的作用。但這一切並不只是因為佑寧寺財雄勢大，而是它由教科書、辯論及儀軌等組成的僧伽教育為整個安多區域不同族群與社區帶來文化教育，其博士論文的部分篇章在修訂後陸續發表為期刊論文[60]。

而保羅・尼塔珀斯基（Paul K. Nietupski）對位於今天甘肅南部夏河縣的另一座格魯派大型學寺拉卜楞寺進行史學研究。他主要是根據藏、漢二文的歷史文獻，考察拉卜楞寺在 1709-1958 年，即由創立到現代劇變前夕的發展，其中相當部分篇章涉及其

---

59 Brenton Sullivan, *Gönlung Monastery: The Benchmark for Geluk Liturgy and Scholasticism in Pari and Beyond More* (Ph.D. Dissertation, University of Virginia 2013).

60 Brenton Sullivan, "Monastic Customaries and the Promotion of Dge lugs Scholasticism in Amdo and Beyond", in Gerald Roche, Kevin Stuart (ed.), *Asian Highlands Perspectives* Vol.36 *Mapping the Monguor* (Directory of Open Access Journals 2015), pp.82-105, 301-332.

僧伽教育制度[61]。

此外年前中國國內藏人撰書記述四川省色達縣喇榮五明佛學院自 80 年代草創迄今的變化歷程與處境，當然這書並不是一般意義下的學術研究，而是局內人對該僧伽教育系統的自述，但仍然為 80 年代以來藏區佛教，尤其僧伽教育制度是如何重建於廢墟，提供局內者的說明[62]。

「師生關係」是由僧伽教育作為有形制度和僧團個別成員之間共同構成的無形關係，其良好與否不單影響教育效果，一定程度上反映有形制度運作妥善與否，所以「師生關係」在僧伽教育中也是有規範可言的議題，亞歷山大・伯津（Alexander Berzin）從學理上探討藏傳學寺師、生之間的教學關係[63]。此書甚受歡迎，十年修訂重刊，加上「明師高徒」（Wise Teacher Wise Student）為題[64]，尤其探討佛教師、徒關係如果是發生在東、西方人之間，文化預設與差異常會影響教學效果，這某程度上亦可視作傳統宗教與現代世俗兩種文化之間對教育、師生或師徒關係的不同理解，以藏傳為主要依據，探討如何消除其間的隔

---

61 Paul Kocot Nietupski, *Labrang Monastery: A Tibetan Buddhist Community on the Inner Asian Borderlands, 1709-1958* (Series of Studies in Modern Tibetan Culture, Lexington Books, July 2011), pp.17-34.

62 色達・慈誠著《浴火重生：西藏五明佛學院盛衰實錄》（《雪域叢書 16》，臺北：雪域出版社，2014 年 3 月）。

63 Alexander Berzin, *Relating to a Spiritual Teacher Building a Healthy Relationship* (Snow Lion Publications 2000).

64 Alexander Berzin, *Wise Teacher Wise Student: Tibetan Approaches to a Healthy Relationship* (Snow Lion Publications; Reprint edition, June 2010, 272 pages).

閡與誤會，促進有效認識，遂為本書的目標。

由於藏傳僧伽教育仍然是一個內部組織與分工異常細密的活傳統，所以國際上現有的研究，不少皆著墨於此。這些研究除了關注在僧伽教育制度，也注意到僧伽教育制度和宗教知識社群，及和世俗社群之間的關係。傑弗里・塞繆爾（Geoffrey Samuel）的專論探討近代不同藏區格魯派寺院由僧伽教育制度所培養的知識群體，與本土巫師傳統、密教瑜伽士及其他教派的釋義社群之間，在經義知識態度上的關係開合[65]。馬丁・米爾斯（Martin A. Mills）以現代印度西北拉達克（Ladakh）藏傳格魯派僧院體系和密教儀軌為主題的人類學研究[66]，亦涉及密教儀軌在形成和維繫傳統形態的藏族邦國結構和政治意識的角色。在這一視野下，該書第九章和分布其他篇章的段落詳略各異地論及僧伽教育。藏族學者嘉洛（Jia Luo）在加拿大多倫多大學安大略省教育學院（OISE）的博士論文借助社會學家吉登斯（A. Giddens）的結構主義理論，循社會、教育及宗教三個層面來探討藏族社會的構成，而其中的「教育」是由僧伽、口授及學校三個不同教育傳統所構成，經修訂後這博士論文現已正式出版[67]，這部著作儘管不是佛教研究，但要理解藏族教育，僧伽教育當然是不可缺席的關

65 Geoffrey Samuel, *Civilized Shamans: Buddhism in Tibetan Societies* (Washington: Smithsonian Institution Press 1993).

66 Martin A. Mills, *Identity, Ritual and State in Tibetan Buddhism: The Foundations of Authority in Gelukpa Monasticism* (Routledge Studies in Tantric Traditions, August 2010).

67 Jia Luo, *Social Structuration in Tibetan Society: Education Society and Spirituality* (Emerging Perspectives on Education in China, Lexington Books, December 2016).

鍵環節之一。

此外，藏傳僧伽教育的口註[68]、口註文類與閱讀[69]、藏傳經院的學位制度[70]、寺院規章[71]、經院的理性與信仰之間的張力[72]、與藏傳僧伽教育制度類型是一體二面的經院學類型[73]、學寺

68 Anne C. Klein, "Orality in Tibet", *Oral Tradition* Vol.18, No.1, 2003, pp.98-100.

69 Anne C. Klein, "Oral Genres and the Arts of Reading in Tibet", *Oral Tradition* Vol.9, No.2, 1994, pp.281-314.

70 Tulku Tarab, *A Brief History of Tibetan Academic Degrees in Buddhist Philosophy* (*Nordic Institute of Asian Studies Report* 43, Copenhagen: Nordic Institute of Asian Studies 2000, 36 pages). 作者是有格魯派傳統拉讓巴（Lharampa）格西學位的學僧，該文探討八百餘年以來，藏傳佛教經院傳統的發展與結構的背景下，乃至諸大經院的考核方法、課程範圍及程式，循詞源學的線索，考察諸式經院學位或學銜的流變史。

71 Jose Ignacio Cabezon, "The Regulation of a Monastery", in Donald S. Lopez (ed.), *Religions of Tibet in Practice* (Princeton University Press 1997), pp.335-351.

72 霍普金斯（J. Hopkins）曾先後二次撰文討論有關寺院僧伽教育有多大異議寬容度可言之問題，見二文 Jeffrey Hopkins, "Tibetan Monastic Colleges: Rationality verus the Demands of Allegiance", in Thierry Dodin & Heinz Rather (ed.), *Imagining Tibet: Perceptions, Projections & Fantasies* (Boston: Wisdom Publications 2001), pp.257-268; "Monastic Colleges: The Tension between Allegiance and Inquiry", in *Reflection on Reality: The Three Natures and Non-natures in the Mind Only School: Dynamic Responses to Dzong-ka-ba's The Essence of Eloquence Volume 2* (Berkeley: University California Press 2002), pp.3-28.

73 M.T. Kapstein, Part II, Ch.6 "What is Tibetan Scholasticism: Three ways of Thought", in *The Tibetan Assimilation of Buddhism: Conversion, Contestation and Memory* (Oxford University Press 2000), pp.85-120.

的童僧[74]等系列議題亦各有相關討論。

自清初以來的藏傳佛教，尤其是格魯派流布區，以拉薩為中心，所建立、擴大及維持的寺院網絡，僧伽教育皆是當中很基本的要素之一。藏傳佛教廣闊的流布區的地方寺院選拔優秀子弟，前赴拉薩三寺留學。在取得學位後，部分再回到或前轉赴其他地區學寺出任教席，透過這種學僧訓練的循環，加強僧侶質素，並以不同學寺法相聞思院對法義的不同理解所構成的學僧身分認同，來加強藏傳佛教內部的跨境與跨族的聯繫，其網絡不單遠及拉達克（Ladakh）[75]、錫金（Sikkim）[76]、不丹（Bhutan）[77]等不

---

74 Karma Lekshe Tsomo, "Children in Himalyan Buddhist Monasteries", in Vanessa R. Sasson (ed.), *Little Buddhas: Children and Childhoods in Buddhist Texts and Traditions* (*Series AAR Religion, Culture and History*, Oxford University Press 2013).

75 Sonam Joldan, "Traditional Ties between Ladakh and Buddhist Tibet: Monastic Organization and Monastic Education as a Sustaining Factor", *The Tibet Journal* Vol.31, No.2, Library of Tibetan Works & Archives, Dharamsala, India, June 2006, pp.69-88. Repinted in Sonam Joldan, *Ladakh's Traditional Ties with Buddhist Tibet* (Delhi: Kalpaz Publishers 2012).

76 Chowang Acharya, "Aspect of Monastic Education in Sikkim", *Bulletin of Tibetology* 1998, pp.1-6; 又見 S.N. Agnihotri, "Buddhist Educational Concepts with Special Reference to Sikkimese Monastic Education", *Bulletin of Tibetology* 1995, pp.95-98.

77 牛津大學藏族學者就藏傳佛教僧伽教育和現代教育的對比探討，見 Brian D. Denman and Singye Namgyel, "Convergence of Monastic and Modern Education in Bhutan?", *International Review of Education* 54, 2008, pp.475-491.; Karma Phuntsho, "On the Two Ways of Learning in Bhutan", *Journal of Bhutan Studies* Vol.2, No.2, 2000, pp.96-125.

同藏區，即使諸如喀爾喀蒙古（Khalkha Mongolia）[78]、內蒙古（Inner Mongolia）[79]，及俄羅斯西伯利亞布里雅特（Buryatia）[80]等不同蒙古族地區亦如是，僧伽教育是佛教用以長期維持跨地區族群關係的重要橋樑，即使與漢族亦一樣。

漢－藏教理院　漢－藏教理院是民國時代太虛法師所創立，由法尊法師（1902-1980）規劃與執行，而產生長遠學術影響的佛教學術及教育機構，主要從事藏傳佛學研究人員訓練、藏－漢典籍翻譯等學術工作。雖然該院更多是一所訓練學者並從事學術工作的機構，但無論其題材及主要組成的教、研、學人員，每多為僧侶或相關佛教人士，所以討論與藏傳有關的僧伽教育時，不能繞開漢藏教理院，它可被目為受格魯派學風強烈影響的僧伽學術暨教育機構。

---

78 Lkham Purevjav, "Patterns of Monastic and Sangha Development in Khalkha Mongolia", in Bruce M. Knauft and Richard Taupier (ed.), *Mongolians after Socialism: Politics, Economy, Religion* (Ulaanbaatar: Admon Press, Mongolia 2012), Ch.20, pp.249-268. 該文介紹前蘇共政權崩潰後，被共產黨絕滅數十年的藏傳佛教在最近二十年是如何連同寺院僧伽教育制度一併復甦。

79 Robert James Miller, *Monasteries and Culture: Change in Inner Mongolia* (Otto Harrassowitz, Wiesbaden 1959, 152 pages).

80 John Snelling, *Buddhism in Russia: The Story of Agvan Dorzhiev: Lhasa's Emissary to the Tsar* (Element Publ., 1993). 此書是以留學拉薩格魯派大寺，並任達賴十三世經師的沙俄（和後來蘇聯）西伯利亞布里雅特（Buryatia）蒙古學僧阿旺羅桑・多傑耶夫（Agvan Dorzhiev，清廷軍機處稱為「德爾智」）為主題，其中對德爾智赴拉薩留學、考取格西及留在拉薩的過程的陳述，充分說明格魯派藏傳僧伽教育制度在鼎盛時期，是如何吸納各地異國、異族學僧。

學界目前有三冊部頭頗廣的專著，循不同角度探討漢－藏教理院，三冊不巧都是碩士論文，其中兩部出自臺灣學者手筆。首先是梅靜軒以漢藏教理院為焦點，探討民國 1912-1949 年間的漢藏佛教關係[81]。其次是布倫頓・沙利文（Brenton Sullivan）在其碩士論文[82]探討法尊法師和他曾擔任院長長達 12 年之久，據格魯派知識與視野來作課程規劃的漢藏教理院。第三部是厚達三百多頁，循二十世紀初漢藏佛教交流來研究漢藏教理院的臺灣碩士論文[83]，但該論在教理的認知與解讀上不無可議的明顯疑點[84]。

---

81 梅靜軒著《民國以來的漢藏佛教關係 1912-1949：以漢藏教理院為中心的探討》（臺北：中華佛學研究所研究生畢業論文，1998 年）。此論的獨特貢獻，是循民國時代漢－藏關係、中央政府與西藏關係政治大環境，及國民政府蒙－藏委員會在漢傳佛教界設立留學西藏獎學金，以長線而深耕細作的文化「內交」之角度，來探討漢藏教理院的發展與意義。50 年代以後迄 80 年代止，海峽兩岸及至太平洋彼岸的華人藏傳佛教學者，從法尊、密悟（俗名霍履庸）、下半生任教於臺灣政大的歐陽無畏（藏名君亟庇美），及戰後定居北美的邢肅芝（藏名洛桑珍珠）等皆與漢藏教理院有淵源，而且也都受惠於國民政府蒙－藏委員會的西藏獎學金。見邢肅芝（洛桑珍珠）口述《雪域求法記：一個漢人喇嘛的口述史》。

82 Brenton Sullivan, *Venerable Fazun and his Influence on Life and Education at the Sino-Tibetan Buddhist Institute* (M.A. Thesis, East Asian Languages & Cultures, University of Kansas, 2007, 132 p. Adviser: Daniel B. Stevenson).

83 林秀娟著《漢藏教理院之研究：以二十世紀初漢藏佛教交流為中心》（臺北：華梵大學東方人文思想研究所碩士論文，2009 年，335 頁，論文導師是黃英傑教授）。該研究首先探討太虛於民初已興辦多個佛學院之餘，仍成立漢藏教理院的理由。太虛接受國民政府資助免於出現武昌佛學院因資金短絀而停辦的情況，並為強化漢、藏交流培養宗教知識人材。其次，探討教理院的內部組織、主要教研內容等，其特殊處是培養人才留學西藏，同時將現代農業和醫療技術帶入西藏。並評估漢藏教理最後，在當代中國，藏傳亦和諸如傣、蒙古等其他佛教民族一樣，在佛教僧伽教育的繼承上，與官方的現代國家教育系統之間，一直存在難以理順的複雜關係。卡特里奧娜・巴斯（Catriona Bass）有關當代西藏教育的研究專著[85]，雖然非關藏傳佛教僧伽教育，但要討論現代西藏的教育，則無論對僧伽教育的評價孰是，皆無從漠視[86]。

二、漢傳暨東亞佛教

東亞佛教（East Asian Buddhism）是指漢傳佛教（Chinese Buddhism）及歷史與觀念上源自漢傳佛教，部分並以書面中文，或以中文為基礎所發展出來的佛教傳統，包括臺灣、日本、

院在中國近代佛教學術上，對義理研究的長遠貢獻，作者指當中最關鍵的是法尊把宗喀巴的中觀佛學傳入漢傳佛教，並間接影響印順。

84 就同為太虛後學的印順和法尊之間，對藏傳的不同態度與判斷，恐有混淆之誤。作者沒有在顯、密之間作明確區分，將藏傳佛教都等同為只是密教。而他所指法尊與印順之間對藏傳義理的嚴重分歧，實質上只是針對密教，在顯教如中觀、唯識等方面，已有學者認為，印順法師因為擔任法尊翻譯的潤筆，其中觀詮釋受藏傳一定影響，見波蘭籍漢傳佛教學者莊朋（Paul Zygadlo）的論文〈印順中觀思想受到宗喀巴與月稱之影響的考察〉（未刊稿）。

85 Catriona Bass, *Education in Tibet: Policy and Practice since 1950* (London: Zed Books, 1998), pp.102-106.

86 僧團和國家兩套教育體系之間的張力，涉及生源、傳統宗教與現代世俗兩套教育觀、族群文化與國家意識形態之間等多層分歧，任何一方的消長，皆對另一者構成直接影響，所以藏傳僧伽教育如何受影響和作因應安排，也是討論現代脈絡下藏傳僧伽教育時難以迴避的問題。

韓國及一部分的越南佛教，乃至在近世隨華南華人遷徙到東南亞各國，而離散在當地的漢傳佛教。

最近才有以明代佛教僧伽教育為專題的博士論文[87]，這是華文學界迄今對傳統漢傳僧伽教育絕無僅有的專著。換言之，目前華文學界對漢傳僧伽教育的研究重心，還是放在清末民初。民國時代的漢傳僧伽教育是處在草創的實驗性階段，但其成果在五零代後的中國即告斷滅，雖然在海外仍持續發揮影響力。民國時代的佛教僧伽教育，在思想層面恐怕難以繞過太虛法師，單純就太虛或民國漢傳佛教的脈絡作討論，當然是較典型的研究進路[88]，但亦有研究循傳統宗教在宗教教育上如何回應世俗社會帶來的衝擊，在太虛與基督教紐曼主教（John H. Newman, 1801-1890）之間，來進行教育思想的跨宗教比較[89]，此外，馬來西亞華人學者融道法師（Rongdao Lai）亦即將出版她在加拿大麥基爾大學（McGill University）的宗教學博士論文，該書應是首部以太虛法師僧伽教育現代改革與建設為主題的專著。由於太虛的影響而先後成立的佛學研討暨教學機構，則要數閩南佛學院[90]、武昌佛

87　熊江甯著《明代僧教育研究》（北京：北京大學國學研究院博士論文，2013 年）。

88　江燦騰著〈試論太虛大師的僧教育思想啟蒙期〉（上、下），《菩提樹》第 41 卷第 5 號＝總號 485（臺中：菩提樹雜誌社，1993 年 4 月），頁 20-23。

89　康素華著《世俗化時代的宗教教育改革：太虛大師與紐曼主教之研究比較》（嘉義：南華大學宗教學研究所碩士論文，2003 年）。

90　釋如斌著《近代中國佛教教育事業之研究：以閩南佛學院為例》（桃園：圓光佛學研究所碩士論文，1999 年）。

學院[91]、漢藏教理院（見前文討論），凡此皆已有專著作探討。

意大利學者史芬妮（Stefania Travagnin）專研現代漢傳佛教，僧團教育是她的著述常會觸及的議題。她在前一階段曾以福嚴和一同兩座臺灣尼眾寺院為例，探討印順法師與臺灣佛教女眾之間的因緣[92]，乃至臺灣尼眾為例的女眾佛教之歷史和模式[93]，這些對佛教性別議題的討論，其實已間接帶出漢傳佛教現代僧團教育議題之端倪。近期探討的是清末到民國階段，太虛如何在傳統與現代、中國與西化、國家政權與僧團、社會與宗教的張力之間，以什麼觀念來推動僧團教育制度的現代改革[94]。她也以閩南佛學院為例，探討在僧團教育安排中如何適應諸如三民主義和愛國主義等政治議題[95]。並探討在僧團的現代教育，如何理

---

91 江燦騰著《太虛大師前傳 1890-1927》（《現代中國佛教思想論集》2，臺北：新文豐出版公司，1993 年），第三章〈太虛的僧教育啟蒙期〉，第六章〈新教育實驗與新佛教組織的發展〉，頁 51-72、173-215。又見洪金蓮著《太虛大師佛教現代化之研究》（《中華佛教研究所論叢》3，臺北：東初出版社，1995 年），頁 187-213。

92 Stefania Travagnin, "Master Yinshun and Buddhist Women in Taiwan: Fayuan and Yitong Nunneries, Disciples of Guanyin in Northwest Taiwan", in Karma Lekshe Tsomo (ed.), *Out of the Shadows: Socially Engaged Buddhist Women* (Delhi: Indian Books Centre, 2005), pp.198-205.

93 Stefania Travagnin, "Buddhist Nuns and Female Buddhism in Taiwan. Historical Patterns and Engendered Values", *World Fellow Buddhist Review* Vol.44, No.1, 2007, pp.6-15.

94 Stefania Travagnin, "Concepts and Institutions for a New Buddhist Education: Reforming the Saṅgha Between and Within State Agencies", *East Asian History* 39, 2014, pp.89-101.

95 Stefania Travagnin, "Political Adjusting(s) in the Minnan Buddhist Institute: Sanmin zhuyi (三民主義) and aiguo zhuyi (愛國主義) in the Sangha

解從「學」到「教育」的轉變[96]。並基於前述研究，重新思考二十世紀中國佛教僧團教育的「復興」[97]，這尤其是針對尉遲酣（Holmes Welch）在半個世紀前所使用的概念架構、論證進路及結論。

此外亦有論文對比明末清初和清末民初兩個歷史階段僧團教育處境的異同。即在十六～十七世紀和十九～二十世紀之際，因為政治、社會等外在環境的劇變，不單使此二階段的漢傳佛教皆透過興辦僧團教育從事改革，且其改革皆有類似甚至相續的傾向，即借開放的氛圍和教育，來重建僧人的宗教責任感。雖然另一方面兩階段之間仍存教授世俗學科與否，和向社會開放與否的差異[98]。

臺灣漢傳佛教　臺灣佛教雖也屬漢傳一脈，但其種種特點，使它在漢傳佛教中自豎一幟。從歷史來看原因頗多，其中很

Education Context", *Review of Religion and Chinese Society* 2:1, 2015, pp.21-50.

96 Stefania Travagnin, "From xue（學）to jiaoyu（教育）: Conceptual Understanding of 'Study' and 'Education' in Modern Chinese Buddhism", in Gregory Adam Scott and Stefania Travagnin (ed.), *Concepts and Methods for the Study of Chinese Religions II: Intellectual History of Key Concepts* (Berlin and Boston: De Gruyter, forthcoming).

97 Stefania Travagnin, 'Buddhist Education between Tradition, Modernity and Networks: Reconsidering the 'Revival' of Education for the Saṅgha in Twentieth-century China", *Studies in Chinese Religions* 3:3, 2017, pp.220-241.

98 Guang Kuan, "Times of Reform: Buddhist Monastic Education in China in the Late Ming and Modern Periods", *Studies in Chinese Religions* Vol.2, Issue 4, 2016.

重要但常被忽視的，是現代日本佛教在日治時代對臺灣佛教的影響。即使在 50 年代以後，這些影響仍然以低調但長期的方式發揮作用。臺灣佛教對僧伽教育和佛教學術的高度重視，且當中每多以尼眾為主，這兩者其實都是當年日本佛教對臺灣漢傳佛教的重要影響之一。在早期，這些影響是透過臺灣留日的僧、俗學生而形成，臺灣學人多有討論。闞正宗討論到日系禪宗的臨濟和曹洞二派在臺的教育事業[99]。釋慧嚴撰有數文探討日治時代臺灣佛教界的教育[100]，及後臺灣有兩冊碩士論文，分別探討循曹洞宗駒澤大學臺灣留學生為線索探討日治時期臺灣佛教菁英的崛起[101]，和日治時期留學日本的尼眾[102]。

---

[99] 闞正宗著〈臨濟宗與曹洞宗的教育事業〉，《臺灣日治時期佛教發展與皇民化運動：皇國佛教的歷史進程 1895-1945》（臺北：博陽文化事業公司，2011 年 5 月），頁 131-161。

[100] 釋慧嚴著〈再檢視日治時代臺灣佛教界從事的教育事業〉，《中華佛學學報》第 16 期（臺北：中華佛學研究所，2003 年），頁 169-210；〈日治時代的臺灣佛教教育〉，《臺灣佛教史論文集》（高雄：春暉出版社，2003 年），頁 361-384；〈臺灣僧尼的閩日留學史〉，《臺灣與閩日佛教交流史》（高雄：春暉出版社，2008 年 5 月），頁 504-548。

[101] 大野育子（Ikuko Ohno）著《日治時期佛教菁英的崛起：以曹洞宗駒澤大學臺灣留學生為中心》（臺北：淡江大學歷史學系碩士論文，2008 年，207 頁，論文導師是林呈蓉和蔡錦堂教授）。

[102] 王宣蘋著《日治時期留學日本的尼僧》（臺北：國立臺灣師範大學臺灣史研究所碩士論文，2013 年，135 頁，論文導師是蔡錦堂教授）。日本在明治時期已設立培養尼師的佛教專門學校，如曹洞宗關西尼學林、淨土宗尼眾學校、私立駒澤大學、臨濟宗宗榮尼僧學林等。該論文根據史料，列出 30 年代後，赴日留學佛教學院 5-8 年不等的臺灣尼眾共廿多人，論文也探討了這些曾留學日本的臺灣尼眾後來是如何影響臺灣佛教教育。

雖云日本佛教對臺灣佛教有深遠的歷史影響，但當代臺灣佛教在僧伽教育上，畢竟有它自己要面對的問題，歷史背景只是一部分因素，闞正宗所撰〈戰後臺灣佛教教育略論〉一文對此作出綜述[103]。而臺灣學僧釋見咸在威斯辛大學－麥迪遜分校（University of Wisconsin-Madison）的碩士論文是對迄 90 年代初為止臺灣僧伽教育的發展作出回顧與建議[104]，他在 90 年代後期的博士論文則探討什麼因素會影響臺灣佛教的宗教專業人員的養成[105]。另一臺灣學人蔡金伶（Linzy Chin-ling Tsai）在英國布里斯托大學（University of Bristol）的博士研究[106]，是探討臺灣的佛教大學發展及其佛教教育，討論始於民國太虛法師在面對廟產興學的壓力下，以人間佛教的旗幟所推動在當年說不上特別成功的改革，透過他的學生對日後臺灣佛教發展的影響，而教育是

---

103 闞正宗著〈戰後臺灣佛教教育略論〉，《臺灣佛學院所教育年鑑》第一輯（臺北：中華佛學研究所，2002 年 12 月）。

104 Shih Jienshen (釋見咸), A Review and Suggestions for Buddhist Monastic Education Program Development in Taiwan (Master Thesis, University of Wisconsin-Madison 1992).

105 Shih Jienshen (釋見咸), *How Religious Professionals Learn: An Exploration on Learning by Buddhist Professionals in Taiwan* (Ph.D. Dissertation, University of Wisconsin-Madison 1997). 這部論文是以廿餘位五年全日制學習經驗，並畢業於不同僧伽院校之僧侶的學習經驗，作詳盡而系統的深度訪談。作者結論認為僧伽生活的其他環節也會對學習構成重要影響。與前一代的僧侶相比，現在的佛教專業人員擁有更多的資源與確立更多的目標。

106 Linzy Chin-ling Tsai (蔡金伶), *Buddhist Education and the Rise of the Buddhist University in Modern Taiwan* (Ph.D. Dissertation, University of Bristol 2012).

扮演重要的角色，在廿年之間成立了五所佛教大學，檢視這些佛教大學如何實現其理想，並探討他們與其他大學之間的異同。然而，雖然爭取到佛教大學的成立，但這不表示所有問題從此一帆風順。臺灣一位研究生篇幅厚達三百多頁的碩士論文，深入探討當代臺灣佛學院的課程規劃，其中一個觸及的問題是部分佛學院在歷經多年爭取其學位獲得教育部正式承認[107]的前與後，利弊各參半之處境[108]。

法鼓山是臺灣大教團中，以特別重視佛教學術而聞名國內外，法鼓山轄下有多個目標與功能各異的佛教學術教育機構，中華佛教研究所是臺灣歷史最悠久的佛學機構，但嚴格言之，它並不是專以訓練僧侶為務的僧伽教育體制，卻是訓練佛教學者的學術單位，但歷年來曾在此受訓成長的學問僧亦不在少數，近年有一碩士論文探討該機構的起源、制度、歷史及學風[109]。而丹尼・圖佐（Daniel R. Tuzzeo）的研究雖然是碩士論文[110]，但篇

---

107 這實質上是反映在宗教師教育和專業界定上的現代政－教關係問題。臺大哲學系退休教授恆清法師其實是促請臺灣教育部接受有關提案的主要學界推手之一，見侯坤宏著〈宗教研修學院立法過程〉，《杏壇衲履：恆清法師訪談錄》第八章（臺北：國史館，2007 年），頁 275-318；又見釋恆清著〈宗教教育辨義：兼論宗教研修機構體制化的問題〉，《宗教論述專輯第四輯：宗教教育及宗教資源應》（臺北：內政部編印，2002 年 12 月），頁 249-292。

108 黃素霞著《當代臺灣佛學院課程規劃之探討》（嘉義：南華大學宗教學研究所碩士論文，2007 年，302 頁。論文導師是林本炫教授）。

109 李麗華著《中華佛學研究所之教育與學術研究》（新竹：玄奘大學宗教學系碩士論文，2011 年，250 頁，論文導師是陳英善教授）。

110 Daniel R. Tuzzeo, *Education, Invention of Orthodoxy, and the Construction of Modern Buddhism on Dharma Drum Mountain* (M.A. Thesis, Florida

幅可觀，與博士論文相差無幾。圖佐循教育機構成長的角度，探討法鼓山如何透過多層次的佛教教育，在臺灣重建漢傳佛教的正統，並成為臺灣其中一個觸目的大型國際佛教組織，在現代振興衰落的漢傳佛教。這一研究集中討論法鼓山的學術教育，即法鼓佛教學院（現已改為法鼓文理學院）、中華佛教研究所，及法鼓的佛學院，即法鼓僧伽大學，旨在落實聖嚴法師的理想，建立能夠兼顧內在靈性與社會、傳統和現代，具有前瞻性的現代漢傳佛教僧、俗體制和宗教人格。此外尚有其他論著討論臺灣佛光山叢林[111]、香光尼眾院[112]等不同佛教組織[113]的僧團教育。

中國自 50 年代初以來，歷經數十年的馬－列主義政治教條的支配後，90 年代初以降中國當局急需在馬－列主義之餘，對中國國內構作出新的意識形態論述，來維繫其政權在中國的公信力，所以對諸如佛教等傳統宗教，採取了相對於先前來得有選擇性的寬鬆政策，以傳統民間文化之名保留一定空間，使佛教在千禧年後的民間層面，呈現一定的復甦，這亦間接推動當代中國漢傳佛教的僧伽教育的復甦。道格拉斯・鳩爾道（Douglas Gildow，唐名「顧立德」）在普林斯頓大學的博士論文是研究當代中國在國家體制暨政策、世俗大學教育及佛學院之間的佛教僧

State University 2012).

111 許仟著《佛光山與教育》（臺北：臺灣學生書局，2012 年）前四章，頁 1-76。

112 黃詩茹著《戰後臺灣佛教的僧俗關係：以大專青年學佛運動為背景》（臺北：國史館，2010 年），第四章〈1980 年代至 2010 年代：香光尼僧團的僧俗教育〉，頁 143-196。

113 黃詩茹著《戰後臺灣佛教的僧俗關係》（同上），第三章〈1960 年代至 1980 年代：臺中蓮社及蓮因寺的儒佛合作〉，頁 95-142。

團教育[114]，僧團教育是現代才引入中國，但卻已成為現代僧團的重心，然而要討論此，則需要把佛學院放在它如何受國家體制和大學系統影響之背景下來作考慮。所以中國佛教所形成的制度和教理的發展，是反映和體現了對這些現代挑戰的回應。這是依據課程安排、文件及在中國的田野調查，著眼於制度史和領導層所起作用的研究。作者試圖論證佛學院在中國的增長，其實是中國社會正規教育與文憑體系在所有領域皆如雨後春筍地發展的一例，佛學院與寺院已融為一體，用於培養僧團管理人員。同時公立大學宗教研究或佛教研究的理解亦在衝擊和模塑佛學院，所以佛學院是在這諸多因素間，找尋它自己的平衡與生存位置，以同時兼顧與促使制度的革新與傳統義理的繼承，在世俗體制、主流知識和社會環境之間謀取折衷以維持傳統的獨特性，這都會成為影響中國佛教未來走向的長期因素。

日本　華文學界迄今對日本佛教僧伽教育的討論非常有限，基本上近乎簡介[115]，且皆偏重近代之後，即明治維新以降所成立，從宗門的檀林到宗立的佛教大學，但對前現代的日本僧伽教育，卻近乎空白。日本的佛教在歷史上雖然源自中國唐代，但在後來發展出諸多特質而自成體系，亦深異於中國的漢傳

---

114 Douglas Gildow, *Buddhist Monastic Education: Seminaries, Academia and the State in Contemporary China* (Religion Department, NJ: Princeton University 2016).

115 傳印法師著《中國佛教與日本淨土宗》（朗宇法師編《寶慶講寺叢書：中國佛教學者文集》，北京：宗教文化出版社，2004 年），第二、第五及第六共三章，即頁 60-105、109-113、142-278。

佛教[116]。儘管如是，日本佛教仍長期維持唐宋佛教好些早已經不復存於中國的古風，包括特定宗派僧團定期舉行的正規義理考核，例如法相宗稱作「豎義加行」的考試。這類考試與僧伽教育的方法如法義辯證等，皆關係密切。現代學界素來重視法義辯證在印－藏佛教僧伽教育的角色，然而日本佛教實亦存此藝，唯及近年學界才注意到日本學問僧在義理研習上所不可或缺，也是體制內晉升的制式要求。

日本佛教在 749-1185 年的平安朝，有稱作維摩會、御齋會等一類御前皇家法會的學問僧講經和辯經考核會，雖然無可否認，這類佛義考核背後多涉政治權力的展示[117]，但研究亦清楚顯示，平安朝的這些公開辯論一直為學僧的跨宗門對話提供重要平檯，畢竟在整個中世紀，無論是顯、密佛學的研究，仍然是學問僧學習和進階至為關鍵的事，這些經會本來就是學問僧的考核制度，所以與僧伽的經義教育關係直接而密切，常與皇室資助的僧侶學經課程的常規辯義法會結合。御齋會等成為推動經義學習的平臺，建立教義學習與辯論作為平安朝僧團在義學研習上，能夠持續成長的重要推動進器，也據此確立僧侶升遷的主要標準和

116 西方學界使用 East Asian Buddhism 一詞時會包括日本佛教，但 Chinese Buddhism 並不包括日本佛教，國際上的日本佛教研究已經自成一個比漢傳研究規模為大的專業群體。

117 這類宗教經學的考核制度也同時是彰顯政權實力的手段，近年多種新刊專著皆以平安朝這些獲政權資助的佛教學僧考試制度為研究主題，同時藉此考察這些重要的宗教儀式與政治、社會之間的關係，乃至政治權力的起落與轉折，並據此修正黑田俊雄「顯－密體制」說的偏頗，黑田氏認為，平安朝僧團對學習佛學義理的熱誠隨著滿足此世和私人需要的密教儀軌巫術之大行其道後即告衰落。

渠道。

日裔美國學者飛鳥氏（Asuka Sango）即將出版研究「御齋會」的專論[118]，「御齋會」是日本平安朝的制度化佛學考試之一，以《金光明最勝王經》為主題，由於該等考核的法會是獲皇家所資助，所以儀式演示出佛教所認為，僧、俗之間理想的施－供關係[119]。因此這類佛教儀式也是讓天皇的皇權、僧侶等各路權貴彰顯權力的名利場。此前飛鳥氏已刊有多篇期刊論文，探討僧團辯義儀式背後的知識與權力關係[120]、僧團辯義考核與中世日本聖教（Shōgyō）文本的生產和和傳遞之間的關係[121]，乃至中世日本佛教的辯論[122]。

米凱・鮑爾（Mikael Bauer）在其研究南都六宗之一法相宗

---

118 Asuka Sango (飛鳥), *Halo of Golden Light: Imperial Authority and Buddhist Ritual in Heian Japan 749-1185* (University of Hawai'i Press 2015). 該書是作者 2007 年在普林斯頓大學（Princeton University）同名博士論文改寫而成。

119 八世紀日本平安朝在宮內御前舉行「御齋會」儀式是把《金光明經》所述理想佛教君王形像採納過來，以確立君王在一個奉行律令制國家政府中的最高地位。所以這並非只是形式上走過場，其對儀式的贊助是要直接展示權勢、地位、財富、知識、文化、人脈等。即使在平安朝稍後階段權力發生轉換時，權力的新主人亦會以籌辦與「御齋會」類似的佛教法會，來為其新近取得的政治權力建立合法性。

120 Sango ASUKA (飛鳥), "Making Debate Hell: Knowledge and Power in Japanese Buddhist Ritual", *History of Religions* 50, 2011, pp.283-314.

121 Sango ASUKA (飛鳥), "Buddhist Debate and the Production and Transmission of Shōgyō in Medieval Japan", *JJRS* Vol.39, No.2, 2012, pp.241-273.

122 Sango ASUKA (飛鳥), "Buddhist Debate in Medieval Japan", *Religion Compass* April 2015.

大本山興福寺所操辦的「維摩會」的專著[123]內，亦對諸方學僧為著參加「維摩會」所推動的僧伽教育，乃至疏釋的生產機制等作出系統剖析。此外，鮑爾亦撰文探討「維摩會」是在什麼意義下，作為具有政治含意的官方宗教釋義活動的討論[124]。馬修斯・麥克馬倫（Matthew McMullen）即將在加州柏克萊大學（U.C. Berkeley）完成一部以前現代日本佛教僧伽教育為主題的博士論文，該論文研究第十一、十二世紀平安朝後期真言宗經院學的僧伽教育制度及教義辯論。保羅・格羅納（Paul Groner）在其探討第十世紀日本天台宗良源（Ryogen）和比叡山的專著當中，特別在第八章探討良源重建考試制度的重要性[125]，後來其另一論文探討日本中世天台宗諸寺是如何運用辯義來訓練僧侶[126]。

東亞佛教另一重要個案是韓國，但國際學界現階段對韓國佛教的研究尚屬起步階段。惟羅伯特・巴斯韋爾（Robert E. Buswell）

---

123 Mikael Bauer, *The Power of Ritual: An Integrated History of Medieval Kofukuji* (Ph.D. Dissertation, Harvard University 2011, 論文導師是阿部竜一 (Ryuichi Abe), 273 頁). 該論文以公元十至十二世紀法相宗大本山奈良興福寺的經義考核「維摩會」為焦點而觸及日本僧伽教育。

124 Mikael Bauer, "The Yuima-e Theater of the State", in *JJRS* Vol.38, No.1, pp.161-179.

125 Paul Groner, Ch.8 "The Significance of Ryogen's Revival of the Examination System", in P. Groner, *Ryogen and Mount Hiei: Japanese Tendai in the Tenth Century* (*Studies in East Asian Buddhism* 15, Kuroda Institute Studies in East Asian Buddhism, University of Hawai'i Press 2002), pp.128-166.

126 Paul Groner, "Training Through Debates in Medieval Tendai and Seizan-ha Temples", *JJRS* Vol.38, No.2, 2011, pp.233-261.

有關當代韓國佛教禪宗寺院的實踐的書，包括有專節討論其僧伽教育的安排[127]，另亦有文章探討在韓國佛教，婦女受戒出家為尼和僧伽教育之間的關係[128]，特別循跨越社會文化的性別角色定性之角度來討論特定僧團為女眾提供的教育[129]。巴斯韋爾的學生尤里・卡普蘭（Uri Kaplan）年前在杜克大學（Duke University）的博士論文，是研究當代南韓僧團的課程和教育體制是如何變革正統[130]，此一研究經修訂後即將正式出版[131]。

本節對日、韓佛教僧伽教育研究的討論只限於中、英二語著作，未及日、韓二文，當然頗嫌不足。以韓國佛教僧伽教育而言，目前有從日本殖民期間傳統僧伽教育單位改制而成的東國大學，也有 40 年代為培養僧格而成立的中央僧伽大學，還有十多年前新成立的由密宗成立的威德大學，由天台宗成立的金剛大學，以及圓佛教在 1946 年成立的唯一學林，後亦改制為圓光大

---

127 Robert E. Buswell, *The Zen Monastic Experience: Buddhist Practice in Contemporary Korea* (Princeton: Princeton University Press 1992).

128 Kang Hye-won, "Becoming a Buddhist Nun in Korea: Monastic Education and Ordination for Women", *International Journal of Buddhist Thought & Culture* Vol.3 Seoul, Korea 2003.09, pp.105-129.

129 Chung In-young (=Sukhdam Sunim), "Crossing over the Gender Boundary in Gray Rubber Shoes: A Study on Myoom Sunim's Buddhist Monastic Education", in *Out of the Shadows: Socially Engaged Buddhist Women in the Global Community* (SriSatguru Publications, Delhi, India 2006), pp.219-228.

130 Uri Kaplan, *Transforming Orthodoxies: Buddhist Curriculums and Educational Institutions in Contemporary South Korea* (Ph.D. Dissertation, Religious Studies, Duke University 2015).

131 Uri Kaplan, *Monastic Education in Korea Teaching Monks about Buddhism in the Modern Age* (University of Hawaii Press, June 2020).

學等。但有鑑於資料取得上的限制、僧伽教育與佛教大學之間的概念分野，乃至篇幅上的考慮等內外原因，雖知不足，亦不能不將討論暫告一段落，留待他日有機會再作彌補。

結　語

在結束本章前，還應再提到非常不顯眼的案例。由於在戰後，佛教早已由亞洲宗教步向全球，尤其西方，特別是北美，時下已開始有西方佛教（Western Buddhism）一說，而北美佛教亦已有佛教大學的案例，其中部分亦涉僧團教育。塔尼婭・斯托奇（Tanya Storch）以美國四所側重人文博雅教育的佛教大學為據，探討以亞洲宗教傳統所建立的高等教育新樣態[132]，當中部分涉僧伽教育。

至於藏傳，迄今為止國際學界對藏傳僧伽教育的現階段研究有特點如下，除非是歷史學研究，否則大部分研究所根據的都是來自定居南亞大陸的藏傳寺院和僧團案例，所以從人類學來說，其實是替代性案例，能夠以當代北京政權治下藏區寺院僧團為直接研究對象之情況相對偏低。若與現有的上座部的研究相比，對藏傳僧伽教育的研究起步晚了廿多年，而且目前以南亞藏傳為主

132 Tanya Storch, *Buddhist-Based Universities in the United States: Searching for a New Model in Higher Education* (Lexington Books, May 2015). 作者討論的四所院校分別是法界佛教大學（Dharma Realm Buddhist University）、西來大學（University of the West）、日蓮宗的美國創價大學（Soka University of America），及藏傳背景那諾巴大學（Naropa University）。

要案例的研究取向，雖然對於教育制度內部的探討頗見成效，但因為所取的是脫落在當代中國政權藏區之外的離散社群，所以在諸如教育人類學和政－教關係等問題上，變得有點失焦，至於北京政權治下藏傳僧伽教育的同類問題，其客觀上的限制至為明顯，更難進行研究。而歷史研究的部分，雖然史料充沛，但由於起步未幾，其實仍然處在草創階段，發展空間非常大。

無論在中、外學界，漢傳恐怕是佛教僧伽教育之研究上，迄今最單薄的案例，尤其是現代以前的漢傳佛教。歷年以來，除了偶爾單篇文章或書中小節等一鱗半爪的零星討論以外，迄今有關漢傳僧伽教育之研究專著實屬絕無僅有，對日本的研究，反而累積一定成果。

對傳統佛教僧伽教育在現代的脈絡下，整體上，無論其目的、內容、方法、制度及視野，皆處在青黃未接的過渡階段，雖然與建立成熟的現代模式，仍有一段距離，但部分案例已經達成初步方向的確立，當中包含了兩層開放態度，以回應現代脈絡：一，提供不同佛教傳統，尤其上座部與大乘之間共學的平臺與渠道；二，對現代人文暨社會科學的開放性。凡此皆是學界在下一階段，值得對僧伽教育議題再作關注時的要點之一。

第五章
「佛教的宗教衝突和暴力」是如何成爲學術議題？

一、引言：印象與事實

一直以來大眾普遍相信，比之於其他宗教，佛教似乎純粹是非暴力的和平宗教，罕與宗教衝突相連，更遑論與宗教戰爭掛鈎[1]，部分佛教人士也公開作出類似言論，其中包括頗富名氣的當代僧人。在日本及西方受良好現代教育的香港著名僧人，曾任香港大學佛教研究中心總監的衍空法師多次在公開的講座上反覆強調：「佛教是人類歷史上唯一的宗教，在兩千六百餘年中，從未為宏傳教義而流過一滴血」[2]，以暗示優越於西方宗教。臺灣佛

1　筆者每年教授「佛教概論」一類科目，通常在首講皆會請學生舉出他們認為佛教異於其他經典宗教的主要特質，「佛教是少數（甚至是唯一）和平非暴力宗教」之議常名列前茅。但當學生被問及佛教的暴力案例時，這些對前議深信不疑的學生都一臉茫然。

2　釋衍空曾為香港大學佛教研究中心（Center of Buddhist Studies, HKU）總監（director），「佛教在 2600 年中，從未為傳教而流過一滴血」一

光山星雲法師在其〈佛教對「戰爭與和平」的看法〉一講中強調「佛教崇尚和平，在歷史上從未發生鬥爭」[3]。

受過現代科學訓練，後因信仰佛教出家為僧的法國籍自然科學家馬修・里卡德（Matthieu Richard），其《僧侶與哲學家：父子對談生命意義》（*Le moine et le philosophe: le bouddhisme aujourd 'hui*）一書在西方社會聲名大噪。他在該書也反覆強調佛教完全是一個和平的宗教：

> 斯里蘭卡……戰爭從來不是以佛教名義進行，也得不到佛教的祝福，……戰爭的禍首來自遠離佛法，甚至抗拒佛法的人，例如……斯里蘭卡的泰米爾游擊隊。……藏傳佛教

語，乃是釋衍空在香港講經說法時，常作為佛教的獨特優點，來向聽眾反覆強調。雖然很諷刺與弔詭的是，就在釋衍空反覆發表此一言論的同一階段，他是以香港主要佛教組織香港佛教聯合會（Hong Kong Buddhist Association）常務董事身分代表該組織在 2000 年前後，數次在香港立法會向特區政府強烈要求當局取締該佛教團體不喜歡的其他信仰團體。當局以其要求不單於香港法律無據，且更有違香港《基本法》而明確拒絕之，該事終因被指在社會散播仇恨，不為其他主要宗教如天主教和基督新教，乃至社會人士所接受，而未能得逞。會議正式記錄見香港立法會檔案 CB(2) 1673/ 00-01 號文件。事後，香港佛教圈內一直半公開廣泛傳言，有佛教組織屬下的寺院，未甘於利用公權力打擊宗教異己圖謀失敗，多次指使黑社會威脅其他宗教團體。另並在不同的公共場合，動輒以私人保安人員，對其他的宗教人士動粗，當中包括弱勢的基層婦女（香港《明報》2004 年 5 月 27 日 A7 版）。

3　星雲法師講，釋滿觀記〈當代問題座談紀實之十三：佛教對「戰爭與和平」的看法〉，《普門學報》第 28 期（2005 年 7 月），頁 4。

從未打過宗教戰爭[4]。

華文學界亦不乏此論，中國學界尤甚[5]，這可見之於多位中國學者，北京大學樓宇烈在〈佛教是最具有和平精神的宗教〉聲稱：

> 在所有的宗教中，佛教是最具有和平精神的宗教，這已為人們所共許。……從未發生過用佛教去消滅和替代該國家的原有民族文化和宗教。……佛教在其發展和傳播的歷史中，則是以完全和平的方式推進的。[6]

北京中國社會科學院世界宗教研究所佛教研究中心的魏道儒，在〈佛教是維護世界和平與穩定的典範〉一文提出五點，力陳「佛教一貫是最和平的宗教，歷來與暴力絕緣」之議，這五點分別

4　Jean-Francois Revel 及 Matthieu Richard 著，賴聲川譯《僧侶與哲學家：父子對談生命意義》（*Le moine et le philosophe: le bouddhisme aujourd 'hui*，臺北：先覺出版公司，1999 年），頁 246、248。這冊對話的中文譯本有兩種，但只有正體的才是全譯本，另譯在審查剪刀下，變成肢離破碎的譯本，篇幅幾乎只及原文的一半。

5　中國學界很多佛教學者形同佛教組織的「僱傭護教者」，原因包括配合當局任務、或與佛教組織有個人利益關係，到欠缺學術專業意識等皆可能。雖說不同的華文學界多少都會有這情況，但嚴重與否，差異還是相當明顯，且亦與不同制度有相當關係，筆者對此的討論見劉宇光撰〈一個徘徊在中國內地的學院佛學研究上空的幽靈〉，刊趙文宗及劉宇光合編《現代佛教與華人社會論文集》（香港：紅出版－圓桌文化，2012 年 11 月），頁 24-65，尤其頁 35-36、45-52。

6　樓宇烈著〈佛教是最具有和平精神的宗教〉，fo.ifeng.com/guandian/detail_2011_03/24/5338267_0.shtml -。

是：

> 首先，佛教始終把傳教弘法與反對戰爭、維護和平聯繫起來。第二，佛教始終不依靠政治、經濟、軍事力量威脅和強迫他人信仰佛教。在佛教的對外傳播中，從來沒有因弘法而發生所謂的宗教戰爭。第三，傳教弘法與政治干預、經濟掠奪和文化殖民等沒有任何聯繫。佛教傳播沒有伴隨著起點地區政治觀念的輸出，經濟方面的索取。第四，佛教傳播主要依靠信仰者個人的自發行為或分散的地方僧團推動，而不是依靠全國性的機構組織或政府行為推動，他們之間沒有強大的組織作後盾。第五，佛教的圓融思想，有利於消除宗派間的排斥、仇視和爭鬥。[7]

無論樓文或魏文「五條」，皆無一合符基本歷史事實。宗教界或學術界將「佛教從未與宗教衝突或暴力沾邊」之印象當成事實，這固然不能接受，惟在此除了一廂情願和研究與國際學界脫節等原因之外，背後是否還涉更結構性的因素，為達特定目的而作刻意的形像化妝[8]，這其實頗值思考，雖這已非本章主題。

---

7 魏道儒著〈佛教是維護世界和平與穩定的典範〉，《中國民族宗教網》2012 年 11 月 6 日 http://big5.ifeng.com/gate/big5/fo.ifeng.com/guanchajia/detail_2012_11/05/18853497_0.shtml。基本相同的論點亦見於魏氏另文〈佛教和平傳統及其現代價值〉，《佛學研究》第 12 期（北京，2006 年），頁 93-95。

8 即使在根本不是信仰佛教的國度，因為需要推動佛教公共外交，認為「不利佛教正面形象」的文字妨礙對外宗教關係，會以「傷害佛教徒宗教情感」為由，從嚴禁止刊登批評佛教的文字。

與前述僧人和學者的論斷形成有趣對比的，是印－藏大乘佛教傳統上兩大哲學學派之一的中觀學派（Mādhyamika），佛教史上廣泛傳言，從其創立者龍樹（Nāgārjuna）開始，到提婆（Aryadeva）、月稱（Candrakīrti）、蓮花戒（Kamalaśīla）等均橫死於宗教暗殺下[9]，傳言中的施毒手者包括教內同道，雖然今天已難於徹查實情，但傳言之廣泛而一貫，還是足以表明，佛教從其印度源頭開始，宗教衝突與暴力即非稀奇事。

當然，出於不同原因，前述中國的僧人與學者與事實不符的言論是有心或無意，其實不是眼下重點，畢竟有關現象本身是客觀存在著。況且國際學界在近二十年，日漸重視對由佛教所引發的諸多宗教暴力與衝突之研究。西方及日文學界各有起碼 30 和 15 冊學術專著，換言之有多達近五十冊相關論著，遍及梵、巴、藏、漢佛教傳統，充分顯示佛教以各種角色與方式涉身宗教衝突的程度，比想當然的印象來得普遍，所以才在此提出「佛教的宗教衝突與暴力」之問題，不過由於議題複雜，部冊繁多，所以會將討論分作二章，本章是討論此一議題的構成，下一章則回顧時下學界對此之研究現況。

本章不是以只有佛教社群才特別關心的小眾問題（即佛教戒律）為基本著眼點，來討論佛教的宗教衝突與暴力。若只把這當成是預設了信仰立場的教理及戒律內部邏輯來探討時，很容易會淪為內部封閉的經院學分析。例如詢問佛教的暴力事態與宗教戒律相違與否；或論證有關暴力與佛教教義相關與否等，所以局內

9　由此引申的哲學討論，見林鎮國著〈空性與暴力：龍樹、德里達與列維納斯不期而遇的交談〉，《法鼓人文學報》第 2 卷（臺北：法鼓文理學院，2005 年 12 月），頁 97-114。

者（insider）觀點的發問方式，並不是本章在此特別關心及感興趣的。

本章主要是循人文學科暨社會科學（Humanities and Social Science）的局外者（outsider）角度來詢問：佛教社群，尤其當中的僧侶組織，在宗教、族群或階層等社會衝突事態中，其角色與作用是什麼。這一發問的角度，與佛教社群內部所講的違反戒律問題，並沒有太大的直接關係，特別在現代脈絡，反而更多是著眼於世俗公民社會（civil society）的視野。因此即使佛教組織的某些舉措在教內既未被視為違反其戒律，甚而未違反國家機器主導的法律體系，但其行徑仍然可能會危及社會不同群體的權益，甚至損害社會的基本價值觀。

強調從公民社會的視野切入，而不是作為佛教內部的戒律問題來處理，這是基於兩個理由。第一：在現實世界，宗教上的所謂依戒而行，不見得一定不會與非佛教的其他社群乃至更廣泛的主流社會，發生從基本公共價值觀到族群關係上的張力與嚴重衝突。因此對於由佛教所引起的宗教衝突與暴力之認定，基本上不會是以宗教戒律和教義為標準，畢竟衝突或暴力行為的效果，常波及其他族群與整個社會，理應循整體社群的權益為著眼點。

第二個理由則是源於學術專業的價值觀：在現代世俗社會的知識體制當中，學術性佛教研究（Academic Buddhist Studies）與宗教研究（Religious Studies）均屬人文學科一環，所以有其與公民社會之間的特殊關係。本身是天主教神職人員的著名神學家大衛・特雷西（David Tracy）指出，大學作為公民社會的公器，間接受公民社會委托，以知識服務於公民社會，並向其負責。大學的宗教學及教義學研究，遂因這種公共性（Publicity），在本質上就應該有別於宗教研修學院（seminary）的研究，後者是設立在教會系統內，用於訓練宗教人員。

因此作為人文學科一環的宗教研究既不應該預設宗教教義真理宣稱的權威性，亦不應該預設其受眾信仰特定宗教；既無責任維護宗教教會組織，亦不必專門向特定宗教社群負責，卻是另有其更整體的負責對象。大學的宗教研究其中一個主要責任，是為公民社會提供學術服務，助其公民的文化修養、理解能力、批判能力與判斷能力的成長。

在這大原則下，所引申出來的另一個責任，是運用知識擔當監察者角色，從理念與知識層面考察現實社會中的宗教組織，批判其瀆職、對原初理想的遺忘與出賣，乃至對公民社會基本價值觀的侵犯，他特別提到，大學的教義學研究「應以批判與挑戰教會體制」為務[10]。因此誇張一點說，讓宗教組織坐立不安，某義上應該是大學的宗教學及教義學研究的學術責任之一。

但必須注意，當特雷西指出，宗教學界在公共生活中有以知識擔任宗教的監察者之角色時，不應因而被誤會指知識界或學界是根據國家政權的角度，以知識來監控宗教。尤其若屬威權主義（Authoritarianism）或極權主義（Totalitarianism）一類，否認人權觀念與公民社會必要性的政權，在這類制度下的宗教學者對宗教的「監察」和對當局的政策建議，最終每多變成為國家權力的無限伸展作知識上的開路，其效果只是進一步侵蝕社會的自由空

10 大衛．特雷西（David Tracy）《詮釋學、宗教、希望：多元性與含混性》（*Plurality and Ambiguity, Hermeneutics, Religion, Hope*，收於《歷代基督教思想學術文庫．研究系列》，香港：漢語基督教文化研究所，1995 年）一書中譯本，頁 xxv。

間。但在承認公民社會的國家，其宗教學者在與宗教相關的公共事務上，與官方保持懷疑與質詢的距離，並負有同等的智性責任，監察政權府，以提防它在觀念、政策及行動上干涉宗教自由，連帶侵蝕公民社會。所以宗教學界在公共議題上與宗教界的知識對話，儘管有時會帶有以知識作價值監察的性質，但其立足點絕非國家政權，而是公民社會。

二、「佛教的宗教衝突」之問題意識

探討佛教是否有涉及宗教衝突與暴力的元素，這無論是歷史或當代，其發問皆不出觀念與事實兩個層面，一定程度上類若應然（ought to be）與實然（factual）之分。循觀念層面作詢問，大體不離前文提及局內與局外兩類主要角度。局內的詢問是關注佛教教義及戒律等，是否容許使用武力或殺生來解決問題；又如佛教是否在某些特定處境下，接納以武力或殺生手段應對困境，甚至會否受到教義所贊許，以及背後的整套教義上的論證與理據。

這當中先涉及詞語的使用，現代概念英文的暴力（violence）一詞帶有價值上的非正當性，因此這間接蘊涵著暴力與強力（by force）或武力（armed force）之間，並非完全是等同的概念，畢竟從邏輯上講，確存在正當或合理地使用強力或武力的可能，如何界定使用武力的對、錯，遂成為教內須探討的問題。這一教內觀點難定的領域，多少反映在學愚《佛教、暴力與民族主義：抗日戰爭時期的中國佛教》[11]和《中國佛教的社會主義改造》[12]，及林照真《喇嘛殺人》[13]等論著所涉事件身上。

除了傳統佛教局內者的戒律觀點外，另一個角度便是前文提到的局外觀點，近年成形的佛教倫理學（Buddhist Ethics）即為一例。傳統的戒律學及現代的佛教倫理學二詞遠不只是古、今用語不同，兩者的關鍵差別是傳統戒律學純從佛教局內立場出發，只以四眾為目標受眾，當中部分涉及佛教社群內的規範。佛教倫理學是在 90 年代早期由韓裔學者關大眠提出，是現代世俗性的人文學科佛教研究的一環，有其與局內者角度的戒律學不完全相同的視野，其基本進路是透過與西方倫理學展開學理對話，來對傳統佛教的個體及集體價值規範進行批判性的反思及倫理學重構[14]。佛教倫理學是以學理性的後設反思為首務，行為規範的具體細節非其關切之首要所在。其次，它循局外者立場，進行有批判性的提問，因而傳統戒律學意義下所講的戒律違犯與否，不必然是佛教倫理學的重心所在，佛教倫理學莫寧更多是從哲學倫理學和現實世界倫理處境的角度來詢問佛教[15]。當中自然需要詢問，

---

11 學愚著《佛教、暴力與民族主義：抗日戰爭時期的中國佛教》（香港：香港中文大學出版社，2011 年）。

12 學愚著《中國佛教的社會主義改造》（香港：香港中文大學出版社，2015 年），廣見全書多處。

13 林照真著《喇嘛殺人》（臺北：聯合文學出版社，1999 年）。

14 Keown Damien, *The Nature of Buddhist Ethics* (Macmillan/Palgrave 2001).

15 對「佛教倫理學」的方法論討論，見 Christopher Ives, "Deploying the Dharma: Reflections on the Methodology of Constructive Buddhist Ethics", *Journal of Buddhist Ethics*, Vol.15, 2008, pp.22-44. http://www.buddhistethics.org/。

佛教如何應對由其行為所構成，對非佛教社群的各種影響，乃至其間引生的價值或責任問題。佛教倫理學每多涉及佛教與非佛教社群之間在公共價值觀上的學理互動，當中包括探討雙方之間觀點的分歧，甚或現實中的衝突。

在諸如宗教暴力這類問題上，即使未經傳統的戒律學或現代的佛教倫理學細辯之前，也許仍存在一定的灰色地帶，但這我們的倫理常智在社會的日常生活中，對何謂「暴力」，還是有素樸而直觀的基本判斷能力，但宗教群體陷身信仰盲點卻非罕見。要對宗教暴力作出比常識的理解更為系統而細緻的探討時，問題的性質當然是複雜的。有宗教成員或組織參與的社會衝突，是否就是宗教暴力？還是依宗教教義及宗教動機而起的暴力，才能被稱為宗教暴力等？這都是同時有學術及現實意義的問題。但在此之前，應先理順以下的疑問。

在定義何謂宗教暴力時，存在著兩種不切實際，且容易誤導問題的迷思。迷思一是把涉及宗教或由宗教而起的暴力，作出類似「人病」與「法病」的區分。所謂「人病」，在此指的是宗教人士或組織，利用（exploitate）、誤用（misuse）或濫用（abuse）宗教的教義及其資源，作出教義所不容的行為舉措。這一界定方式企圖把「人病」一類「利用宗教」損害他人的行為，排除在「宗教衝突與暴力」一概念所涵蘊的範圍之外，以與教義無關為判準來確認一暴力事態可否視作「宗教暴力」。

所謂「法病」，則是指教義或教規本身就有錯謬或不合理的成分，並以鼓吹暴力為務。在法律學的層面，也出現類似，但不完全相同的區分，來試圖劃分「宗教犯罪」與「利用宗教犯罪」[16]。不管是上述哪一個劃分，在其預設及所欲達成的效果上，往往是要論證：在道理上，要為該暴力行為負責任的，到底是提倡某種錯謬學說的特定宗教，或是某位或某些宗教濫權者。若把「宗教暴力」一概念的涵蓋範圍只落在所謂的「法病」一類上，則埋首經典，搜字索句，便成為確認一暴力事件是否屬宗教暴力的主要論證手段。

三、教義研究進路的背反

單純從概念上講，很難說上述的劃分不無道理。但是當這一劃分被置放在真實世界各種各樣的脈絡中時，其複雜與多樣的程度往往形成一超乎想像般廣闊的灰色地帶，使原有的概念劃分在現實的社會處境中變成蒼白無力，甚至可供切詞狡辯之用。這並非企圖以相對主義的立場或論證，推翻倫理判斷的可能性，卻只是要說明「人病」與「法病」之分，其能夠澄清問題的效力，比預期的來得弱，從而不特別具體有助於理解宗教暴力的性質，試問對於宗教暴力的受害者來說，涉事的宗教組織在事後以區分所謂「人病」及「法病」來否認指控或責任，這有何說服力可言？因為暴力的行為體一定是一個或一組宗教人員、一個宗教組織，而不是某組抽象教理或某部典籍。事實上已有研究指出，動輒訴諸教義來解釋宗教暴力的原因，在推論上其實是犯有把複雜的事

16　秦孝成著《論「宗教犯罪」與「利用宗教犯罪」之分界：以法律及心理學觀點》（臺北：世新大學法學院碩士論文，2007 年，論文導師是段重民教授），尤其第四、第五及第六三章，頁 55-167，當然「宗教犯罪」與宗教內部的違反戒律是完全不同的概念。

態簡化為教義之謬誤（theological over attribution）[17]，現舉例說明。

首例是80年代日本的批判佛教（Critical Buddhism），姑勿論「批判佛教」引發的教義爭議誰是誰非，也暫擱其訴緒既有教義，藉此作出由觀念到現實的直接因果推演來解答問題的方向是否合理。批判佛教認為，如來藏及本覺思想的錯謬理論，要為日本佛教現實上的種種嚴重操守問題負責。但釋恆清[18]、石川力山（Rikizan Ishikawa）[19]與傑奎琳・斯通（Jacqueline Stone）[20]都一致認為，教義詮釋是有開放性的，可供正、反兩面作解讀，就如同樣是本覺佛性說，卻成了曹洞禪僧內山愚童從事抗爭的教義根據[21]。何況利用本覺思想合理化不義，與本覺作為主要原因造成社會不義，兩者的界線其實並沒有想像中明確。

---

17 宋立道著《暴力的誘惑：佛教與斯里蘭卡政治變遷》（北京：中國社會科學出版社，2009年），頁14。

18 釋恆清著〈「批判佛教」駁議〉，《哲學論評》第二十四期（臺北：國立臺灣大學哲學系編，2001年），頁42-43。

19 Rikizan Ishikawa, "The Social Response of Buddhists to the Modernization of Japan: The Contrasting Lives of Two Soto Zen Monks", in *Japanese Journal of Religious Studies* Vol.25, Nos.1-2, 1998, p.106.

20 Jacqueline Stone, "Some Reflections on Critical Buddhism", in *Japanese Journal of Religious Studies* Vol.26, Nos.1-2, 1999, p.183.

21 曹洞宗禪僧內山愚童，同情社會主義及無政府主義，領導佃農以拒繳地租反抗政府，並公然否認國家主義，明治四十三年（1910年），因「大逆事件」被處死，並被當時曹洞宗革除僧籍，90年代因「批判佛教」事件，才獲「平反」。有關內山愚童與大逆事件，見 R. Ishikawa, "The Social Response of Buddhists to the Modernization of Japan", pp.98-105。

宗教文本每多有運用象徵符號作表達的傳統，其間象徵的字面義與背後的所謂實義之間的界線更為模糊，尤其所有宗教對於暴力或武力的應用，基本上都會有一套含糊而自相矛盾的說辭，其所指何義往往正反莫辨[22]，佛教亦非例外。先不論諸如像密教這種在象徵、現實及儀式之間，本來就存在較大程度多義性的系統，即便如顯教，也不乏這種不一致。例如儘管佛教教義以提倡慈悲聞名，大乘經、論對此更是強調，但就算是在最主流的經、論當中，也不乏這類矛盾的說法，大乘佛教「一殺多生」的概念即一例，「一殺多生」是指：「殺一人救多人也。殺生雖為罪惡之業，然殺一人，得生多數之人，則卻為功德」[23]，多部主流的大乘經、論都反覆出現這相同的觀點，例如《大方便佛報恩經》卷七：

> 有一婆羅門子，聰明黠慧，受持五戒護持正法。婆羅門子緣事他行，有五百人，共為徒侶。前至嶮路，五百群賊，常住其中。賊主密遣一人，歷伺諸伴，應時欲發。爾時賊中復有一人，先與是婆羅門子，親善知識，故先來告語。爾時婆羅門子，聞此語已，譬如人噎，既不得咽，又不得

22 Lester Kurtz, *Gods in the Global Village: The World's Religions in Sociological Perspective* (2nd ed., in the Series of Sociology for a New Century, Thousand Oaks, Calif.: Pine Forge Press 2007), p.245; Bernard Faure, Unmasking Buddhism (Chichester, U.K.; Malden, MA: Wiley-Blackwell 2009), pp.83-104.

23 丁福保編《佛學大辭典》（原刊於上海醫學書局，民國廿八年＝1939年，今用臺北佛陀教育基金會複印本，2007 年），頁 35 下。

> 吐。欲告語伴，懼畏諸伴害此一人；若害此人，懼畏諸伴沒三惡道，受無量苦；若默然者，賊當害伴；若害諸伴，賊墮三惡道，受無量苦。作是念已，我當設大方便利益眾生，三惡道苦，是我所宜。思惟是已，即便持刀斷此賊命，使諸同伴安穩無為。[24]

《瑜伽師地論》卷四十一：

> 如菩薩見劫盜賊為貪財故，或復欲害大德、聲聞、獨覺、菩薩，或復欲造多無間業，我寧殺彼墮那落迦，終不令其受無間苦，如是思維，以憐愍心而斷彼命，由是因緣，於菩薩戒，無所違犯，生多功德。[25]

北本《涅槃經》卷十二：

> 記仙豫王殺害世惡婆羅門，以其因緣卻不墮地獄。[26]

下文即可看到上述大乘經、論的引文，可被包括漢傳佛教領袖等佛教徒[27]，用作論證使用暴力的典據。即使在佛教內公認教義歧義程度相對較低，聲稱是早期佛教直接繼承者的上座部，也未能免於此。最戲劇性的例子是：眾所周知，上座部佛教戒律側重禁

24 《大方便佛報恩經》卷七（《正》卷 3，頁 124-166）。

25 《瑜伽師地論論》卷四十一（《正》卷 30，頁 517b）。

26 北本《涅槃經》卷十二（《正》卷 12，號 374）。

27 學愚《中國佛教的社會主義改造》，頁 365。

戒，所以一般比大乘來得明確而難有彈性，對於言行舉止等日常行為，指引非常具體，特別涉及如殺生這類嚴重的錯誤行為的定義經嚴密論證，其被絕對禁止的明確無疑，在文本解釋上似應是滴水不漏[28]，但實情卻遠非如是，內戰時期的斯里蘭卡僧團的文本教理解釋與其現實上的主戰態度之間的關係即一例[29]，即使公認相對溫和的泰國僧團亦不乏類似案例（見本書第七章）。

密教典籍中大量涉及性與暴力的符號，實義為何，即使在佛教內部，更是近乎不可化解的兩極化，符號到底作何解，往往更多受應用的場合與脈絡，及其使用者的需要所左右，即使將其解讀為在真實世界中使用武力，而非象徵意義，也不見得與教義絕對相違，在許多情況下，典籍近乎無法單憑其內容本身確定其意指何事[30]。

人病、法病之分的含糊不清，這在哲學上其實涉及一方法論疑難。簡單說，無論一套義理或規範系統，其實都是一個其確切

---

28 H. Saddhatissa, *Buddhist Ethics: Essay of Buddhism* (London: George Allen & Unwin 1970), pp.59-63. 又見 Rupert Gethin, Can Killing a Living Being Ever be an Act of Compassion? The Analysis of the Act of Killing in the Abhidhamma and Pali Commentaries", in *Journal of Buddhist Ethics* Vol.14, 2007, pp.166-202.

29 Iselin Frydenlund, *Canonical Ambiguity and Differential Practices: Buddhist Monks in Wartime Sri Lanka* (Doctoral Dissertation, Faculty of Humanities, University of Oslo, Oslo 2011).

30 David B. Gray, "Compassionate Violence? On the Ethical Implications of Tantric Buddhist Ritual", in *Journal of Buddhist Ethics* Vol.14, 2007, pp.238-271; 另見 Jacob P. Dalton, *Taming of the Demons: Violence and Liberation in Tibetan Buddhism* (New Haven: Yale University Press 2011) 導論章。

意義有待詮釋者開衍的文本。嚴格而言，超越詮釋與被詮釋的關係之外的文本自身，其實是無法構成在哲學上可被有效理解與討論的對象。換言之，文本一定是作為被認知或被理解的對象，在連繫於詮釋者的詮釋或解讀活動的前提下，其內涵才被彰顯出。但從事詮釋活動的詮釋者總有其個人的形成史、所身處的脈絡及面對的問題，並帶著此等脈絡與關切為背景來解讀文本。故此同一項事物，身處於不同脈絡時，往往形成意義不同，甚而完全相反的判斷或指引。所以據「人病」與「法病」的劃分來界定何謂「佛教的宗教暴力」時，看似明確可靠的界線遂呈現出大片灰色地帶，因為即使是「佛法」，也是一有待詮釋者的詮釋活動所開衍的對象，而不是一不解自明的客觀既與事實。

四、無限反求諸己之謬誤

這正如有佛教領袖曾舉出的比喻：一個僧人放棄依經教修習多時，才能成就的甚深禪定，從正安住其中的禪修起來，用適當的力量，甚而武力，制止在他眼前發生的一樁強盜（或官員）傷人及搶掠事件；同一個處境，但另一個僧人為了早日覺悟，於他眼前正在發生的同類事件，選擇繼續心平氣和地安住於其甚深禪定中，聽任受害者被搶、被殺而不顧。前者不是暴力，但後者卻是，且更可能是宗教暴力（在此姑且以「禪修的暴力」為題，下文還需要借助此喻，從另一個角度來說明另一個問題）。

傑奎琳・斯通（J. Stone）也注意到類似的處境，但說得更明確或徹底一點。她討論到「批判佛教」所處理的政－教關係時指出，在嚴酷的政治環境下，不惜一切地強調與禪觀實踐關係密切的純內在心性修養論，及其對政治－社會等現實環境的超越，確實可以「克服」因外在不義而起的情緒，把對外的怨恨從外轉向內心，這種無止境的「反求諸己」，要求自己一再接受現實的心態，其實在效果上可以作為具負面意義的意識型態，支持嚴酷的威權政治體制[31]。在上述二例當中，本來作為宗教踐行要務之一的禪修，單憑它的內涵本身及其在宗教生活中的意義，似應明顯與暴力無任何關係。然而，一旦被安放在不同處境當中，其實質意義可以被完全改變。尤其在「禪修的暴力」之比喻中，即使該僧人沒有絲毫主動的行惡意圖，但他恐怕仍需要為其袖手旁觀所造成本可避免的，對暴力的明顯默許及其招來的不幸，負上某種程度的道德責任。

還有一點值得注意，若把焦點放在人病與法病之辨上來作糾纏時，其討論方向極有可能最終被錯誤引導，掉進佛教群體內部才會特別關心，但卻無甚直接公共價值意義的小眾問題，亦即只知爭論與佛教戒律是否相違。尤其若佛教社群或組織未經歷過現代公共價值觀的充分洗禮，這種爭論到最後往往只淪為推卸責任的護教曲辭，而非關心社群在整體上的公正與否。畢竟前已指出，無論從邏輯可能性或經驗事實的角度來說，在佛教圈內被視為沒有違犯戒制的行徑，不見得就一定無乖悖於公民社會的基本價值，而在現代社會，後者才應是問題的基礎。

其次，定義何謂「宗教暴力」時，所出現的第二個迷思，是不少論者認為，必須要能夠充分證實宗教理念或動機是引發暴力

31　J. Stone, “Review Article: Some Reflection on Critical Buddhism”, pp.180-182.

事件的主因或單獨原因，這才算是宗教暴力，否則便不能視為「宗教暴力」。這種界定的方式在論證上缺點明顯：從客觀上這固然是難作嚴格直接驗證的領域，雖然旁證是可能的。何況，一樁集體及持久的宗教團體暴力事件涉及者眾多，到底應以何者為動機或理念為準？前一假說的邏輯是把現實上宗教與其他錯綜複雜無法分離，相互絞纏的因素不合實情地孤立出來，找尋導致暴力事件的所謂「純宗教」因素，但在現實的絕大部分案例當中，都不會有所謂「純宗教」因素，即使在人類歷史上毫無疑問地被公認，撥入宗教戰爭或宗教暴力的典型事例中，亦恐怕從未有過一樁是全沒有非宗教的元素涉及其中者。不管是古往今來的宗教戰爭、教族衝突或教會的宗教迫害，都同時涉及階級、種族、經濟利益等一系列非宗教因素，但完全不妨礙這就是宗教暴力，即使涉事的宗教人員與組織亦不會否認這是宗教衝突。

因此這種主張唯有純由宗教信念與宗教動機引發的衝突才算是真正的宗教暴力之論證方式，很容易誤導理解，鑽入爭論某暴力事件是否由「真正」或「純粹」的宗教因素所造成之死胡同。尤其在效果上，這種討論的進路其實存在一危險的陷阱，它會有意無意地在結論上都總似乎在減弱，甚或否認特定宗教在相關暴力事件中的角色，從而在邏輯上也會讓涉事宗教社群有說辭，推諉、否認、逃避，或淡化在事件中的角色，乃至相應的倫理或法律責任。

在宗教與政治、經濟、族群等其他成因共同構成衝突的複雜處境中，企圖為宗教介入暴力衝突之責任作辯護的立論都輕易犯有以原因（cause）誤當成理由（reason）的錯謬。所謂「原因」與「理由」，是指應然（should be）與實然（factual）之間，或規範性（prescriptive）與描述性（descriptive）判斷之間的區分。前者指在事實的層面，促成事態發展出某一局面的可能因果串，但後者卻是指直接促成某一局面發生的行動決定者，其舉措在操守上是否講得通（morally justifiable）。不管故意與否，在邏輯上以「原因」誤當「理由」所引發的可能結果是提供機會，以環境決定論將本來行動決定者應該承擔的責任推諉掉[32]。

另一點是，英文 violence（暴力）一詞在字面上很容易引導我們把它想像為個人及組織作出某種主動及直接的行動，因而造成不必要及不合理的傷害，例如宗教戰爭、衝突及迫害，這當然是佛教史上顯眼的一類，但是更多較不顯眼的情況，卻是佛教組織透過從體制上及意識形態上，有意識地漠視、默許、維護及資助不管是否淵源自佛教本身的暴力行為，從權力及體制上加強社會的不公。以前文「禪修的暴力」之比喻來說，暴力不僅是指主動作出傷害，也可以指出於宗教目的袖手旁觀地被動不加作為，默許事態惡化，間接聽任或直接造成損害時。

考之於大部分佛教的宗教衝突與暴力真實案例，其實並沒有真的構成別無選擇，完全被動的客觀環境。很大程度上依然取決於行動者或相關佛教組織如何認知事態及決定其行動，因而佛教組織還是需要為其行為負上主要責任。例如當代斯里蘭卡僧團右翼群體不擇手段地推動對非佛教徒的全面敵視之際，佛教族群在

32　筆者 2010 年 8 月於新加坡參加佛教學術講座，探討斯里蘭卡佛教僧人的好戰角色，間接造成近八萬人被殺，中國社科院世界宗教研究所有與會的某中國學者對此立論非常不滿，認為佛教學者應該對佛教有體諒與「同情的理解」，不應公開批評其「小毛病」，該學者提出其「愛護佛教」之結論時，所援引的正是這種以原因混淆理由的推論。

已是政治獨立的斯里蘭卡人口中占 70% 以上的主流多數，國內不存在威脅其地位的其他力量，這很難說是別無選擇的處境使然。

所以可把「佛教的宗教暴力」理解為「一個佛教傳統或組織，為謀取其合理或不合理範圍內的宗教利益，在明知其舉措對社會其他群體的人身或權益構成明顯而不合理之傷害的情況下，但仍漠視之而選擇強行作出相關行動」。此一說明故意採取用字上較寬鬆的表達，因而容許差異幅度較大的不同元素都可納入其中。此一說明企圖強調以下數點：首先，是從社群身分及宗教組織之社會學角度來界定宗教，這是因為「宗教暴力」的行動主體是落在社群、組織、網絡及資源上來說，而不是孤立地強調宗教觀念的特殊性。其次，前述說明的重心放在行為上，而不應只循動機入手，因為行為在後果上涉及對他人的客觀損害。第三，「宗教利益」一詞故意保持空泛，既可指抽象的信仰及意識形態，亦可指種種因宗教組織而有的現實利益。應該注意的是，兩層利益之間的關係並非單一模式的。若我們仔細考察佛教的暴力與衝突，部分經濟決定論的學者認為，一切宗教衝突最終都只是現世物質利益的爭奪這種機械論式的單一解讀，其實是很難充分說明成因各異的宗教暴力。因為在包括藏傳、日本在內等諸多佛教案例中，不單現世物質利益與宗教意識形態之間有極為緊密的交織，以致很難全無疑點地論證二者之間只有現世利益是目的，宗教意識形態唯屬手段或只是「說辭」，而不是真正目的之一[33]。

33 持經濟決定論解釋佛教宗教暴力之觀點，可見宋立道《暴力的誘惑》，頁 9。

因為不少衝突的案例確實存在真正意義下的教義及思想上的學術辯論，甚至是首先爆發教義辯論，之後加上其他因素，遂演變為暴力衝突或宗教戰爭，藏傳佛教即一例。第四，在此「謀取」及「舉措」二詞都是多義的，既可以是指主動的行為，亦可指被動地袖手旁觀，但就擱置前文所述的人病與法病之分作為處理宗教暴力的界說方式。

五、問題意識的拉鋸

華文佛教知識界普遍對佛教的宗教衝突議題陌生而不知如何回應，更遑論一般佛教信眾。未意識到此的佛教知識社群首次遇上此問時多斷然否認，但當具體案例的展示而無法迴避時，會由單純否認事實，轉為或以被誤導或利用作回應以否認佛教的責任角色，甚至相關佛教群體成了無辜而沒有責任的受牽連者。問題是，縱使宗教被政治利用而捲入衝突，但當事態訴諸暴力時，即使佛教局內者角度也會知道瞋（krodha）、害（vihiṃsā）或殺生（prāṇātighātād）已與戒行相違。何況如日本二戰時的護國佛教或蘭卡的佛教好戰群體，不單談不上官方或政客「利用」佛教，反而是佛教組織主動投身推動政治及社會局勢的惡化。

而斯里蘭卡僧團的激進群體是引發長達三十年的全面內戰的推手之一，他們破壞蘭卡獨立時政治上採納民主制度所欲建立的開放性，卻使大部分政黨最終皆伏首聽命於僧人集團，並造成教族嚴重對立。部分僧人自獨立的半個世紀以來，均在衝突的前線推波助瀾。故此佛教捲入這些暴力事件，既非被利用，亦不是無奈與被動、身不由己地發生，卻是主動地介入之，因而有其更大責任。如果不是僧人的集體行動，蘭卡的種族關係恐怕不會如此惡化與失控。

佛教社群面對佛教的宗教暴力之質詢的另一類回應是把真實社會宗教組織的操守問題，轉換脈絡為訴諸相對空泛的，對人性的形上學式討論，迴避正面處理問題[34]。訴諸空泛的普遍人性缺憾，該等模稜兩可的說辭其實對於嚴肅理解佛教何以涉身宗教暴力，可說是幫助不大。在不少佛教的宗教衝突和暴力案例中，無論參與者的數目或其影響力，佛教徒都不在少數，很難說那並不代表佛教。這還涉及佛教徒應如何理解自己宗教身分當中的集體向度，即不同的佛教傳統之間，應該如何看待對方在現實中所發生的宗教暴力狀況，這對於佛教領袖與知識社群來說，其實皆不能以沉默或托辭「不知道」[35]來迴避問題。

---

34 例如稱「那是到處都一樣的普遍人性缺憾」、「其他宗教也有這些缺憾」、「不代表全體佛教的少數佛教徒所為」或「有重大貢獻的佛教難免有小毛病」等。

35 本身是佛教徒的美國佛教學者莎莉・京（Sallie King）2009 年 5 月時曾告訴筆者使她深感困擾的一個場景。她年前參加在泰國曼谷舉行的佛教學會議，當中大部分與會者是亞洲學者，且多是佛教徒，包括頗多僧侶。她於會議討論過去三十年斯里蘭卡內戰期間，佛教民族主義的狂熱僧人不遺餘力推動戰爭，及擋礙和平進程的角色。她隨即詢問現場與會聽眾，如何看待此事，乃至詢問會否覺得同為佛教徒，是否有道德責任去回應斯里蘭卡僧人的行為。但被詢的現場佛教學者對此被推到眼前的詢問，採取不回應及集體沈默的態度。對同為東南亞上座部一脈的其他國家的佛教徒而言，很難說不知此事，但在華人世界，雖然有少數學者有對此作研究，但單純就華人佛教界的一般信眾而言，對斯里蘭卡僧人的宗教暴力角色確每多無知。然而莎莉・京對此的追問是：「這到底是真的未意識到事實，還是有意識地選擇不想意識到此事」。

特別就後者「不知道」一點來說，在此硬把華人佛教徒說成是對此麻木不仁，這恐怕是不公道，但這種無知多少是間接與華人佛教社群慣於視佛教與公共或政治生活無涉的假定有關，從而間接使佛教社群選擇不去面對這類事。此外，對托辭「不知道」的質疑其實並非完全沒有根據。因為在斯里蘭卡內戰高峰期間，有多批留學當地的華人佛教徒，其實是蘭卡宗教暴力的現場見證者，對事件的因由及情況有所認知，私下亦對右翼僧人的行為不能苟同，但出於政治等原因，仍多選擇對蘭卡的佛教民族主義帶來的暴力與血腥保持沉默，迴避不提僧人的好戰態度及其在內戰中的角色，而只是讚許佛法在蘭卡何其隆盛。

引申的疑問是：佛教社群也許不會認為，只因為同屬佛教一員，卻要為其他佛教傳統的操守負責。但如果暴力是由某佛教傳統在取得成員的廣泛認同下，以佛教的宗教身分所作出，其他佛教傳統刻意保持集體沉默，或依然大力渲染「佛教與宗教暴力絕緣」之假說，這無疑就負上起碼在態度上贊成其暴力行為之責。這一涉及社群對集體暴力的道德責任之難題，無法在此三言兩語簡單解決，但它在現代政治哲學上是有廣泛討論的重要議題[36]，都可以作為重要參考，幫助佛教理解在共同參與的集體暴力中，不同角色是有不同級別和類別的相應責任。

上述困局背後的根本癥結，其實還是回到佛教知識社群，在

36 德國哲學家卡爾・雅斯培（Karl Jaspers）及漢娜・阿倫特（Hannah Arendt）其實對此都有專門的政治哲學分析，雅斯培提出政治、道德、刑事及形上四種不同罪責（Schuld）來辨別當中的差別。雅斯培是在《德國的罪責問題》（*Die Schuldfrage*，英譯是 *The Question of German Guilt*, New York: Fordham University Press 1947）一書中提出有關分析。

面對有關佛教涉身宗教暴力時，有否正視問題，而不是只知對宗教身分的自我防衛，這反映的也許是佛教文明在受現代公共價值觀洗禮的程度上，恐怕仍然落於主流社會平均水準之下，而且也普遍落後於現代西方宗教內的知識階層[37]。現代基督宗教是如何面對其歷史及現實當中的陰暗面，其實是可供佛教作參考，來思索佛教可以如何面對操守問題。平情而論，與其把當代基督宗教這種相對較坦誠及成熟的態度，籠統地歸因於基督宗教教義本身，倒不如說是基督宗教經歷現代世俗公民社會上百年政－教分離的漫長洗禮與不斷受衝擊與教育後，才能成長過來[38]，凡此皆堪作佛教在面對現代社會的參考。

即使否認佛教涉身宗教暴力有道德正當性可言，但純粹以「這不符佛法」來劃清界線，對於理解佛教何以介入暴力事件，

---

37 只要把前述佛教社群對有關佛教宗教暴力提問的各種常見回應方式，與現代西方基督宗教面對類似質詢時之反應作對照，兩者對現代世俗公民社會價值觀消化的徹底程度之差距，即能清楚反映出來。今天的基督宗教不可能在面對當年宗教裁判所迫害伽里略及哥白尼等人，及參與帝國－殖民擴張之質詢時，以「只是人性的普遍缺憾」、「其他宗教也有這些缺憾」、「只是少數基督徒所為，不能代表基督宗教」，甚或以「迫害他人的行為不符基督教義，所以曾從事宗教迫害的教士不是真正的基督徒，基督宗教不必為他們的行為負責」為藉口，就可把基督宗教的責任隨便打發掉。

38 限於主題、能力和篇幅，筆者不能在此討論天主教如何消化現代文明之衝擊，中文的入門介紹書可參考卓新平著《當代西方天主教神學》，頁90-147，及王美秀著《當代基督宗教社會關懷：理論與實踐》，兩者同屬《當代基督宗教研究叢書》（上海：上海三聯書店，1998 年及 2006 年）。但無論如何，今日的天主教會將其在歷史上犯下的各種錯誤例入神學院課程內，作公開討論。

及預防它再發生，實際上也是沒有意義的，因為即使只憑常識，也知道這是不能接受的。這種廉價的回應方式，並無助於理解問題，亦不足以在智性上吸取教訓與省思，以預防重蹈覆轍。不少直接發生於宗教身上之暴力，其嚴峻程度甚至可以墮於正常世俗社會的道德底線之外，佛教亦非例外，佛教的知識社群其實有責任探索背後的原委與徵結，一句廉價的「有違佛法」並不能草草了事。

六、「批判佛教」的啓發和教訓

例如在 80 年代引爆「批判佛教」的町田宗夫事件，事態發生伊始，日本曹洞宗負責人，宗長町田宗夫在 1979 年 9 月於「第三回世界宗教者平和会議」的國際性宗教會議上，作「差別発言」，公開否認日本存在歧視部落民的制度，也公開否認佛教參與其事。從而在回國後，引發佛教內、外及日本社會的強烈抗議，町田宗夫為此多次向教內外及公眾公開道歉，但曹洞宗成員並不滿意於宗長只是單純作公開道歉，因為這種廉價的承認錯誤，完全無助於改變造成現況的結構，也完全無助於預防同類事件的再發生。唯有對事件背後的成因進行中立的調查與認知，才是正確對應問題的第一步。曹洞宗總本山意識到事態嚴重，因此遂在 1984 年 12 月成立曹洞宗的「人権擁護推進本部」及「教學審議會第二專門部會」，授權學僧袴谷憲昭及松本史朗等八人為委員，專責審查曹洞宗教義可能支持社會歧視的意識型態根源，從而成立「批判佛教」的雛型。

曹洞宗總本山對事件的反應與處理，及對事件背後可能涉及的意識形態深度之警惕，反映曹洞宗顯然認為，不應以個人操守的偶然錯誤之思路，把事件隨便打發掉，而是應該把事件的根源提上集體責任的層面，作為結構問題來處理，因而使事件的普遍意義和問題的思考深度得以大幅提升。此舉並為現代佛教面對類似的操守缺陷，應持何種負責的態度和解決問題的實質措施，提供兩點基本參考：首先，整個宗派的高層，及當中的知識群體對事件採取較負責及認真深思的態度。其次，是應如何進行反思。

第一點，如剛才所指出，曹洞宗對事件公開的善後處理，反映他們注意到即使是真誠地對事態感到的抱歉或懺悔，其實是遠不足夠，因為簡單素樸的後悔，未足以理解觀念與意識形態在事件的結構背後所起的複雜作用，縱使今天對過去的錯誤之懺悔是真誠的，但欠缺對問題的智性理解，其實不足以在將來循公共理性的層面起預防之效。故此對事件的原委進行理解才是踏出深化懺悔的第二步。

至於第二點，是應如何進行反思。以「批判佛教」對日本佛教參與政治暴力的省思為例，誠若同情「批判佛教」的批評者威廉・拉弗勒（William LaFleur）指出「批判佛教竟然對日本學界早已有不少重量級學者處理過日本佛教在政－教關係上的問題一無所知」[39]。「批判佛教」最後只知怪罪如來藏思想，這一塵封的答案與虎頭蛇尾的結局，充分反映他們始終不理解他們所面對政－教關係的困擾，是一個涉及國家權力與公民社會（Civil Society）之間張力的現代問題，超過任何傳統教義的論域以外，

---

[39] William La Fleur, “Review of *Pruning the Bodhi Tree*”, *Japanese Religions* 26 (2), 2001, p.197.

事實上傳統佛教教義對這種典型現代問題根本無解，把爭論焦點轉移為何謂「真佛教」實乃鑽進「死胡同去逃避真正的問題」[40]，完全不勝任解答在現代世界中，佛教應該如何定位宗教與公民社會和國家政權之間的關係。

其實，兩位專攻傳統日本佛教政－教關係的馬克思主義學者永田廣志及黑田俊雄，早在 1968 年及 1975 年所分別出版的《日本封建制意識形態》[41]及《日本中世之宗教與國家》[42]，即已根據田村芳朗（Tamura Yoshirõ, 1921-1989）判斷東亞佛教有強烈「現實肯定」之傾向[43]，再輔以對政－教體制的馬克思主義分析，而得出相同的結論，指日本中世佛教體制普遍對現實採「絕對肯定」的「惡平等」態度，合理化社會內部的不公平或制度化

---

[40] R. Ishikawa, "The Social Response of Buddhists to the Modernization of Japan", p.106.

[41] 永田廣志著，劉績生譯《日本封建制意識形態》（《日本封建イデオロギー》，北京：商務印書館，2003 年），頁 139-140。

[42] 黑田俊雄是日本學界這一領域的權威，撰有系列專著。見黑田俊雄著《日本中世封建制論》（東京：東京大學出版會，1974 年）。他的其他相關論著尚有《中世寺院史の研究》（東京：法藏館，1988 年）、《權門体制論》、《顯密体制論》、《顯密佛教と寺社勢力》、《神國思想と專修念佛》、《中世莊園制論》及《中世共同体論》，收於《黑田俊雄著作集》（京都：法藏館，1994-1995 年）第一到第六卷。

[43] Yoshirõ Tamura, "Japanese Culture and the Tendai Concept of Original Enlightenment", *Journal of Japanese Religious Studies* Vol.14, Nos.2-3, 1987, pp.203-206；作者另一論文 Y. Tamura, "Critique of Original Awakening Thought in Shoshin and Dogen", *Journal of Japanese Religious Studies* Vol.11, Nos.2-3, 1984, pp.243-266。田村芳朗對日本佛教絕對一元論與惡平等之詳盡討論及批評，見其《絕對之真理：天台》（釋慧嶽中譯為《天台思想》，臺北：華宇出版社，1988 年），其中頁 37-41。

的歧視，最明顯的例子就是觸發「批判佛教」運動的日本「部落民」問題[44]。可惜的是，「批判佛教」並沒有借助這立論跨越其知識及價值視野的限制。

「批判佛教」的失敗教訓充分說明，對佛教歷史當中暴力向度的徹底思考，必須打開一個讓佛教內、外可以進行公開對話的平臺，藉此讓佛教以外，比佛教更理解現代社會各類議題的其他現代知識系統進入佛學的探討，幫助佛教從知識上理解他們既有的傳統在面對現代世界時，無論在教義、制度及視野上，是因於何種不足與缺陷，才造成組織及集體的操守危機，例如與明治以後完全屈服於國家主義所致。佛教唯有如此才算面對暴力問題，並真正思考其應對之道。

七、佛教宗教衝突的多樣與異質

宗教元素可以在一個情況下是導致暴力的主因，但在另一個情況下是共謀或從犯。因此，即使宗教元素在涉及佛教的暴力中不是主因，卻不見得佛教就可以完全擺脫與暴力事件的關係與責任，因為它可能起著助緣的角色，故不見得在造成暴力衝突上，有關的宗教組織就全無責任可言。宗教暴力在不同的歷史或社會處境，會與不同的意識形態互動與結合，尤其在當代，隨著政－教關係模式的重大改變，佛教的宗教暴力，每由傳統在政－教合一的神權政治及君權神授體制下，以教派之間的宗教戰

44 Robin Habito, "The Logic of Nonduality and Absolute Affirmation: Deconstructing Tendai Hongaki Writings", *Journal of Japanese Religious Studies* Vol.22, Nos.1-2, 1995, p.85.

爭及教權政治的體制化暴力為主要模式，漸漸轉換為在現代世俗化政體及後殖民處境下，出現佛教的宗教民族主義（religious nationalism）、原教旨主義（fundamentalism）及國家主義框架內的護國佛教，乃至由此所引發的民粹式的群眾宗教極端主義（religious extremism）及恐怖主義等。宗教在引發、維持或惡化暴力事態之角色，可以是或主或副、或顯或隱，尤其在最近廿餘年，隨著世俗化的退色（de-secularization）或宗教回歸（return of religion）成為一個普世現象，宗教雖然不會再以教權時代的特有方式展現暴力，但這並不表示宗教暴力不會更新為其他方式後再爆發出來。

認為佛教從來與宗教暴力無關的想法，常與另一同屬陳腔濫調的觀點串在一起，即所謂「佛教與政治無關」，無論這政治指的是什麼意思。但事實上，佛教宗教暴力與其政治角色是有密切而直接的關連。漢傳佛教好標榜佛教無涉政治，但其實並不符史實，藏傳佛教幾乎所有主要教派都曾是政－教合一制下的宗教政權，因而藏傳佛教史上的教派戰爭或其他宗教暴力衝突乃屬常事，僧兵組織更是普遍存在。近似的情況亦發生在日本，自八世紀以降，不同教派與各級政權關係密切，從而造成其教派戰爭的規模、密度、普遍度及持久程度比之於藏傳佛教恐有過之，而無不及。就是上座部佛教的僧團，亦從來未與政權脫離過在施供關係的基礎上建立的，謀求政權特殊保護，也為政權提供意識形態上的支持[45]。故此不應把作為個人信仰之佛教，與作為社會組織

45　Donald K. Swearer, *The Buddhist World of Southeast Asia* (SUNY Press 1995), pp.63-106。緬甸見麥爾福史拜羅（Melford E. Spiro）著，香光書鄉編譯組編譯《佛教與社會：一個大傳統並其在緬甸的變遷》（*Buddhism*

之一的佛教混為一談，不應把教徒個人在主觀信仰感覺上自以為未涉政治，誤當為佛教組織在現實社會中，也真可以隔絕在政治環境之外。

傳統的宗教戰爭或教派戰爭既可以是代理戰爭，也可以是由僧侶主導或親身上陣，實際參與的教派暴力，同時又可以反過來作為不同教派背後，施主之間世俗爭鬥在宗教教派上的反映與延續。宗教的暴力爭鬥固然涉及宗教組織對世俗資源與利益的爭奪，卻也涉及價值觀的意識形態競爭。另一方面，佛教的宗教暴力，不盡然是指諸如僧兵教派戰爭的互相討伐，也指僧團或信仰集團以宗教來主導、參與或維持對思想的禁制、對外的政治－社會壓迫及經濟剝削。例如日本寺院的屬民制度連帶維持對部落民的歧視，就是維持社會不義的壓迫性體制。

在現代，佛教的宗教暴力每多與國族主義掛鈎，但其角色仍然各異，例如明治維新以降，迄二戰終戰止的百年之內，日本佛教以「護國佛教」的方式，逐漸參與日本軍國主義體系的形成及對外侵略，但斯里蘭卡的上座部佛教則以宗教－民族主義的方式，作為主流而仇視國內的非佛教徒群體，並挑動內戰。

諷刺的是，現代的國家主義體制及相應的民族主義，其意識形態底蘊本來是一種由種族、語言或文化論述所編織成的世俗版實體論或本質主義（essentialism），在最根本的存有論立場上，與佛教哲學立場直接矛盾，因為典型的民族主義強調的是種族、語言或文化作為國家的實體或本質，所渲染的正是其獨立自足、

---

and Society: A Great Tradition and its Burmanese Vicissitudes, London: Allen & Unwin 1971，嘉義：香光書鄉出版社，2006 年），頁 642-668。

永恆不變及其根源性。但佛教在面對現代佛教大規模宗教暴力的意識形態基礎的佛教－民族主義時，不單沒有能力辨認出在民族主義背後與佛教哲學衝突的實體論立場，甚至這些佛教傳統乾脆自己變成變相實體論的狂熱倡議者。同時，在面對殖民統治過後所遺留的制度缺陷，這類僧人不單未能以佛教教義作出有建設性的妥善化解，反而透過進一步挑撥教族對立，煽動仇恨，造成其不義與殘酷的程度比殖民主義階段遠有過之而無不及之社會局勢。這反映不少佛教傳統在面對在現代世界公認是召集及組織大規模暴力最鋒利的意識形態武器時，沒有思想的抵禦能力可作招架。佛教哲學歷來的頭號克服對象是實體論，但部分佛教傳統在面對現代世俗版的實體論時，可說是潰不成軍。

八、政治暨國際關係：
佛教宗教衝突研究的新可能

從研究方法來說，前文的討論雖非教義學式的（theological）探討，但還是兼有作佛教價值觀的剖析。然而，在冷戰結束後的廿餘年來，族群暴力衝突有惡化的趨勢，宗教組織往往是其中一種關鍵的跨境網絡，既能加劇與加速衝突，但若協調與合作得宜，卻又是預警、預防及彌補關係的重要系統，加上宗教極端主義及宗教恐怖主義，所以近年宗教在暴力衝突與和平重建中的雙重角色，漸受研究國內及地區安全的政治或國際關係學界的重視。

對於宗教在當代國際關係的政治回歸及連帶對衝突與和平的影響，研究宗教與國際關係的學者斯科特・湯瑪斯（Scott M.

Thomas）論及全球宗教復興（the global resurgence of religion）之現象時指出，宗教信念、實踐、話語、宗教人物、團體、政黨、社區和組織等，在國內或國際政治生活，對個體與公共領域的影響與重要性日形增長[46]。現代以來，西方學界的國際關係研究因為是以世俗的現代主權國家為基本預設，宗教議題一直被完全忽視。但前述衝擊，促使宗教在現代國際關係的重要性重新受到正視[47]，重新進入政治學（political science）和國際事務研究（international affair studies）的視野，學界因而已逐漸建立起探討現代世界宗教衝突與暴力的系統理論。

但由於不同原因，佛教的案例所受到的關注程度，迄今不及其他宗教。典型佛教研究背景的學者在佛教的宗教衝突與暴力問題的著眼點，還是偏重教理與文化的剖析，現實感尚嫌不足。而前述的政治學和國際事務研究對宗教衝突所形成的問題意識和分析結構，提供了能夠更有效率地切中問題的進路，其形成的立足點、問題意識及研究方法，皆堪為關注佛教的宗教衝突議題的研究者借鏡參考。

只是在現階段，佛教學界不熟悉政治暨國際關係學界的研究進路，反過來說，政治暨國際關係學界研究宗教議題時，更傾向以其他宗教為例，對佛教案例的研究仍欠充分，這種偏頗又以華

---

46 Scott M. Thomas, *The Global Resurgence of Religion and the Transformation of International Relations: Struggle for the Soul of the Twenty-First Century* (New York: Palgrave MacMillan, 2005), pp.28-32.

47 徐以驊著〈導論：國際關係的「宗教回歸」〉，氏著《宗教與當代國際關係》，徐以驊編《宗教與當代國際關係論叢》，上海：上海人民出版社，2012 年），頁 1-6。

文學界比西方學界來得明顯，而在華文學界中，又以中國學界最嚴重，所以才會出現本章一開始所引述多位有代表性的中國佛教學者的言論。雖然在同一階段，中國的國際關係研究已迅速跟上西方學界的步伐，以其他宗教為例，深入探討包括在當代國際關係的視野下，宗教功能單位與地區暴力衝突之間的關係[48]等直接觸及宗教衝突與暴力之議題。凡此種種，都是當學界真正開展對佛教的宗教衝突之研究時，所亟待認真思考與吸納的進路。

從研究所需的原始資料來說，有關佛教的宗教衝突與暴力之事實的史料，其實亦遠沒有想像中罕見，只是它通常都是零散地分布及夾雜在各種並非以佛教為主題的文獻當中，例如地方誌、政府文件、官員報告、私人歷史筆記等。另一方面，雖然對佛教史上宗教暴力問題的專書或專題研究，確實是近十年才在佛教研究的學界漸漸浮現，但在此以前，很多其他領域的學者在處理其他議題時，其實早已不同程度地觸及過佛教的宗教暴力，只是沒有開宗明義地以「佛教的宗教衝突與暴力」為專題，對之展開深入而系統的專項探討而已。

目前專研佛教宗教暴力，尤其涉及當代個案的學者，每多屬研究殖民及後殖民問題、民族主義、以政治－經濟及社會問題為主線的東南亞或南亞區域研究（Area Studies）、發展中國家的現代化（modernization）、歷史學、藏學等的社會科學學者，佛教研究（Buddhist Studies）的學人在此類問題上反而有點後知後覺，而近年多部相關專著的出版，也只限於西方及日文學界。華

48　章遠著《宗教功能單位與地區暴力衝突：以科索沃衝突中的德卡尼修道院和希南帕夏清真寺為個案》（《宗教與當價國際關係論叢》，上海：上海人民出版社，2014 年）。

文學界對此仍然甚陌生，即使華文的佛教知識界仍多未意識到這問題，遑論消化，這尤以中國學界為甚，就算學界有意正視此類議題，但仍會遇上體制與意識形態的綑綁而卻步。

出現研究與實況之間的學術落差，除了部分研究者把個人私下的信仰與研究混為一談，從而對其研究態度構成干擾之外，還涉研究者所掌握的知識工具及其所具有的知識結構，這是另一個左右著研究者智性視野的關鍵元素。一般來說，以義理及典籍作為其研究之主軸的學者，對於觀念世界以外的佛教實況之理解其實都是較薄弱的，但若在處理義理的過程中，隨著問題發展之需要，而移步進入觀念與現實交織的領域時，往往因不具備所必需的社會科學（Social Science）能力，有時甚至是在連對此之意識也欠缺的情況下來展開討論時，立論每多難使人信服，前文論及「批判佛教」即為一例，遑論像「佛教的宗教暴力」這類與真實世界關係極為密切的佛教議題時，更見明顯。具有其他人文及社會科學知識背景的學者，當他們研究「佛教的宗教暴力」時，無論在情感上及知識能力上，往往比典型的佛教學者更勝任於對問題的客觀剖析。

結　語

因此在界定何謂「佛教宗教暴力」時，有不同的程度、角色、性質與型態。最嚴重及明顯的一端，當算衝突的規模、組織動員的能力及使用武力的程度，已達全面軍事化之宗教戰爭，其次是教族之間尚未達軍事動員的暴力衝突。再者是強勢的宗教教派或集團，運用各種影響力及手段排斥或壓制弱勢的另一宗教群體。此外，宗教組織參與或資助原本屬非宗教性的暴力衝突、政治壓制及經濟剝削，並借助在意識形態上把不義神聖化，來加強其現實上的不公。即使同樣是宗教暴力，這些在不同的政治、歷史及社會處境當中發生，不同形態的宗教暴力，其性質、結構、作用、意義及造成的傷害方式亦各不一樣。而綜觀整個佛教文明史，沒有哪一類宗教暴力是佛教所沒有的，這一切都有待學界的進一步深入探討，更有待佛教知識界參與討論。

本章在此力陳佛教宗教暴力之存在，其目的不在把涉及佛教，但成因複雜的宗教暴力衝突，簡單歸結為佛教。但在不少案例中，佛教組織確因其角色，使局勢大幅惡化成不可收拾的災難。就此一點來說，造成或促推進衝突的佛教傳統，當然是有其責任，而對於與事件無直接關係的其他佛教傳統，尤其僧團的領袖與精英階層，其實仍然有某程度的間接責任去理解有關事態，而不能繼續渲染佛教與宗教暴力絕緣，或諱莫如深地沉默於佛教的宗教暴力。

此外，從對問題之本質的認識上來說，涉及佛教的宗教暴力與衝突實每多只是病徵（symptoms），大部分情況下，其背後有更為結構性的真正癥結，往往涉及政－教關係等諸式狀況，這對於當代有過殖民創傷的佛教傳統，尤其如是。如果不將佛教的宗教暴力放在政－教關係或族群關係的框架下來作結構性的探討，而只是單純循違反戒律與否等傳統局內者角度作討論，其結果恐怕將既無助於對現象與問題的理解，更遑論其解決，無論這是指事先的預防，或事後的和解與補救。而這一切，都有待學界在知識層面，及教界在社會層面的宗教實踐中加強交流與彼此支持方能成事。

第六章　佛教的宗教衝突和暴力：國際學界研究現況回顧

引　言

國際學界在近二十年，日漸重視對佛教所引發的宗教暴力與衝突的研究，西方及日文學界各有起碼 30 和 15 冊學術專著，換言之有多達近五十冊相關論作，從事遍及梵、巴、藏、漢、日佛教傳統的宗教衝突與暴力的研究。這些研究顯示，佛教以各種角色與方式涉身宗教衝突的情況，無論在歷史或現實上皆不罕見。本章以不同佛教傳統為線索，綜合說明相關專著，同時也是上一章〈「佛教的宗教衝突和暴力」是如何成為學術議題？〉的續篇。

一、概論著作

單純循學理探討「佛教暴力觀」之研究不算罕見，但對其間不一致或歧義之處的批判性探討，則是在關大眠提出所謂「佛教倫理學」這概念之後，才逐漸出現。期刊如《佛教倫理學學刊》（*Journal of Buddhist Ethics*）、《國際佛教研究學會學報》

（*Journal of the International Association of Buddhist Studies*）常有論文探討佛教與暴力之間的各種議題。例如魯珀特・格辛（Rupert Gethin）據阿毘達磨及巴利諸註書分析殺生是否可能不違慈悲[1]，斯蒂芬・詹金斯（Stephen Jenkins）據大乘義理探討慈悲殺生的功德[2]，大衛・格雷（David B. Gray）從佛教密教儀式的倫理含意探討慈悲的暴力之可能性[3]等，對佛教暴力觀內在張力之探索，皆頗富理論意義。

邁克爾・齊默爾曼（Michael Zimmermann）等三氏所主編，以佛教與暴力為主題的論文集[4]，是學界首部綜合地探討此一議題之論著，其內容本來是國際佛教研究學會 2002 年 12 月在曼谷舉行的第十三屆三年會上，佛教與暴力（Buddhism and Violence）專題委員會的與會論文。組成該集的八篇論文議題多樣性較高，諸文之間是以「暴力」概念作串連，主題略嫌鬆散，但每一論文本身則仍富意義。內容包括佛教的自殺觀、善心的惡僧與寺院暴力的義理根據、在瀆聖與神聖之間的解脫（sgrol ba）概念、由

---

1 Rupert Gethin, "Can Killing a Living Being Ever be an Act of Compassion? The Analysis of the Act of Killing in the Abhidhamma and Pali Commentaries", *Journal of Buddhist Ethics* Vol.11, 2004, pp.168-202.

2 Stephen Jenkins, "On the Auspiciousness of Compassionate Violence", *Journal of the International Association of Buddhist Studies* Vol.33, No.1-2, 2010 (2011), pp.299-331.

3 David B. Gray, "Compassionate Violence? On the Ethical Implications of Tantric Buddhist Ritual", in *Journal of Buddhist Ethics* Vol.14, 2007, pp.238-271.

4 Michael Zimmermann etc (ed.), *Buddhism and Violence* (Lumbini International Research Institute 2006).

藏傳僧人刺殺達朗瑪所引發有關「慈悲殺戮與解除衝突」的倫理詢問、鈴木大拙與日本軍國主義之間的關係、傳統日本佛教與動物的宰殺，及佛教論國法中的刑罰問題等。

著名禪宗史學者伯納德・弗端（Bernard Faure）在 2009 年出版一部只有 159 頁，題為《揭開佛教的面目》（*Unmasking Buddhism*）的導論式小冊子[5]，目的是深入淺出地對流行的佛教美好形象，作出簡要但不失綜合性的顛覆，他本來是指西方大眾，但東方同樣適用。該書第三部分〈佛教與社會〉的首四項探討佛教是否總是寬容、慈悲、和平及平等之宗教，因為這四者廣被認同為「佛教特質」，但考之於佛教典籍及其文化、歷史，皆會遇上嚴厲質疑，他廣泛援引各種材料與案例，以論證佛教真實面貌遠來得複雜、矛盾及多變。另著名的德籍唯識文獻學家蘭伯特・舒密特候遜（Lambert L. Schmithausen）在以南亞文化史的暴力論述為主題的論文集內撰文討論佛教對戰爭的態度[6]。

但在討論當代的佛教相關衝突時，傳統觀念只扮演部分角色，其他的因素更多是當代的問題，所以必須另作考慮。2010 年出版，由邁克爾・傑里遜（Michael Jerryson）及馬克・榮根斯邁爾（Mark Juergensmeyer）主編的論文集《佛教戰火》（*Buddhist*

5　Bernard Faure, *Unmasking Buddhism* (Chichester, U.K.; Malden, MA: Wiley-Blackwell 2009), p.159.

6　Lambert L. Schmithausen, "Aspects of the Buddhist Attitude towards War", in Houben J.E.M., Kooij K.R. van (eds.), *Violence Denied: Violence, Non-violence and the Rationalization of Violence in South Asian Cultural History* (Leiden: Brill 1999), pp.45-68.

Warfare）[7]是英文學界首部以佛教的宗教戰爭為專題的綜合性研究。此前出版的都是特定佛教傳統介入的特定戰爭或暴力衝突，例如當代斯里蘭卡和二戰階段的日本佛教，但《佛教戰火》這論集盡量包括所有傳統[8]。佛教在當前全球冒起的宗教民族主義及宗教暴力中，本來就是重要一員，但歷來學術分析都低估佛教的衝突傾向，此一論文集提供對此之綜觀考察。八篇論文涉及三大佛教傳統和多個主要亞洲佛教社會，如日本、中國、泰國、韓國、斯里蘭卡、西藏及蒙古，同時兼顧古、今不同案類，其論文的特殊著眼點是暴力在宗教實踐上的意義，而這正是宗教暴力異於一般世俗暴力之處。

年前出版另一部有日、韓、泰等多位亞洲學者參與撰文的論

---

7 Michael Jerryson and Mark Juergensmeyer (ed.), *Buddhist Warfare* (New York: Oxford University Press 2010).

8 論文集的編者之一馬克・榮根斯邁爾（Mark Juergensmeyer）是專攻當代全球宗教極端運動以暴力衝擊世俗社會的學者，撰有近十部相關論著。其中數部其實可作為研究當代佛教暴力的宏觀參考，畢竟這有其當代全球共通的大背景，不能純作孤立個案或地區現象來看待，這包括他早在 1993 年出版的《是新冷戰嗎？宗教民族主義與世俗國家的對撞》（*The New Cold War?: Religious Nationalism Confronts the Secular State* Berkeley: University of California Press 1993）、2000 年出版的《上帝心靈中的恐怖：全球冒起的宗教暴力》（*Terror in the Mind of God: the Global Rise of Religious Violence* Berkeley: University of California Press 2000）及 2008 年出版的《全球反撲：由基督徒民兵到阿蓋達，宗教對世俗國家的挑戰》（*Global Rebellion: Religious Challenges to the Secular State, from Christian Militias to al Qaeda* Berkeley: University of California Press 2008），以上三書是《宗教及社會比較研究叢書》（Series of *Comparative Studies in Religion and Society*）5、13 及 16 號。

文集，以現代亞洲佛教的好鬥取態為線索，探討佛教與暴力[9]。該論集著眼於教義的思路和亞洲社會－政治處境兩點，來探討現代政治脈絡下，佛教教義、民族主義及佛教作為國族身分之間的關係，以理解現代亞洲佛教對待武力與戰爭的態度。

以下根據東南亞、東亞及內亞的南傳、漢傳及藏傳三系佛教，對有關佛教宗教暴力研究現況作回顧，討論偏重歷史及當代事態，學理評論則較簡約。每一者都包括案例、前期研究及專書研究三點，特別簡要勾勒每一傳統內有代表性的佛教宗教衝突與暴力案例，望有助華文佛教知識界認識這一議題。

宗教在現代政治激進主義（radicalism）與以暴力呈現的宗教極端主義（extremism）是兩個不同的觀念，不宜混淆。期刊《政治、宗教及意識形態》（*Politics, Religion & Ideology*）在 2014 年有以「激進和革命佛教的思想與行動是否有違和諧？」為題的專輯，篇幅 140 頁[10]，案例有日本明治時期激進禪宗的政治反叛[11]、《大乘起信論》的無政府主義[12]、佛使比丘（Buddhadasa

9 Vladimir Tikhonov and Torkel Brekke (ed.), *Buddhism and Violence: Militarism and Buddhism in Modern Asia* (in *Series of Routledge Studies in Religion* 19, New York: Routledge 2012).

10 *Politics, Religion & Ideology*, Vol.15 Issue 2, Patrice Ladwig and James Mark Shields (ed.), *Against Harmony? Radical and Revolutionary Buddhism(s) in Thought and Practice*, April 2014, pp.187-329. “Introduction”, pp.187-204.

11 James Mark Shields, “Zen and the Art of Treason: Radical Buddhism in Meiji Era (1868-1912) Japan”, *Against Harmony?*, pp.205-223.

12 Justin R. Ritzinger, “The Awakening of Faith in Anarchism: A Forgotten Chapter in the Chinese Buddhist Encounter with Modernity”, *Against Harmony?*, pp.224-243.

Bhikkhu）的激進保守社會主義與泰國政治文化[13]、韓國在 1980 年代激進的民眾佛教八[14]、當代斯里蘭卡僧團的激進化[15]，及泰寮佛教[16]等。

二、上座部佛教

上座部是東南亞多國的主要佛教傳統。其僧團在傳統社會公眾與私人生活領域皆有重要角色，僧團領袖亦在國家傳統政治生活中擔任角色，深具間接的政治影響力，若政權沒有取得僧團以宗教儀式作公開而正式的認可，其合法性將面臨嚴重質詢。儘管如是，緬甸、泰國（古稱暹羅）、寮國及柬埔寨（古稱高棉、吉蔑），乃至越南，彼此往還攻伐，古往今來常有發生，其中部分涉及佛教[17]。但殖民主義是理解與上座部有關現代衝突的重要背

[13] Hans-Bernd Zöllner, "Radical Conservative Socialism: Buddhadasa Bhikkhu's Vision of a Perfect World Society and its Implication for Thailand's Political Culture", *Against Harmony?*, pp.244-265.

[14] Chanju Mun, "A Historical Introduction to Minjung (Liberation) Buddhism: A South Korean Version of Radical Buddhism in the 1980s", *Against Harmony?*, pp.264-282.

[15] Mirjam Weiberg-Salzmann, "The Radicalisation of Buddhism in the Twentieth and Twenty-first Centuries: The Buddhist Sangha in Sri Lanka", *Against Harmony?*, pp.283-307.

[16] Patrice Ladwig, "Millennialism, Charisma and Utopia: Revolutionary Potentialities in Pre-modern Lao and Thai Theravāda Buddhism", *Against Harmony?*, pp.308-329.

[17] 著名例子如泰國阿育陀耶（Ayutthaya）皇朝在十八世紀滅於緬甸軍隊。按照泰國民間的傳說，由於當時緬甸軍隊盡毀泰國佛像，並掠奪金

景，彼得・萊爾（Peter Lehr）是專研東南亞政治、宗教暴力及恐怖主義的學者，該書是首冊討論上座部佛教極端主義案例的綜合研究，分析佛教僧侶好鬥群體的宗教暴力，是為何和如何冒起於斯里蘭卡、緬甸及泰國[18]。

在現代上座部各國當中，泰國由於沒有經歷過被殖民，所以比之於斯里蘭卡及緬甸等，泰國僧團以保守而服從政權而聞名，無論是敵視世俗社會的原教旨主義或極端的宗教－民族主義，在泰國僧團的影響力皆較其他上座部為低。但即便如是，仍不乏公然鼓勵暴力及排斥異教社群的案例。冷戰時期，部分泰國僧團領袖公開支持泰國政府以軍事手段對付國內左派勢力，其中典型例子是僧人基蒂沃托比丘（Kitthiwuttho Bhikkhu）。泰國政治學者蘇克沙南（Somboon Suksamran）循僧團的社會－政治轉變及政治行動之角度探討泰國佛教與政治關係之專著中，以這位僧侶領袖及多個與其立場類似的僧侶組織為例，來討論右翼政治僧侶（Right-winged Political Monk）。當中最戲劇性的，甚至成為時下佛教倫理學（Buddhist Ethics）富爭議性的熱門話題。

冷戰時期，大多是佛教徒的泰國軍、警人員，在剿共行動中

質佛像帶回緬甸，熔解後用於鋪設緬甸寺院的金頂，自此以後，泰國僧團為了明確有別於緬甸僧人，遂在僧人剃度出家時，一併剃去眉毛，以示不共於緬甸僧人，無論這解釋在客觀上是否屬實，但還是足以反映出彼此之間的張力。近現代的則見 Matthew O'Lemmon, "Buddhist Identity and the 1973 Cambodian Buddhist Holy War", *Asian Anthropology* Vol.10 2011，雖然該文的主題是柬埔寨，但在其所論述的整個脈絡中，可以看到其間上座部各國不斷相互衝突的複雜情況。

18 Peter Lehr, *Militant Buddhism: The Rise of Religious Violence in Sri Lanka, Myanmar and Thailand* (1st ed., Palgrave Macmillan, January 2019).

擊殺左翼人士，及後有人向基蒂沃托比丘提出詢問，指此恐犯有殺生之過，基蒂沃托比丘的公開答覆是：由於左翼分子並非眾生，所以捕殺共黨分子不算殺生，因此佛教徒軍、警並無干犯殺生戒。而更耐人尋味的是，雖然其說使眾人嘩然，但泰國僧團最高層卻公開為其言論作辯護與嘉許[19]。著名泰國研究（Thai Studies）學者查理士・凱斯（Charles F. Keyes）亦撰有專文討論在冷戰階段泰國政治危機的情況下，部分佛教社群所出現的好戰傾向[20]。

當代泰國上座部捲入的另一暴力衝突案例，是泰國華文媒體用「南疆不靖」此一古雅語詞來表達的泰南佛教與伊斯蘭教之間的宗教－族群衝突。在其規模足以造成泰南社會嚴重動蕩的長期衝突當中，雖然僧團、泰族及伊斯蘭教社群同樣都是受害者，但僧團還是因為參與執行泰國官方力行的佛教同化政策，從而種下雙方關係長期對抗的狀態。前文提及的傑里遜（M.K. Jerryson）撰有一書探討泰南宗教與暴力脈絡下，佛教僧侶的直接介入衝

---

19 Somboon Suksamran, *Buddhism and Politics in Thailand:A Study of Socio-Political Change and Political Activism of the Thai Sangha* (Singapore:Institute of Southeast Studies 1982) 第三、五及六共三章，尤其 pp.90-99, 132-158, 162-167; Peter Harvey, *An Introduction to Buddhist Ethics: Foundations, Values and Issues* (Cambridge, UK; New York, NY: Cambridge University Press 2003), pp.260-263.

20 Charles F. Keyes, "Political Crisis and Militant Buddhism in Contemporary Thailand", in Smith, B. L., Chambersburg (ed.), *Religion and Legitimation of Power in Thailand, Laos, and Burma* (PA: ANIMA Books 1978), pp.147-164.

突，如何成為滾動暴力的一環[21]。二十世紀上旬，泰國走上政治制度及國家意識形態的現代化過程，僧團接受國家的官方整編，於六零代在國家意識形態對立最尖銳的泰南回、佛雜居區域，參與政治灌輸工作，及後官方支持地方上部分僧團按軍事標準進行武裝化，受具足戒的僧人同時集體組成正規編制的陸軍、海軍陸戰隊等軍事戰鬥單位，將寺院變成軍事基地[22]，間接加劇雙方暴力衝突的規模與嚴重程度。

自十八世紀以來，除泰國可以倖免以外，南亞及東南亞的大部分佛教國家都經歷過西方的直接殖民統治。其間既有的政治、社會、經濟、佛教及傳統政－教關係都受到破壞，但在殖民統治的後期，現代西方的政治制度，如議會、選舉、政－教分離的世俗化原則及政黨政治等被引入，並在二戰以後 50 年代正式獨立。僧人參與反殖運動爭取獨立的過程中獲得一定的政治經驗，獨立以後，僧人集團對於政－教分離的世俗化政體在宗教、文化及價值觀上所導致的多樣性逐漸形成強烈不滿，遂透過分布全國的寺院及佛學院網絡，把在反殖期間已經建立的宗教民族主義運動，由原先對抗西方殖民者，內轉為宗教的種族主義及原教旨主義運動，前者對付國內非佛教徒的少數族裔，後者對付世俗主義的政府及其政體，並以佛教能上達憲法層面的國教化訴求作為僧

21 Michael K. Jerryson, *Buddhist Fury: Religion and Violence in Southern Thailand* (Oxford; New York: Oxford University Press 2011).

22 Marte Nilsen, "Military Temples and Saffron-Robed Soldiers: Legitimacy and the Securing of Buddhism in Southern Thailand", 2012 in Vladimir Tikhonov & Torkel Brekke (ed), *Buddhism and Violence: Militarism and Buddhism In Modern Asia* (London: Routledge 2012), pp.37-53.

人集團的共同目標。緬甸和蘭卡兩國僧人在獨立後都有此傾向。

以下簡單說明兩國僧團在二戰以後，數度捲入宗教暴力衝突的情況及相關研究。第二次大戰結束未幾，現代緬甸取得政治獨立。在新獨立的整個 50 年代，緬甸民選文人政府長期面對多種原因造成的巨大政治壓力，其中包括上座部僧團對緬甸政－教關係的嚴重衝擊。事緣僧人集團動員巨大的政治能量，以強硬立場反覆提出立佛教為國教之訴求，並不斷向政府直接施壓，並為此而與其他族群爆發公開衝突。政府在巨壓下，其相關政策不斷在僧人集團的國教要求、政－教分立之世俗化原則，及其他族群的反對佛教國教化三種聲音之間搖擺不定。此一政－教爭端，連同其他初行民主所生的問題，使緬甸政局及社會形勢在整個 50 年代持續嚴重動蕩，最終由於文人政府無力應對，間接導致軍方在 1962 年發動政變，推翻文人政府成立軍事獨裁政權。

對上述衝擊的研究，早期在 60 年代中，即有兩部著作，唐納德・史密夫（Donald E. Smith）探討緬甸的宗教與政治[23]，而伊曼努埃・薩金斯楊茲（Emanual Sarkisyanz）則研究緬甸革命的佛教背景[24]，以大半的篇幅剖析反抗殖民統治過程中，所形成的佛教僧團政治力量，在過渡到政治獨立後，如何演變成激進的宗教－政治運動，不斷挑戰世俗政府，及強力衝擊世俗社會制度，所以緬甸佛教的民族主義以好鬥傾向在此已有其淵源，崗

---

23 Donald Eugene Smith, *Religion and Politics in Burma* (Princeton, N.J.: Princeton University Press 1965).

24 Emanual Sarkisyanz, Preface by Paul Mus, *Buddhist Backgrounds of the Burmese Revolution* (The Hague: M. Nijhoff, 1965).

特・盧伊（Guenter Lewy）早在70年代初即有作討論[25]。後來緬甸的軍事獨裁下，僧團的宗教極端主義自 60 年代初以降五十餘年沒有再浮現。但軍政府的鎖國，所以學界對緬甸僧團與各種問題的關係皆長期欠缺瞭解，直到近年才在中斷研究數十年後重回這問題[26]。

近年隨著緬甸軍事集團退居幕後，統治的嚴酷稍有放緩，政治上被壓制的佛教僧團再度以宗教－民族主義的取態，與緬甸的其他族群發生公開的對立。2012 年 9 月，數以千計的緬甸上座部僧侶，走上曼德勒（Mandalay）街頭，高舉「保衛緬甸母親」標語，進行遊行抗議，公開要求官方將居留在境內的穆斯林逐出緬甸，或集體軟禁集中營[27]，緬甸民主化的副作用，恐怕就是緬甸激進僧侶導致宗教暴力的復發與惡化。

熟悉東南亞記者法蘭西斯・韋德（Francis Wade）循「國內敵人」的角度，討論緬甸佛教民族主義及反伊暴力[28]。研究現代緬甸的牛津學者馬修・沃爾頓（Matthew J. Walton）據緬文資料

---

25 Guenter Lewy, "Militant Buddhist Nationalism: The Case of Burma", *Journal of Church & State* Vol.14, Issue 1, Winter 1972, pp.19-41.

26 Schober Juliane, *Modern Buddhist Conjunctures in Myanmar: Cultural Narratives, Colonial Legacies and Civil Society* (Honolulu: University of Hawai'i Press 2011).

27 事件的直接背景是，2012年6月中旬，緬甸西部沿海的若開邦（Rakhine）發生回教徒羅興亞人（Rohingyas）與佛教徒之間的大規模流血衝突，導致近百人死亡，多處社區超過 1600 座房屋被燒燬，數以萬計人家園在衝突中被毀，聯合國難民署甚至需要開展人道救援工作幫助難民。

28 Francis Wade, *Myanmar's Enemy Within: Buddhist Nationalism and Anti-Muslim Violence* (Asian Arguments, Zed Books, August 2017, 256 pages).

從事緬甸的宗教、政治及族群議題研究，他 2014 年的小冊子探討近年緬甸與民主化過程並生的宗教社群暴力衝突，重點在僧侶所領導的佛教民族主義集團成為反穆斯林急先鋒一事上，除了視此類寺院的政治動員是上承僧團護教、社會需要，及指引執政者之需而起的傳統觀念之外，也同時注意佛教民族主義僧侶的焦慮暗湧，又如何與其和平行動促進並存，這其實反映了政治、經濟及社會的兩難處境所造成的張力[29]。沃爾頓的另一著作綜述過去一個半世紀，佛教觀念如何影響緬甸的政治思想與現實政治之研究著作，以說明包括反穆斯林等現象的發生[30]。此外，雅克・伯特蘭（Jacques Bertrand）等則從代罪羔羊和權力競爭[31]，米凱爾・格雷弗斯（Mikael Gravers）則循瀕危身分的全球化想像與宗教暴力之角度，討論緬甸等地由僧侶所促成的反穆斯林佛教民族主義及其暴力[32]。

但斯里蘭卡曾經出現的情況比緬甸僧團的舉措還要嚴重。蘭卡自獨立始僧人的國教要求持續高漲，透過操弄選舉政治的運

---

29 Matthew J. Walton, *Contesting Buddhist Narratives: Democratization, Nationalism, and Communal Violence in Myanmar* (East-West Center, October 2014).

30 Matthew J. Walton, *Buddhism, Politics and Political Thought in Myanmar* (Cambridge University Press, November 2016, 244 pages).

31 Jacques Bertrand & Alexandre Pelletier, "Violent Monks in Myanmar: Scapegoating and the Contest for Power", *Nationalism and Ethnic Politics* Vol.23, No.3, 2017, pp.257-279.

32 Mikael Gravers, "Anti-Muslim Buddhist Nationalism in Burma and Sri Lanka: Religious Violence and Globalized Imaginaries of Endangered Identities", *Contemporary Buddhism* Vol.16, No.1, 2015, pp.1-27.

作，迫使所有政黨向佛教靠攏，通過僧人所力倡，歧視非佛教族群的法令，導致與泰米爾人關係極度緊張，營造出後來間接激發泰米爾人極端化及暴力化的社會環境。及後官方與印度教徒社群之間爆發長達三十年的全面內戰，僧人在戰爭期間，極端態度比之於剛獨立時有過之而無不及。佛教民族主義的趨勢由早期多屬僧人的主張，變成國民大眾的主張，由民間呼聲變成國策，僧人由間接操控政治變為直接干預國家政治，由早期的佛教平權要求，變成為霸權要求，對政府的施壓更由合法的議會議政，惡化為訴諸暴力威迫。他們透過操控議會選舉來操控政黨、制止停戰議和、掌握國民的宗教教育，散播仇視非佛教徒的思想，損害族群關係。蘭卡官方試圖提出和平方案及放權計劃，以解決教族內戰，但受到佛教僧人極力抵抗，導至和平（peace）、放權（devolution）、聯邦制（federation）等概念成為被僧人指為賣國及出賣佛法的禁忌詞。部分僧人更親自進行暴力活動，包括針對政府「妥協軟弱，平亂不力」而發動武裝叛亂，亦針對泰米爾人進行私刑式襲擊，甚至也針對協助調解的國際組織人員施襲。

僧團領袖公開支持應只以武力解決教族矛盾，並迫政府背棄國際斡旋達成的停火安排，公然推動立法，禁止其他宗教傳教，恐嚇在南亞海嘯後，對泰米爾災民進行人道救援工作的國際非政府組織前線人員。佛教僧人在政治、教育及社會層面積極推動宗教民族主義，公開鼓勵用暴力解決問題和堅決反對所有議和，並以此為佛教的主流聲音。三十年的內戰近八萬死於戰爭，上百萬人家園被毀，好戰僧人不單大幅加劇斯國國內的衝突，也間接增加南亞地區的不穩定，亦為其他佛教國家的僧人帶來惡劣示範。

蘭卡是戰後佛教政－教關係惡名昭著的一例，所以國際上不同背景的研究機構因實務或純學術需要，對此進行大量研究，期刊論文以百千計，書籍數以十計。華文學界直接討論僧人在暴力中角色的有張世澤及張世強合著系列論文的其中兩篇〈僧伽羅佛教民族主義與民粹主義對於斯里蘭卡族群衝突激化的影響〉[33]和〈斯里蘭卡政治佛僧與世俗主義的關係〉[34]，此外宋立道繼先前以行文組織鬆散方式討論斯里蘭卡的佛教暴力問題後[35]，後來完成此的首部華文專著《暴力的誘惑：佛教與斯里蘭卡政治變遷》[36]，標誌著華文學界意識到問題的嚴重。

國際學界有關斯國教族暴力衝突和內戰的論著如汗牛充棟，本章只能選取「佛教僧侶在內戰的角色」這問題的論著作說明。這些研究一直存在著好些持久的爭論，包括宗教元素在衝突中扮演的角色有多大的重要性；整個衝突應否被視為所謂宗教衝突或宗教戰爭；對於佛教僧人集團當中的極端或好戰的聲音，是否應視之為在近年全球性的宗教回潮現象中，連帶出現有暴力傾向的原教旨主義運動之佛教案例；好戰僧人如何借助傳統佛教的典

33 張世澤及張世強合著〈僧伽羅佛教民族主義與民粹主義對於斯里蘭卡族群衝突激化的影響〉，《問題與研究》第 45 卷第 2 期（臺北：國立政治大學國際關係研究中心，2006 年），頁 61-109。

34 張世澤及張世強合著〈斯里蘭卡政治佛僧與世俗主義的關係〉，《問題與研究》第 44 卷第 3 期（臺北：國立政治大學國際關係研究中心，2005 年），頁 161-196。

35 宋立道著《神聖與世俗：南傳佛教國家的宗教與政治》（《宗教學博士文庫》，北京：宗教文化出版社，2000 年）；及宋立道著《傳統與現代：變化中的南傳佛教世界》（北京：中國社會科學出版社，2002 年），二書各有專門章節討論此事。

36 宋立道著《暴力的誘惑：佛教與斯里蘭卡政治變遷》（北京：中國社會科學出版社，2009 年）。

籍、史傳及教義觀念，論構出能鼓吹暴力行動的理據等。

在西方接受學術訓練的斯里蘭卡學僧瑪欣達・迪迦里（Mahinda Deegalle）以現代斯里蘭卡的佛教、衝突及暴力為線索，匯編了十五篇文章組成的論文集[37]。其執筆者有南亞及西方學者，循人類學、歷史學、佛教研究及巴利文研究等角度討論不同陣營的佛教徒對蘭卡衝突的不同態度，尤其審慎地分析在佛教傳統及其體制當中，有哪些宗教因素長年培養敵意，又有哪些成分有助結束戰爭和暴力。

帕特里克・格蘭特（Patrick Grant）探討佛教與現代蘭卡暴力的族群衝突之間的逆向顛倒（regressive inversion）關係。佛教強調普世性價值觀，本來就是要跨越特定族群歸屬感，但「逆向顛倒」是指這種跨群體的普世價值反而成為特定族群的身分認同[38]。達摩波羅（Anagarika Dharmapala）、羅候羅・化普樂（Walpola Rahula）及傑伊沃迪恩（J.R. Jayewardene）是當代斯里蘭卡三位關鍵的學僧。他們對「佛教與政治」的見解之影響力橫跨英國殖民統治，一直伸延到後殖民時期，深刻地左右著當代斯里蘭卡僧人的宗教－政治取態。作者據他們論著解釋其思想如何使蘭卡以佛教來形成這「逆向顛倒」，並嘗試把蘭卡的衝突視作當代常挾帶族群暴力的政治性宗教回歸一例來作探討。

特莎・巴塞洛繆斯（Tessa J. Bartholomeusz）的書探討斯里

---

37 Mahinda Deegalle, *Buddhism, Conflict and Violence in Modern Sri Lanka* (Series of *Routledge Critical Studies in Buddhism*, London, New York: Routledge 2006).

38 Patrick Grant, *Buddhism and Ethnic Conflict in Sri Lanka* (in *SUNY Series in Religious Studies*, Albany: SUNY Press 2009).

蘭卡佛教如何以「保衛佛法」之說來肯定「正義之戰」[39]，作者循跨文化比較角度考察此說的傳統與理論，並以此探討蘭卡的暴力與戰爭。這是一部文本、歷史及人類學的綜合研究，與一般視佛教為和平反戰的宗教之假定相異，當佛教族群自視為陷身危險時，實際上是經常有訴諸宗教敘事，來策動戰爭之傳統。如果不正視當代蘭卡有「正義之戰」的想法之事實，恐怕便無法理解現存的佛教勢力何以作為社會穩定的重要基礎之餘，也可以是戰亂之源。此外該論的比較框架，也將佛教拉進與其他文化就「宗教與戰爭」之議題，展開倫理對話，並面對其他文化的觀念挑戰。

巴塞洛繆斯（T.J. Bartholomeusz）和錢德拉・迪席爾瓦（Chandra R. De Silva）合編有以佛教原教旨主義及斯里蘭卡少數族群的身分認同為題材的論文集[40]。雖然斯里蘭卡的內戰是發生在佛教徒為主的僧伽羅族與印度教徒為主的泰米爾族之間，但蘭卡還有由宗教為線索所形成的其他族裔社群，例如伊斯蘭教、天主教、基督新教、信仰佛教的歐洲裔斯里蘭卡人等，同時，即使同為佛教原教旨主義，也有不同聲音與型態，觀點互有衝突。這些少數族群既不能、也不會完全自外於教族的暴力衝突，甚而他們的身分會成為佛教徒及印度教徒雙方都爭取或攻擊的對象，則少數族群在族群衝突中的位置和態度，其實提供了理解衝突的另一些未被注意，但非不重要的角度與視野。

---

39 Tessa J. Bartholomeusz, *In Defense of Dharma: Just War Ideology in Buddhist Sri Lanka* (London: RoutledgeCurzon Press, Taylor & Francis Group 2002).

40 Tessa J.Bartholomeusz and Chandra R. De Silva (ed.), *Buddhist Fundamentalism and Minority Identities in Sri Lanka* (SUNY Press 1998).

大衛・李度（David Little）以「創制仇怨」為副題，主編了 1990 年 9 月 4-5 日，由美國和平研究所（United States Institute of Peace）舉辦，題為「斯里蘭卡宗教不寬容和衝突」會議論文集[41]。多篇論文考察獨立以來，僧伽羅與泰米爾兩族在近二千年的蘭卡史上罕有發生的極端對立狀態，在語言、宗教及政治權力等的分配上，皆爭持不下，即使數度修改憲法，仍無助於化解爭端，而最終淪為血流成河。並探討宗教在政治、法律領域及非政府組織等各方面悉力推動和談的進程中，如何起著妨礙和解，加劇衝突之作用。阿難陀・阿本塞卡拉（Ananda Abeyesekara）則撰文探討蘭卡佛教族群身分認同與部分僧侶群體的好戰、暴力及恐怖主義之間的關係[42]。

同時有僧伽羅和泰米爾兩族血緣的蘭卡學者薩倫・雷根范（Suren Rāghavan）年前出版專論，探討在內戰後半階段，即 1995-2010 年的十餘年間，推動宗教民族主義的蘭卡上座部僧團及其主要領袖與蘭卡政局的關係[43]。作者以殖民統治前夕下延到當代為線索，探討僧團在蘭卡政權暨社會的角色、權僧的言論行

---

41 David Little, *Sri Lanka: the Invention of Enmity* (in *Series on Religion, Nationalism, and Intolerance,* Washington D.C.: United States Institute of Peace Press 1994).

42 Ananda Abeyesekara, "The Saffron Army, Violence, Terror(ism): Buddhism, Identity and Difference in Sri Lanka", *Numen* Vol.48, No.1, 2001, pp.1-46.

43 Suren Rāghavan, *Buddhist Monks and the Politics of Lanka's Civil War: Ethnoreligious Nationalism of the Sinhala Sangha and Peacemaking in Sri Lanka 1995-2010* (Richard Gombrich (ed.), *Oxford Centre for Buddhist Studies Monographs*; Oxford Centre for Buddhist Studies, Equinox Publishing Ltd. 2016).

狀、僧團的暴力史、僧團對其他少數族群及和平方案「聯邦制」的敵視態度等。

其他涉及佛教暴力角色的相關論著，尚有專研上座部的著名人類學家史坦利・坦拜雅（Stanley J. Tambiah）循「佛教有否被出賣」探討斯里蘭卡的宗教、政治及暴力[44]，法使（K.N.O. Dharmadāsa）則從語言、宗教及種族自豪感三點剖析斯里蘭卡僧伽羅人民族主義的形成[45]，阿難陀・威雷默拉納（Ananda Wickremeratne）對蘭卡的佛教與族裔作歷史分析[46]，強納森・史賓賽（Jonathan Spencer）以動盪期的僧伽羅人村莊為例，探討蘭卡農村的政治和變化[47]，凡此皆不同程度觸及部分僧侶透過宗教身分，鼓動仇恨與衝突的社會因素。

約翰・霍爾特（John Clifford Holt）主編以當代斯里蘭卡佛教極端主義和穆斯林少數族群之間宗教衝突為主題的論文集[48]。

---

44 Stanley Jeyaraja Tambiah, *Buddhism Betrayed? Religion, Politics and Violence in Sri Lanka* (*A Monograph of the World Institute for Development Economics*, Chicago: University of Chicago Press 1992).

45 K.N.O. Dharmadāsa, *Language, Religion, and Ethnic Assertiveness: the Growth of Sinhalese Nationalism in Sri Lanka* (Ph. D. Dissertation, Monash University 1979).

46 Ananda Wickremeratne, *Buddhism and Ethnicity in Sri Lanka: a Historical Analysis* (New Delhi: International Centre for Ethnic Studies, Vikas Pububication House 1995).

47 Jonathan Spencer, *A Sinhala Village in a Time of Trouble: Politics and Change in Rural Sri Lanka Oxford University South Asian Studies Series* (New York: Oxford University Press 1990).

48 John Clifford Holt (ed.), *Buddhist Extremists and Muslim Minorities: Religious Conflict in Contemporary Sri Lanka* (Oxford University Press,

蘭卡佛教與印度教，或僧伽羅人與泰米爾人之間的內戰在 2009 年結束後，國內外社會本來預期在不同宗教與族群之間，可以逐漸重建和平，但出乎意料之外卻新生起針對穆斯林的佛教極端主義和暴力運動佛教力量軍（Bodu Bala Sena）。這部研究從現實與歷史的角度，分析這組織在反伊運動中的角色、方法及性格，乃至經濟不平、文化及符號儀軌等因素如何助燃衝突。

奧斯陸大學法學院挪威人權中心（Norwegian Centre for Human Rights, Faculty of Law, University of Oslo）的艾斯林・弗登倫（Iselin Frydenlund）是位以挪威文和英文雙語發表研究的挪威學者。主要根據現代上座部，尤其緬甸及斯里蘭卡的案例，研究宗教與戰爭、暴力、自殺式恐怖主義、東南亞暨南亞的佛教－伊斯蘭教關係、宗教對話、佛教社會中的宗教少數社群，及宗教自由之間的關係。

弗登倫的博士論文是研究斯里蘭卡內戰時期，僧侶恣意對經典教理作歧義運用以支持其不同需要[49]，並據此討論蘭卡僧團與和平進程之間的角力關係[50]、佛教好戰態度與儀式[51]和教理歧

October 2016).

49 Iselin Frydenlund, *Canonical Ambiguity and Differential Practices: Buddhist Monks in Wartime Sri Lanka* (Doctoral Dissertation, Faculty of Humanities, University of Oslo, Oslo 2011).

50 Iselin Frydenlund, "The Sangha and its Relation to the Peace Process in Sri Lanka: A Report for the Norwegian Ministry of Foreign Affairs" (PRIO Report 2/2005, International Peace Research Institute, Oslo, January 2005).

51 Iselin Frydenlund, "Buddhist Militarism Beyond Texts: The Importance of Ritual during Sri Lank Civil War", 2017. Journal of Religion and Violence Vol.5, No.1, 2017, pp.27-48.

異[52]的關係、依據宗教建設和平時的反面與陷阱[53]、蘭卡武裝部隊作為佛教民族主義工具的「佛法實踐」[54]、從「護法」討論佛教與亞洲安全[55]、緬甸佛教借由宗教自由所引發的政治衝突[56]，及亞洲佛教－伊斯蘭教衝突的冒起及其轉化[57]等系列議題。弗登倫近年以她先前的蘭卡案例為基礎，伸延到同樣有英國殖產背景的緬甸和孟加拉作對比研究。國際關係學者戴維・蘭普頓（David Rampton）以對比進路研究蘭卡與緬甸佛教民族主義身分認同在社會秩序、國家構成及宗教衝突上的消極角色。

---

52 Iselin Frydenlund, "Canonical Ambiguity and Differential Practices: Buddhism and Militarism in Contemporary Sri Lanka", in Torkel Brekke and Vladimir Thikonov (ed.), *Violent Buddhism: Buddhism and Militarism in Asia in the Twentieth Century* (New York: Routledge 2012).

53 Iselin Frydenlund, *Engaging with Religion in Peacebuilding: Opportunities and Pitfalls* (*PRIO Report*, commissioned by the Norwegian Ministry of Foreign Affairs 2014).

54 Iselin Frydenlund, "Operation Dhamma: the Sri Lankan Armed Forces as an Instrument of Buddhist Nationalism", in Torkel Brekke and Vladimir Thikonov (ed.), *Military Chaplaincy in a Pluralist Age* (Delhi: Oxford University Press 2015), pp.81-103.

55 Iselin Frydenlund, "The Protection of Dharma and Dharma as Protection: Buddhism and Security across Asia", in Chris Seiple, Dennis R. Hoover, and Pauletta Otis (ed.), *The Routledge Handbook of Religion and Security* (London & New York: Routledge 2013).

56 Iselin Frydenlund, "The Birth of Buddhist Politics of Religious Freedom in Myanmar", *Journal of Religious and Political Practice* Vol.4, 2018, pp.107-121.

57 Iselin Frydenlund, "The Rise of Buddhist-Muslim Conflict in Asia and Possibilities for Transformation" (*NOREF Policy Brief*. Oslo: NOREF, December 2015).

三、東亞佛教

東亞佛教在此是指以漢字系統作為佛教經典文字的佛教傳統，包括中國、日本、韓國及越南北部。在東亞佛教或漢傳佛教當中，雖中、韓兩國都有宗教暴力的記錄，但最嚴重的恐怕是日本。就漢傳佛教而言，也許經由現代華人流行文化的廣泛傳播，容易聯想到少林寺等，但古代東亞僧人習武與佛教宗教暴力是兩回事，大部分佛教宗教暴力與佛教武術傳統，甚至僧團的武裝化[58]之間，並無必然關係。反而歷史上及當代的許多東亞佛教宗教暴力，根本就不必涉及佛教武術。

但即使如此，恐怕還是不能真的以為漢傳佛教與宗教暴力無關。自漢迄元近千年，佛、道之爭從未平息，單純義理之辯的確很難說是宗教暴力[59]，然而由口舌之爭變成暴力衝突亦非罕見。中國歷史上著名的「三武滅佛」[60]即為佛、道之爭演變出來的宗教暴力，只是某義上在這系列事件中，佛教成了受害者。但元代佛、道二教在朝廷展開多次辯論後，發生於全真教第七代教主李

58　林韻柔著〈時危聊作將：中古佛教僧團武力的形成與功能〉，《成大歷史學報》43 期（臺南：國立成功大學歷史學系，2012 年 12 月），頁 127-175。

59　收錄佛道論爭之重要文獻有《弘明集》、《廣弘明集》、道宣《集古今佛道論衡》、法琳《破邪論》、神清《北山錄》、智昇《續集古今佛道論衡》等。

60　「三武滅佛」分別指：一，北魏太武帝得道士寇謙之及司徒崔浩之慫恿，下令各州坑沙門，毀佛像；二，北周武帝聽道士張賓與元嵩言而滅佛；及三，唐武宗寵道士趙歸真，拆寺四千六百餘所，迫僧尼二十六萬還俗，收充其稅戶。

志常（邱處機之弟子）所領全真教與由福裕和尚為方丈時期的嵩山少林寺之間，所爆發的多次大規模械鬥，雙方互有往來，恐怕就大有宗教暴力之嫌[61]。

但事實上，更普遍地出現在漢傳佛教身上的主要宗教暴力，並不是發生在佛教與道教或官方的儒家之間，卻是發生在正統佛教與被佛教稱為「附佛外道」之間。所謂「附佛外道」就是佛、道混雜，佛、道俱非的民間教派，這類教派在明、清兩朝，非常活躍。佛教與「附佛外道」之間的關係使民間異端教派成為正統漢傳佛教不可或缺的它者，被佛教用來界定其自我純正性的重要對照者。也許用現代的「宗教的衝突與暴力」概念，來看待傳統社會佛教對待民間教派的敵意，未必是一最適當的範疇。但值得認真思考的是，時至今日，從分布於不同華人社會的現代案例仍舊可以看到「正統」漢傳佛教對待民間教派的態度及處理方式，並不一定都與時俱進[62]。但隨著現代公共價值觀所帶來的深刻改變，不擇手段地排斥其他信仰團體的傳統行徑，便很難再被現代

61 研究見卜永堅著〈元代的道、佛衝突：以河北省蔚縣浮圖村玉泉寺碑為中心〉，香港科技大學《華南研究資料中心通訊》第 35 期，2004 年 4 月，頁 17-33；鄭素春著《全真教與大蒙古國帝室》（臺北：臺灣學生書局，1987 年）；楊曾文著〈少林雪庭福裕和元前期的佛道之爭〉，《法音》第 3 期，2005 年；王啟龍著《八思巴生平與《彰所知論》對勘研究》（中國社會科學博士論文，北京：中國藏學出版社，1992 年），頁 80-84。

62 臺灣在 1987 年解除軍事戒嚴之前，漢傳佛教會支持及協助軍政當局壓制民間宗教，見林本炫著《臺灣的政教衝突》（臺北：稻鄉出版社，1994 年），頁 39-41，解除戒嚴之後已大幅改善。至於香港的例子，見本書第五章的討論。

社會接受，且難免引起佛教在破壞公民社會基本價值體系之質詢，乃至佛教涉嫌捲入「宗教暴力」之指控。

漢傳佛教主動涉及宗教暴力的情況確實比其他佛教傳統較輕，只是對此的理解不能訴諸宗教修養的高下，毋寧是傳統中國以儒家意識形態及其制度為主軸，儒家政府並不會容忍僧人及佛教力量介入國家的政治決策及分享統治權力，因此佛教亦習慣於在文化上處在從屬的地位，在政治權力上處在一個被刻意非政治化的狀態。客觀效果大幅減弱其因主動涉身權力的爭奪，而最終捲入大規模暴力衝突及嚴重濫權的機會。但話雖如是，德國萊比錫大學（Universität Leipzig）的研究生尼古拉斯・布羅伊（Nikolas Broy，中文名「百可思」）的碩士論文是以中國的武裝僧團為線索，探討佛教與暴力[63]，並在稍後抽出部分篇章，以宋、明兩朝的武裝僧團為例，探討其武裝化的目的到底是要「護法？護國？還是護自己？」，先以德文出版[64]，另以英文重寫為「中世紀中國佛教的武僧」[65]。

---

63 Nikolas Broy, *Buddhismus und Gewalt am Beispiel kriegerischer Moenche in China* (Magisterarbeit, Fakultät für Geschichte-, Kunst- und Orientwissenschaften Religionswissenschaftliches Institut, Universität Leipzig 2006), 134 頁。筆者在此感謝作者尼古拉斯・布羅伊（百可思）先生贈予筆者該碩士論文及其他兩篇論文，同時亦感謝筆者同事郁喆雋教授引介筆者聯絡百可思先生。

64 Nikolas Broy, “Das schützen, das Reich schützen, sich selbst schützen? Militärisch tätige buddhistische Mönche in China in den Dynastien Song und Ming”, in *Zeitschrift fürReligionswissenschaft* 15, Jahrgang 2007, s.199-224.

65 Nikolas Broy, “Martial Monk in Medieval Chinese Buddhism”, *Journal of Chinese Religions* 40, 2012, pp.45-89.

另外年前學愚出版其原博士論文[66]的中文修訂版《佛教、暴力與民族主義：抗日戰爭時期的中國佛教》[67]，內容及篇幅皆更為豐富充實。當中不單探討抗戰期間中國佛教僧人的抗日活動，並探討進一步涉及的宗教學理和戒律問題（例如僧人殺生違戒與否），及更宏觀的現代政－教關係議題，如在現代國家體制與民族主義（nationalism）的框架下的中國佛教。

至於東亞佛教當中，日本佛教的暴力史也許才是最為普遍、規模最大，亦最具結構性因素。雖然在二戰之後，日文學界已有治中世紀史或近現代史的學者專論過此，又或馬克思主義立場的日本學者從日本中世紀政－教關係史角度，評論過日本佛教的宗教暴力；同時研究不同階段日本史的學者，其實比佛教學者更熟知日本佛教的宗教暴力及教派戰爭。對研究中世紀日本史的學者來說，長期存在僧兵和近乎沒完沒了的佛教教派戰爭，近乎是日本佛教史的常態。

日本佛教的暴力有以下數個階段：一，在封建時代的僧兵集團及教派戰爭；二，江戶時代作為準國教，因而寺院編有屬民，以佛教體制維持對天主教的監控系統和對部落民的歧視制度，及三，明治維新以後以「護國佛教」方式，向日本殖民主義及軍國主義靠攏。

---

66 Xue Yu, *Buddhism, War, and Nationalism: Chinese Monks in the Struggle Against Japanese Aggression, 1931-1945* (*Series of East Asia, History, Politics, Sociology, Culture*, New York: Routledge 2005. 原為 Ph.D. Dissertation, The University of Iowa 2004).

67 學愚著《佛教、暴力與民族主義：抗日戰爭時期的中國佛教》（香港：中文大學出版社，2011 年）。

值得注意的是在最近十餘年，真正觸發國際學界以上述三點為主要線索，廣泛關注日本佛教的暴力及操守問題者，恐怕是 80 年代中期以後發生日本曹洞禪宗「部落民事件」及其引發的批判佛教（Critical Buddhism）運動。由於「批判佛教」的議題敏感，立場激進[68]，誠若末木文美士指出，「批判佛教」是日本佛教界「公開的禁忌」[69]。80 年代中期，「批判佛教」發難後，遇到日本國內佛教界及佛學界強烈反應，事實上「批判佛教」把他們自己的聲音國際化，正是他們在本土受到挫折與排斥後，挾帶國際化進行反攻的策略。

封建時代的僧兵集團　日本在唐代引入當時的中國文化，其中包括政治上的中央集權制及佛教文明，但當時日本並沒有能真正實行中央集權制的各種條件。反而多強並峙，相爭不下，兼

68　「批判佛教」廣泛批評現代日本軍國主義、京都學派、神道教與天皇制、傳統日本佛教在歷史上與二戰時期之操守，及日本國族文化論述等忌諱議題。「批判佛教」還直接批評日本佛教界反智、保守，及譴責其在踐行上的墮落，其激烈言論震驚日本佛教僧、俗知識界，故有稱「批判佛教」是「以學術作文化－社會的批判實踐」的佛教「學院社會運動」。見 J. Hubbard, “Introduction”, in Jamie Hubbard & Paul L. Swanson (ed.), *Pruning the Bodhi Tree: the Storm over Critical Buddhism* (*Nanzan Library of Asian Religion and Culture*, Honolulu: University of Hawai’i Press 1997), p.viii.

69　F. Sueki, “A Re-examination of Critical Buddhism”, in Jamie Hubbard & Paul L. Swanson (ed.), *Pruning the Bodhi Tree: the Storm over Critical Buddhism* (*Nanzan Library of Asian Religion and Culture*, Honolulu: University of Hawai’i Press 1997), p.322.「批判佛教」專題會議 1993 年在北美以英語舉行，會後集結為前書以英文出版，具屬此種背景下的產物。

而完全架空皇室及普遍出現「下克上」的局面，才是當時日本政局的常態。該局面一直到十六世紀織田信長階段才告一段落。封建藩主及武家長期割據，並相互攻伐不息才是日本佛教發展及生存的社會背景。地方上不同的封建割據勢力支持不同佛教宗派，於是不單割據勢力之間的相互攻伐伸延進各佛教宗派之間，且諸宗派之間的衝突也援引各割據勢力的支持，交織之下，宗派之間的衝突不單原因錯綜複雜，且從很早期開始，即慣於動輒訴諸武力。

尤為獨特的，是各大佛教集團普遍建立寺院武裝，早期稱為「惡僧」，後來稱為「僧兵」的宗教－武裝組織，互相進行戰鬥。在日本中世紀，僧兵擾亂政治與社會是長期無日無之的狀態，甚而是造成從奈良遷都京都之主要原因之一。僧兵的放恣是中世紀日本政治及社會生活的其中一個主要亂源，在前後不同階段延禍數百年。其表現出來的亂象是各大宗派及大寺院皆普遍建立僧兵，這些僧兵組織參與佛教內、外的各種武裝戰鬥及其他集體暴力活動，包括持權貴的背景勒索地方當局，乃至參與鎮壓農民階層天主教社群的抗爭。本章不可能深入每一個案，下文只以代表案例作扼要說明。

日本佛教經歷三個階段的成長，依次為接受印度佛教的奈良朝（552-784 A.D.）、接受中國佛教的平安朝（784-1192 A.D.），最後是建立日本本土佛教的鎌倉朝（1192-1603 A.D.）。前後三個階段產生的教派依次分別有三論、成實、俱舍、法相唯識、華嚴、戒律、天台、真言、臨濟禪、曹洞禪、淨土、淨土真宗及日蓮宗等。幾乎所有宗派，起碼在各教派的總本山大寺，都設有頗富規模的僧兵組織。僧兵的發展有不同階段，早期僧兵依附天皇、朝廷及少數權門貴族等上層力量來發展，後期僧兵大概始於鎌倉時代，隨著新教派在民間的廣泛傳播，僧兵力量亦逐漸成為民間的宗教武裝組織。

最典型僧兵系統例如有天台宗比叡山的延曆寺「山法師」、天台宗園城寺「寺法師」、法相唯識宗興福寺「奈良法師」、華嚴宗東大寺、淨土真宗石山本願寺、古義派真言宗的高野山金剛峰寺「高野聖」、新義派真言宗的和歌山根來寺的炮術僧兵「根來眾」、日蓮宗本能寺及其大量屬寺的「法華兵」等。在僧兵及教派戰爭的高峰階段，甚至單憑一件單兵的冷兵器，即可知兵器主人宗派何屬，例如薙刀（naginata）為天台宗僧兵專用，而十文字鐮槍（jumonji-yari）則為法相唯識宗僧兵專用，尤其如唯識宗總本山奈良興福寺，其屬寺寶藏院更是唯識宗僧兵槍法的所在地，稱「寶藏院流」，迄今在日本傳統槍術上仍是一大流派，有常規性的訓練及年度競賽[70]，原天台宗僧兵的薙刀術也一樣流傳到當代[71]，日本史上最早使用火器作戰，並擁有當時最強大火鎗及鐵炮武裝力量的就是新義派真言宗根來寺的僧兵，僧兵傳統之強悍可見一斑。

僧兵涉身各式各樣的武裝衝突，其中大部分都屬教派戰爭。武裝衝突既有在不同教派之間的開戰，也有在同一派內不同集團的戰鬥，更有跨教派結盟的聯合混戰，佛教徒與天主教徒之間結合宗教與階級分歧的武裝戰鬥，甚至是與世俗的武家集團或幕府的戰鬥，互相武力對抗，不一而足。以僧兵進行教派互戰，這始

---

70 奈良寶藏院流槍術保存會 http://www4.kcn.ne.jp/~hozoin/.。

71 http://www.youtube.com/watch?v=T8J_IkuUbak。

於九世紀唯識宗興福寺與華嚴宗東大寺之間的寺產爭奪。及後經常發生僧兵戰爭，1100 年到 1180 年的八十年間，單是天台宗延曆寺，就發生過十四次之多，其中包括屢次與唯識宗興福寺及清水寺的僧兵發生戰鬥，焚寺殺僧。大略同期，涉事的唯識宗興福寺與天台宗除前述的主要戰事以外，又同時各自另開戰線，唯識宗興福寺與金峰山的山岳行者開戰，而天台宗延曆寺則首先代其末寺白山僧眾衝擊政府，伏擊官家，劫走因開罪白山僧眾而被輕判流放的地方官員。次年天台宗延曆寺僧眾因故生亂，官家派來平亂的數千官兵被天台僧兵擊敗[72]。

同一教派內的不同集團之間的矛盾，亦動輒以武力解決，典型例子如天台宗總本山延曆寺的山門派與天台分寺園城寺（即三井寺，在今滋賀縣大津市）的寺門派之間，分別源於天台宗早期兩位領袖圓珍和圓仁[73]，為戒壇問題發生嚴重爭執，由 1081 年到 1163 年前後才約八十年（白河天皇期間），延曆寺多次發兵四度焚毀對方寺院。另一例子是真言宗內新義與舊義之間的糾紛，最終也是訴諸武裝的暴力衝突，經歷多次互相焚寺殺僧後，紛爭才告一段落[74]。

此外，天台宗和唯識宗大寺院的僧兵有動輒抬神木、神轎，近乎常規性地向政府「強訴」或「嗷訴」（即勒索式示威）的惡

---

72 村上專精著，楊曾文譯，汪向榮校《日本佛教史綱》（《日本仏教史綱》，北京：商務印書館，1981 年），頁 106-107。

73 楊曾文著《日本佛教史：新版》（北京：人民出版社，2008 年），頁 458。

74 楊曾文著《日本佛教史：新版》，頁 204-213。

習[75]，地方官員不敢處理，常托請其他寺院派出僧兵對付「強訴」的僧兵，這不單縱容僧兵漠視官員，且讓不同集團的僧兵交戰，亦首開他們互相之間交惡的先例，加上其他原因，形成不同教派僧兵慣於以教派武裝衝突來解決分歧。天台宗園城寺、唯識宗興福寺及華嚴宗東大寺就是這樣長年相互敵視，動輒訴諸兵刃。

前期僧兵高峰階段的結束是 1159 年在平治之亂後，當權的平家與朝廷支持的大寺院及僧兵常有矛盾，最終找藉口焚奈良東大寺、興福寺，屠殺全部僧眾。隨著天皇及朝廷的權力進一步退卻，權力逐漸分散在武士階層大小不同的集團手中，新成立的佛教宗派，如禪宗、淨土宗及淨土真宗等在武士階層比在皇家及貴族世家中更普及。其中最能代表後期僧兵事態的，是淨土真宗和日蓮宗的巨大規模。他們的僧兵完全植根於如小商賈、工人及農民等中、下層民眾，這一點是和前期僧兵的本質區別。因為淨土真宗以「惡人正機」說，強調在社會生活中，職業的平等性，吸引在中世紀日本重農輕遷的觀念下，向被歧視成賤民的各類手工業者、小商賈、水手、交通運輸從業者、獵人及漁民等，贏取其廣泛信仰[76]，而日蓮宗主要是町人階層的信仰，新宗派的僧兵的力量不單是從這中徵集，亦一定程度反映這些階層及集團的訴求。當然，不能因特定教派與特定階層有較大的重疊，就自動以階級鬥爭的假設得出此必然為所謂「農民起義」之結論，事實上

75　楊曾文著《日本佛教史：新版》，頁 207。

76　劉金才著《町人倫理思想研究：日本近代化動因新論》（北京：北京大學出版社，2001 年），頁 46-50。

當中不少個案純屬教派之間的利益及地盤爭奪[77]，最終演變為宗教－軍事衝突。下文扼述這一階段的僧兵事態。

淨土真宗的解脫教論力主「絕對他力」，另提出「一向一揆」，「一向」是淨土真宗門下一支的本願寺一向宗，「一揆」是日文古詞，字面原義是「在神明面立誓團結一致，展開奮鬥，共同禦侮」，可以是指非武力的抗爭及連帶的談判，但後來變成指武裝起義。「一向一揆」發生在本願寺大幅度成長的階段，鼓動農民抗交地租雜稅，趕走領主，奪取地方政權，建立政教合一的淨土真宗加賀政權，其僧兵作戰時高舉「進者往生極樂，退者無間地獄」（原日文為「進まば往生極楽、退かば無限地獄」）為標語的軍旗。其鼎盛時期，一向一揆波及半個日本。於公元1460-1590 百三十年間，真宗僧、俗信徒以武力舉兵，對抗其他教派及連帶的結盟勢力，這始於 1465 年，天台宗僧兵襲擊淨土真宗祖庭大谷本願寺，淨土真宗發兵反擊，及後，一向一揆起兵不下十次[78]。

有關淨土真宗與「一向一揆」之間的關係，較早年代有1966 年出版，笠原一男的《一向一揆：封建社会の形成と真宗の関係》[79]，及 1972 年出版，笠原一男、井上鋭夫校注的《蓮

---

77 楊曾文著《日本佛教史：新版》，頁 495。

78 這系列「一向一揆」是近江金森合戰（1466 年）、越中（1480 年）、加賀（1488 年）、大小（1531 年）、畿內奈良（1532 年）、三河（1563 年）、長島（1567 年）、石山合戰（1570 年）、越前（1574 年）。

79 笠原一男著《一向一揆：封建社会の形成と真宗の関係》（《日本歷史新書增補版》，東京：至文堂，昭和四十一年＝1966 年）。

如，一向一揆》[80]，90 年代初有神田千里的《一向一揆と真宗信仰》[81]。近年日文學界對淨土真宗宗教暴力衝突的研究持續增長，尤其發生在真宗法主顯如所領導的一向一揆與織田信長之間，著名的「石山本願寺合戰」，石山本願寺是淨土宗在京都的舊寺院被其他佛教教派焚毀後，新遷建的總本山，事實上成了淨土真宗的宗教－軍事城堡。繼前書之後，神田千里再撰有《一向一揆と石山合戦：戦争の日本史 14》[82]，另武田鏡村亦撰《織田信長石山本願寺合戦全史：顯如との十年戦争の真実》[83]。兩書中的前者考察日本佛教史上這一著名戰役當中，往生極樂的淨土信仰及期望作戰陣亡之間，是如何由提倡「報恩謝德」的真宗教義所結合，並成為在價值觀上進行軍事動員的方式。

一直以來，對淨土真宗「一向一揆」的研究，幾乎完全是日文學界的天下，但近年出現改變，一部以日本後期室町時代的一向一揆為案例探討日本佛教的戰爭與信仰的英文論著[84]，成為首冊涉足此題的非日文研究，該書本為哈佛大學 1995 年的博士論

---

80 笠原一男、井上鋭夫校注《蓮如，一向一揆》（《日本思想大系》17，東京：岩波書店，1972 年）。

81 神田千里著《一向一揆と真宗信仰》（《中世史研究選書》，東京：吉川弘文館，平成三年＝1991 年）。

82 神田千里著《一向一揆と石山合戦：戦争の日本史 14》～解体される一向一揆神話（東京：吉川弘文館，平成十九年＝2007 年）。

83 武田鏡村著《織田信長石山本願寺合戦全史：顯如との十年戦争の真実》（ベストセラーズ，平成十五年＝2003 年）。

84 Carol Richmond Tsang, *War and Faith: Ikkōikki in late Muromachi Japan* (in the Series of *Harvard East Asian Monographs* No.288, Cambridge, Mass.: Harvard University Asia Center, Distributed by Harvard University Press 2007).

文，探討後期室町時代十六世紀淨土真宗當中「一向宗」的宗教－軍事集團的武裝行為，即「一向一揆」。與既有的「一向一揆」研究相比，其特點是：既有研究多著眼於日本戰國時期後期階段的封建政治集團、階級衝突及戰爭史的角度，「一向一揆」因而常被定義為農民起義，對於當中的宗教信仰的元素卻罕受關注，但該書則偏重探討信仰的作用在充滿武裝衝突與戰亂的社會中的多重而複雜的角色。

日蓮宗鼓吹獨崇《妙法蓮華經》，有著名的「四箇格言」，即「念佛無間，禪天魔，真言亡國，律國賊」之著名口號，敵視如淨土、禪、真言及律等其他宗派全屬錯誤[85]，從而先後造成與淨土真宗的人身暴力衝突，招至死傷，有所謂「伊豆法難」及「小松原法難」[86]。其排他性之強，在日蓮宗流布的地區，皆以「教折服」或「行折服」迫使全部人改宗，「行折服」是據《涅槃經》覺德比丘的故事以武力迫對方就範，從而日蓮宗流布區都是整個村社成為信徒，這亦是其僧兵的兵源所在，日蓮宗僧兵組織的特性是屬寺全部武裝化[87]，以協同作戰。

日蓮宗提出「法華一揆」之論，多次組織法華僧兵暴動，其中包括攻打淨土真宗，並燒燬其總本山山科本願寺。1536 年，日蓮宗在一次法義辯論上駁倒比叡山天台宗，後者不服，以武力要脅並欲控制在京都的日蓮宗，日蓮宗還擊，發兵攻打天台宗，比睿山延歷寺僧兵擊退日蓮宗的進攻後，立即和唯識、華嚴、淨

85 何勁松著《日蓮論》（《日本研究博士叢書》，北京：東方出版社，1995 年），頁 71-76。

86 何勁松著《日蓮論》，頁 45-49。

87 何勁松著《日蓮論》，頁 214-215。

土、真言等多個大宗派結成聯盟抵抗，集合京都天台園城寺、東大寺、興福寺、根來寺、本願寺僧兵五萬眾，圍攻日蓮宗在京都的根據地，攻破日蓮宗在當地所有廿餘座大寺院，把它們之全部焚毀，朝廷順勢下令在京都地區禁除日蓮宗，此乃著名的「天文法華之亂」[88]，今谷明先後在二十年間兩次出版專論，深入探討此一事件，分別是《天文法華の乱：武装する町眾》[89]與《天文法華一揆：武装する町眾》[90]，而就日蓮宗在中世紀的戰國環境中，為何及如何成為一個宗教武裝集團，則有湯淺治久剛出版的《戦国仏教：中世社会と日蓮宗》[91]。

當時僧兵的普遍程度從以下情況可見一斑：十六世紀後期，織田信長的「天下布武」政策是用武力清除地方上各大封建勢力，其面臨的主要障礙，幾乎都是佛教力量，主要是天台宗、新義真言宗及淨土真宗，織田信長於 1571 年發兵攻陷天台宗總本山比睿山延曆寺，焚毀全寺，屠殺數千天台宗僧兵及教眾。約在同一階段，另發重兵圍攻勢力遠比天台宗強大多倍的淨土真宗。戰鬥數年後，於 1580 年迫使其總本山本願寺投降，織田與淨土真宗之間的戰事，單是長島與越前兩役，一向一揆的僧兵陣亡就達五萬多人。1585 年織田信長發兵進攻新義真言宗和歌山根來

88　何勁松著《日蓮論》，頁 216-219。

89　今谷明著《天文法華の乱：武装する町眾》（東京：平凡社，昭和六十四年＝1989 年）。

90　今谷明著《天文法華一揆：武装する町眾》（東京：洋泉社，平成廿一年＝2009 年）。

91　湯淺治久著《戦国仏教：中世社会と日蓮宗》（東京：中央公論新社，平成廿一年＝2009 年）。

寺，最終在戰火中將其燒燬。新義真言宗的根來寺有僧兵上萬眾，且是戰國時代最強大的火鎗隊或鐵炮隊，同時根來寺也擁有最尖端的製炮技術，兼而向其他僧、俗軍事力量販賣鐵炮、輸出鐵炮技術、訓練制炮技師及組成根來寺的鐵炮僧兵團，應各戰國大名的邀僱，以僱傭兵身分參與戰國時代的多場戰役。

雖然距消滅最後一股僧兵力量已四百餘年歷史，但在日本社會生活、文化、民間傳說或節日，至今日仍留下僧兵的歷史痕跡，例如反映天台宗延歷、園城二寺內鬥之「鐵鼠賴毫阿奢黎」民間傳說、每年日本三重縣湯山僧兵節的僧兵巡遊、文學作品如《平家物語》、浮世繪及相似的日本畫作、到時下年青人流行文化中的電子遊戲的角色，都留下日本佛教宗教暴力衝突的蹤跡。

在日文學術界，自 50 年代已有日本佛教僧兵的研究問世，如勝野隆信的《僧兵》[92]、渡邊守順著《僧兵盛衰記》[93]及日置昌一著《日本僧兵研究》[94]等，西方學界一直到二千年為止，都沒有專研僧兵的論著出現，雖然在介紹日本武士史的論著中確多會辟一章半節，把僧兵目為武士名目下的一類作出簡單而表面的介紹，但都遠未觸及其發生的因由條件，乃至與佛教作為信仰體系之間在意識形態上的關係。亞裔美國人珍妮花・新（Jennifer Shin）是美國軍隊首位佛教的隨軍宗教師，她在 2004 年以日本僧兵為

92 勝野隆信著《僧兵》（《日本歷史新書增補版》，東京：至文堂，昭和四十一年＝1966 年）。

93 渡邊守順著《僧兵盛衰記》（三省堂選書，昭和五十九年＝1984 年）。

94 日置昌一著《日本僧兵研究》（国書刊行会，昭和四十七年＝1972 年）。

主題，完成其在加州柏克萊聯合神學院（Graduate Theological Union, Berkeley CA）的碩士論文[95]，這應該是日文學界以外，首部以此為題的專著。熱衷於古代日本武士、軍事及戰爭題材的軍事史作家史蒂芬・特恩布爾（Stephen Turnbull）在 2003 年撰有一部附相片及彩圖的 64 頁小冊子介紹公元 949-1603 年間的日本僧兵[96]，但被批評為欠充分的學術嚴謹性。

以研究日本中世紀佛教的政－教關係史聞名的美國學者米凱拉・阿道夫森（Mikael S. Adolphson）在 2000 年出版一書，研究前現代日本僧侶如何作為封建「權門」之一[97]，當中有略涉及僧兵。七年後，阿道夫森再出版以僧兵為專題的論著，並以「佛陀的爪牙」為書題，探討日本史上的僧寺武裝及僧兵[98]，這應是西方學界首部正式出版的日本僧兵專著。全書分別討論宗教暴力及武裝僧侶之論述、寺院暴力及戰火、佛陀的打手、僧侶貴族及僧侶指揮官，僧兵與武藏坊弁慶等。該書藉著追溯在歷史過程中建構出來的「僧兵」形像，是如何誕生及被應用於逐漸替換武藏坊弁慶和寺院的戰鬥人員，本書提出一套說法，解釋現代在重構中世紀日本史時，如何及為何提出「僧兵」之傳統。作者試圖把

---

95 Jennifer Shin, *An Analysis of Sohei: Japan's Militant Buddhist Monks* (Thesis of Master Degree, Berkeley: Graduate Theological Union 2004).

96 Stephen Turnbull, *Japanese Warrior Monks: AD 949-1603* (Oxford: Osprey Publishing 2003).

97 Mikael S. Adolphson, *The Gates of Power: Monks, Courtiers and Warriors in Pre-modern Japan* (Honolulu: University of Hawai'i Press 2000).

98 Mikael S. Adolphson, *The Teeth and Claws of the Buddha: Monastic Warriors and Sohei in Japanese History* (Honolulu: University of Hawai'i Press 2007).

東亞佛教的宗教暴力成因，放到相應的社會文化環境中來理解。有趣的是，作者在此試圖為僧兵在日本史上的惡名翻案，論證僧兵的武裝鬥爭不應被目為宗教暴力。

阿道夫森認為，僧兵的歷史上的名聲難與武士相比，僧兵通常都被誣蔑和批評為他們涉身政治和其他世俗事務，這樣的批評反映他們並沒有被視為屬於武士一類。阿道夫森的考察顯示奈良和鎌倉時代的寺院武力的社會起源、政治環境和作戰形態，這些僧兵實際上應被視為同屬武士一類，僧兵的負面形像源於晚至十四世紀修建寺院時，為藝術需要所建構出來。由於武士階層控制全國政治，日文 sōhei（僧兵）形像最終和從韓國傳進來的韓文概念 sunghyong（僧兵）合併。十二世紀後期傳奇中的僧兵武藏坊弁慶，是唯一免於被後世論者所批評的，這並非因為他是武藝高強的僧兵，卻只是因為他受著名武士源義經所收服，且受其調遣，從而有助於強化武士才是上位者之形像。

在解構「僧兵」形像，乃至於探索寺院武裝力量的特徵、角色和意義時，該書強調歷史環境的重要。它特別指出，放任以後出，尤其是現代的宗教概念發揮過度的影響，並施之於對過去的解釋，這乃是一種謬誤。故此與其另立一個分開的暴力類別及意識形態脈絡，倒不如視僧兵的行為舉措與其非宗教的同仁（即一般武士）全無差異，而無必要以其聲稱出自宗教動機之托辭，而目之為有異於有其他意識形態推動之暴力。特別在當前慣於假定聖戰或十字軍等一類概念，來解釋涉及宗教的暴力衝突時，主張宗教以外的其他因素扮演更重要的角色，推動假佛教之名而作出暴力行徑之議，便常被低估或忽視。

佛教體制與部落民制度　雖然前一階段僧兵的狂暴終告落

幕，但佛教依然是中世後期日本社會一組非常強大的力量。進入江戶時代，日本社會相對穩定，由於在教派僧兵長期混戰的前一階段，只有禪宗與此關係不深。禪宗從而不單在新時期有較大發展，且漸成大宗派，在全日皆廣設寺院。這一階段佛教涉足強權的方式，由前一階段明顯可見的武裝僧兵轉變為國家統治體制的一環，其暴力形式部分已經轉變為較不顯眼的統治制度的一環，主要表現在二事上，一者對日本天主教農民的軍事及政治壓制，其次是執行對「部落民」的制度化歧視。

由於江戶時代的日本已經遇上西方文明，當中的天主教尤其吸引農民，其信眾人口一度高達數十萬之眾，使信仰佛教為主的貴族階層感到受威脅，亦讓幕府產生戒心與恐懼，幕府遂對天主教下禁教令，在遭遇天主教農民反抗時，即動員佛教進行武裝鎮壓，事實上在幕府對日本天主教的大型軍事鎮壓中，佛教是非常關鍵而「得力」的助手。其得力的程度，甚至在完成對拒絕改宗天主教徒的軍事鎮壓後，幕府強制實施「寺請制度」以確保殘餘的天主教徒必需強制改信佛教[99]，即日文稱「寺門改」，而這一強制改宗的絕大部分實質操作，就是由佛教來執行。所有人必需在就近的指定寺院登記其戶籍的一切相關資料，同時也被編為寺院屬民，日文稱「檀家制度」，天主教徒當然要改宗，但本已經信佛者亦不准脫離佛教。同時授權佛教寺院建立「宗旨人別賬」

---

99 從事日本禪宗及佛—耶比較宗教研究的美國學者占姆士・腓特烈斯（James Fredericks）曾向筆者出示十七世紀的日本觀音像，中間打開後，內裏卻是一個天主教聖母像。據說，該像實際上是當年佛教徒以武力迫天主教徒改宗後，被迫表面屈服的日本天主教徒的宗教物品，對外應付佛教的壓力，同時仍力圖維持對天主教信仰的個人忠誠。

及「檀家過去賬」等的戶籍檔案系統，將其轄區屬民的姓名、年齡、結婚、生死、旅行、所屬佛教宗派（最後一項是最關鍵）記錄在冊，及應需要由寺院出具證明（日文「追手形、宗旨手形」），確認其不是基督教徒（吉利支丹）方可放行。並由佛教僧人據此監控屬民，制止天主教的傳播，當中主要都是禪宗寺院，該等寺院成為實質上的戶政機關，掌有全日本戶籍的詳細記錄，以支援政府在稅項及兵役在內的人力徵用。

從而佛教以近乎國教的方式，廁身於江戶時代的日本官方體制內，作為一個支援統治的系統[100]。同時也實行寺院與轄區屬民之間的寺檀關係，即由寺院來負責屬民的喪葬、骨灰收藏、定期舉辦各種追薦法會，屬民則要向寺院繳納大量財物。幕府結合寺院對全國進行統治及控制，寺院同時成為戶政及警政的執行單位，這種安排造就僧侶負責監控民眾的特殊地位。

除天主教以外，江戶時代的禪宗寺院的社會監控體制的另一對象是部落民（Burakumin）[101]，這情況一直延續到當代。如前

---

100 楊曾文《日本佛教史：新版》，頁 515-521。

101 「部落民」是日本社會的少數族群，種族上與一般日本人無異，但社會階級不同，是封建時期賤民階層的後裔，從事「不潔」的工作，處理與死亡有關的事務，如殯儀、皮革業者或劊子手稱為「穢多」，乞丐則稱為「非人」，生活於與外隔絕的貧民區。1871 年日本廢除封建階級制度，雖法律條文上部落民被解放，但真實的社會生活上歧視未稍減。在今天的日本，部落民就業、結婚等歧視仍存。1980 年代始，很多年輕部落民開始組織和抗議對他們的歧視。部落民的人數據不同的調查，有不同數字，由百餘萬到二百餘萬之間。有關「部落民」問題的來龍去脈，英文研究見 Sueo Murakoshi (村越末男) and I. Roger Yoshino, *The Invisible Visible Minority: Japan's Burakumin* (Osaka: Dowamondai Kenkyushitsu, Osaka City University 1977)。中文簡介見楊曾文、張大

所述，「批判佛教」的爆發，事實上就是源於當代日本曹洞宗本身深涉這一歧視性的制度內，但其對當中的不義公然漠視，所招致來自曹洞宗內部的反彈。兩位研究日本禪宗的學者曾探討佛教在維持部落民的歧視性制度所扮演之主動角色。萊斯莉・奧爾德（Leslie D. Alldritt）撰文綜述日本佛教如何串謀壓迫部落民[102]，威廉・博迪福特（William M. Bodiford）[103]則探討禪宗如何成為宗教歧視的手段[104]，該文從歷史角度，詳盡說明日本曹洞禪宗組織介入「部落民」體制化歧視，以佛教觀念、社會史背景、制度及儀式強化該等歧視之種種具體細節等數據，並且亦檢討町田宗夫事件後，曹洞宗進行改革的具體項目、詳情、幅度、局限及對效果的評論。

明治維新以來的護國佛教　前文已述，日本佛教向來有維護政權秩序的強烈傳統，日文稱為「護國佛教」或對國家的「鎮護」。日本在江戶時代後期面臨西方力量的入侵，開始意識到國家存亡危機。明治年間以歐西為模範進行改革，過程當中，針對

柘、高洪合編《日本近現代佛教史》（杭州：浙江人民出版社，1996年）部落民一節，頁 152-157。

102 Leslie D. Alldritt, “The Burakumin: The Complicity of Japanese Buddhism in Oppression and an Opportunity for Liberation”, *Journal of Buddhist Ethics* 7, 2000.

103 威廉・博迪福特（William M. Bodiford）是專攻中世紀日本曹洞宗的學者，著有《中世紀日本的曹洞禪》（*Sōtō Zen in Medieval Japan*，改寫自 1989 年耶魯大學博士論文，收於 Series of *Studies in East Asian Buddhism* 8, Honolulu: University of Hawaii Press 1993）。

104 William M. Bodiford, “Zen and the Art of Religious Prejudice”, *Journal of Japanese Religious Studies* Vol.23, No.1-2, 1996, pp.4-22.

佛教，先後執行神佛判然令、神佛分離令，及廢佛毀釋令[105]，指佛教是其中一個因素造成日本的落後。這全面排佛的舉措使佛教臨近滅亡，促使日本佛教向政府謀求讓步，以爭取生存空間[106]。自此以後迄二戰終戰止，日本佛教逐漸徹底屈服於國家主義，由組織、意識形態及人力物力等一切資源上，主動響應及積極參與官方於一切政治、軍事及殖民事務上的意旨，包括日本對韓、滿蒙、臺灣、西藏等的拓殖與滲透，對日本國內工、農聲音的壓制，30 年代軍國主義的動員及隨後對亞洲各國的侵略，主流日本佛教近乎徹底參與。近年華文學界對二十世紀日本佛教與軍國主義之間關係的研究有所增加，楊曾文《日本近現代佛教史》的第二與第三章、高洪《日本當代佛教與政治》部分章節[107]，及何勁松《近代東亞佛教：以日本軍國主義侵略戰爭為線索》[108]對此皆有討論。

在日文學界，除了本身是曹洞宗僧的佛教學者如秋月龍眠、市川白弦、「批判佛教」的松本史朗及袴谷憲昭等有作討論外，近年亦有其他研究領域的日本學人對此作系統探討，例如榮澤幸

---

105 楊曾文等合著《日本近現代佛教史》，頁 37-54。見 C. Ives,“The Mobilizations of Doctrine: Buddhist Contributions to Imperial Ideology in Modern Japan”, *Journal of Japanese Religious Studies* 26 (1-2), 1999, p.102。

106 楊曾文等著《日本近現代佛教史》，頁 54-74。

107 高洪著《日本當代佛教與政治》（《日本研究博士叢書》，北京：東方出版社，1995 年）。

108 何勁松著《近代東亞佛教：以日本軍國主義侵略戰爭為線索》（《中國社會科學院中日歷史研究中心文庫》，北京：社會科學文獻出版社，2002 年），頁 162-320。

二所撰，篇幅達 316 頁的《近代日本の仏教家と戦争：共生の倫理との矛盾》[109]，榮澤作者本人不是佛教研究領域的學者，之前研究日本帝國主義意識形態，並撰有這方面的專論《「大東亞共榮圏」の思想》[110]。該書藉此考察從二十世紀初到戰時階段，三個淨土真宗僧人伊藤證信（1876-1963）、西田天香（1872-1968）、西本願寺派法主大谷光瑞（1876-1948，曾留學歐洲），及本身是佛教徒的著名佛教學者椎尾弁匡（1876-1971）的宗教－學術事業與軍國主義之間的共生關係。

此外專論日蓮宗戰爭角色的還有 1998 年出版，大木道惠的《仏教者の戦争責任：日蓮正宗の歴史改ざんを問う》[111]，該書探討日蓮正宗為何完全不承認戰爭責任，並且如何以封閉的態度，徹底合理化其戰時行徑，甚至主張以信仰協助戰爭的光榮感，迴避曾為成員的「非戰」講話和行為，而褫奪其僧籍、取消宗門身分，甚而一再發生協助官方拘捕異議成員等壓制教派內部反戰聲音之情況，重新展現出戰時日蓮正宗內部因政見分歧而發生的派內鬥爭及壓迫之歷史。

當然也有少數僧人在戰爭期間，是公開地反戰的，著名例子有淨土真宗大谷派東本願寺的竹中彰元（1867-1945），1937 年竹中彰元被以違反日本陸軍刑法罪名被逮捕及判刑，同時當年大

---

109 榮澤幸二著《近代日本の仏教家と戦争：共生の倫理との矛盾》（東京：專修大学出版局，2002 年）。

110 榮澤幸二著《「大東亞共榮圏」の思想》（收於《講談社現代新書》（東京：講談社，1995 年）。

111 大木道惠著《仏教者の戦争責任：日蓮正宗の歴史改ざんを問う》（東京：文芸社，平成十年＝1998 年）。

谷派東本願寺也處分竹中彰元，判以停班三年及褫奪布教師資格，近年淨土真宗大谷派圓光寺住持，同時也是學者的大東仁著有《戦争は罪悪である：反戦僧侶・竹中彰元の叛骨》詳細探討此事[112]。

研究近代日本政治的韓裔政治學者許南麟亦撰文討論日本曹洞禪宗如何深入參與二十世紀初日本對韓的帝國拓殖工作[113]，從作為隨軍出征，服務軍隊的宗教師，到廣泛布建寺院於被殖民的韓國，並嚴格在日本帝國的框架下弘揚佛法，以助政治宣傳，最後是在韓國推動皇民化運動。

闞正宗《日本殖民時期臺灣「皇國佛教」之研究：「教化、同化、皇民化」下的佛教（1895-1945）》[114]是探討臺灣日治時期的「皇國佛教」。「皇國佛教」是指明治維新後，日本佛教在政－教關係上的特質，對內輔助神道教，對外配合國家擴張，在殖民地扮演教化、同化、皇民化當地人的角色。日本在殖民統治臺灣的五十年間，「皇國佛教」參與整個在臺殖民事業。臺灣的

112 大東仁著《戦争は罪悪である：反戦僧侶・竹中彰元の叛骨》（名古屋：風媒社，平成二十年＝2008 年）。大東仁本人為大阪經濟法科大學亞洲研究所的研究員，曾悉力推動「竹中の名誉回復運動」，2007 年真宗大谷派主辦「復権顕彰大会」，宗務總長以宗派名義謝罪，在事發七十年後發表「宗派聲明」，宣布取消對竹中彰元的處分，恢復名譽，見 http://www1.ocn.ne.jp/~yosisi/newpage2.htm。

113 Nam-lin Hur, "The Soto Sect and Japanese Military Imperialism in Korea", *Japanese Journal of Religious Studies* Vol.26, Nos.1-2, 1999, pp.107-134.

114 闞正宗著《日本殖民時期臺灣「皇國佛教」之研究：「教化、同化、皇民化」下的佛教（1895-1945）》（臺南：國立成功大學歷史學系博士論文，2009 年）。

日治時期始於 1896 年，殖民當局派隨軍僧及各宗派宣教師進入臺灣寺廟，各自訂定宣教計劃。1915 年「西來庵事件」爆發後，殖民當局借機進行全臺宗教調查，並以臨濟宗及曹洞宗為主導力量，加速以日本佛教統領本土宗教。1931 年「九一八事變」後，對日抗戰爆發，日本佛教在臺的角色逐漸徹底化，從 1932 年「部落振興會」、1934 年「臺灣社會教化協議會」到 1937 年「精神總動員（皇民化）運動」及 1942 年「寺院戰時體制」等一系列由臨濟宗及曹洞宗等策劃與執行的計劃，把「皇國佛教」推向高峰。

西方學界首次注視到日本佛教及其相關思潮與軍國主義之間可疑而複雜的關係，乃是在 90 年代初，原因有二，一者是 80 年代後期日本批判佛教在其國內受挫後，採取把問題國際化的對抗策略，使西方學界從此關注日本佛教在政治世界中的操守問題。二者是德國哲學家馬丁・海德格（Martin Heidegger）的納粹黨身分及對納粹政權的取態問題被翻出來。探討日本佛教在軍國主義體制及戰時角色的西方研究近年一直在增長，其研究者每多本身是專研日本禪宗的學者，部分有僧侶身分者。他們一直追溯禪宗可能蘊含的道德虛無主義、抽象的平等一體說，及國家主義暴力之間的結合，這已成了學界近年非常關注，有關佛教宗教暴力的重要題材，無論是下文提及的多位研究禪宗的學者，或因涉足與禪宗思想關係密切的日本天台宗之研究者，都無法迴避之。

比之於現有中文論著多偏重歷史進程的分析與描述，西方研究更重視內在於禪宗思想，從意識形態批判之角度出發，來探討日本禪宗與軍國主義內在觀念連繫，因此其在思想深度上較為突出。西方學界對此的最早討論應該是 1994 年出版，詹姆斯・海西希（James W. Heisig）及約翰・馬拉爾多（John C. Maraldo）合編，探討禪、京都學派及國家主義議題的論文集[115]。這是 1992 年 5 月在加州柏克萊的佛教研究所（Institute of Buddhist Studies, Berkeley）召開「日本帝國體制與日本宗教文化」的會議成果，詳細考察禪宗與國家主義之間關係的四篇論文分別探討禪宗弟子的戰爭態度、禪的民族主義、鈴木大拙論國家與社會，及市川白弦對帝國禪的批判，其餘內容主要是有關京都學派。這論文集將禪宗和京都學派放在一起似乎略嫌簡化，因為京都學派雖在思想上有受禪宗影響，但畢竟她遠不只是禪宗，過度強調禪宗的角色，易生偏差，因為京都學派的思想淵源要比禪宗多元，而她所面對的問題也遠要比禪宗複雜。其次，京都學派的軍國主義背景，亦應該被認真對待，而不應以全無批判性的態度來接受[116]。

布賴恩・大禪・維多利亞（Brian Daizen Victoria）撰有二書專門討論日本禪宗在日本軍國主義的冒起及發動對外侵略戰爭時扮演的主動角色，維多利亞本人其實是日本曹洞禪宗的僧人。此二書的出版最終促使多個相關的日本禪宗宗派，就其於二戰中的角色發表公開的道歉聲明。首先是題為「戰爭中的禪」的一書[117]，

---

115 James W. Heisig & John C. Maraldo (ed.), *Rude Awakenings: Zen, the Kyoto School, & the Question of Nationalism* (Honolulu: University of Hawaii Press 1994).

116 時下華人學界的研究，也同樣有把京都學派簡化為現代佛學，再簡化為禪學。尤其對京都學派在二戰期間與日本軍國主義的密切關係，及其公開而明確地支持日本侵略亞洲國家一事採取迴避的態度，只是答非所問，以「侵華是日本軍部當權的北進派之決定，屬陸軍系統。京都學派支持的是失勢的南進派，屬海軍系統」來顧左右言他，這難讓人信服。

117 Brain D. Victoria, *Zen at War* (N.Y. Weatherhill 1997).

主要以禪宗領袖及禪宗學者的論著與演講稿作為文獻根據，嚴密地揭露出貌似和平反暴力的宗教，如何在整個第二次世界大戰之過程中，未為人知，但緊密無間地支持日本軍國主義。幾乎所有日本禪宗的主要領袖和組織，都是日本帝國殖民及太平洋戰爭的熱心支持者。該書並顯示禪宗如何作為強而有力的意識形態基礎，推動這股狂熱及自殺殉戰之風，禪宗從而無從否認地陷身於自相矛盾及軍國主義。該書探討現代日本佛教介入社會之初期氣氛，及其間曹洞禪宗極端立場的僧人如何形成；各個體制化的佛教系統如何由拒絕軍國主義的邀請，逐步轉變為被整合入局，雖然有少數例外抵抗軍國主義的禪宗人士，但被整編的主流佛教禪宗已開始以帝國禪及作戰禪的方式，深入參與日本的軍國主義事業，最後探討在戰後禪宗如何再重回日本社會，及省思這樣熱中於戰事的禪宗，到底算是什麼意義下的佛教。該書英文出版未幾，即有日譯本《禅と戦争：禅仏教は戦争に協力したか》[118]出版。

七年後，維多利亞再出版題為「禪宗戰爭的故事」[119]的另一著作補充前書取宏觀進路，對局勢及事態進程作綜合分析時未及兼顧的個案細節。此書循局內參與者經驗之角度作討論，其中部分是根據直接參軍之當事者的戰時書信及當面訪談，考察禪宗的生死觀如何被整合進軍隊的「精神教育」內，以便在軍民之間

118 ブライアン・アンドルー ヴィクトリア（B. D. Victoria）著，エィミー・ルィーズ ツジモト日譯《禅と戦争：禅仏教は戦争に協力したか》（高雄：光人社，2001 年）。

119 B. D. Victoria, *Zen War Stories* (in *Routledge Curzon Critical Studies in Buddhism Series*, London; New York: RoutledgeCurzon 2003).

培養起軍國主義精神，同時也間接思考政－教關係問題。個案主角涉及多位日本禪宗的代表人物，包括多位在 30 年代參與極右軍人秘密組織「血盟團」，從事政治暗殺，連番刺殺以首相為代表的官僚系統政要[120]，及參與侵華戰爭之佛教徒年青軍官對其動機及經驗的禪宗式自述。

同時本書也引述這些年青軍官著名的禪宗師父在法庭上作證之公開場合，對其徒所從事的暗殺活動作出頌揚及禪宗式意義解讀。他們分別是臨濟宗或曹洞宗的重要禪師如山本玄峰、大森曹玄、安谷白雲、今村均、鈴木大拙等，其中部分即使在戰後，依然是非常著名的極端右翼分子代表人物。本書也討論日蓮宗隨軍宗教師的戰爭生活、禪宗叢林生活的規範及理念等，是如何間接成為基本軍事訓練的原型，及戰後佛教如何作為多位甲級戰犯的最終庇護所。

克里斯托弗・艾夫斯（Christopher Ives）是專研日本禪宗的學者，撰有系列譯、研論著。他早期撰有一書探討禪宗強調其實踐的非關倫理與社會、政治等「世間」事，而只關注修行與解脫之論述。並考察在傳統日本的政治－社會環境下，這種觀點在社會生活所起的是什麼角色與作用[121]。

這背景下，艾夫斯在年前撰有另一有關日本禪宗參與國家暴

---

120 年青軍官試圖把日本推向軍國主義，見堀幸雄著，熊達雲譯，高士華校《戰前日本國家主義運動史》（《中日歷史問題譯叢》，北京：社會科學文獻出版社，2010 年），頁 85-139。

121 Christopher Ives, *Zen Awakening and Society* (Honolulu: University of Hawaii Press 1992).

力的專著，探討曹洞宗僧職學者，著有《佛教の戰爭責任》[122]的市川白弦（1902-1986）對所謂「皇道禪」的批判及糾纏而起的佛教相關倫理問題[123]，例如反映在西田哲學當中的帝國禪倫理陷阱。其中的「皇道禪」是日本禪宗領袖在二十世紀上葉，積極參與造就日本帝國主義時所提出的禪宗概念。市川在戰後，曾長年累月獨力編纂編年史，記錄禪宗戰前及戰時如何支持日本帝國主義，並再三就禪宗的戰爭責任問題，向其施壓。

艾夫斯以市川白弘的戰時日本禪宗批判為線索，放在護法與護國之觀念張力下，探討佛教的戰爭罪責及社會倫理，並處理下列觀念之間的關係：「安心、任運」與「皇道禪、皇道佛教、劍禪一如」；禪宗依華嚴「事事無礙」及「差別即平等」倡議「惡平等」，從事對外侵略；乃至以禪宗「風流之境涯」的以審美推避道德責任；懺謝文的所謂「一億總懺悔」只是懺悔戰敗，而非侵略帶來的殺生等[124]。也探討日本佛教如何以傳統封建從屬關係的「天下和順主義、王佛相依、報恩」觀念，參與現代日本帝國意識形態，以教義參與戰爭動員，自願淪為國家權力的附庸，集體自棄公民權，甘受支配[125]。最終當然也由觀念的參與，演

---

122 市川白弦著《佛教者の戰爭責任》（京都：春秋社，1970 年，京都：法藏館，1993 年）。

123 Christopher Ives, *Imperial-Way Zen: Ichikawa Hakugen's Critique and Lingering Questions for Buddhist Ethics* (Honolulu: University of Hawai'i Press 2009).

124 C. Ives, "Protect the Dharma, Protect the Country: Buddhist War Responsibility and Social Ethics", *The Eastern Buddhist* Vol.33, No.2, 2001, pp.15-27.

125 C. Ives, "The Mobilization of Doctrine: Buddhist Contributions to Imperial

變為從制度、人員及物質上的全面貫徹國家暴力[126]。借助上述議題，艾夫斯闡釋了市川白弦反思禪宗宗教解脫的方法、佛教形上學所修建的政治論述、傳統東亞世界中佛教和政府之間的合作、京都學派西田幾多郎的哲學系統，及戰後日本的國家神道教之狀態等系列問題。

羅伯特・夏富（Robert Sharp）是另一位研究中、日禪宗的東亞佛教學者，曾在日本唯識宗出家為僧，他帶著此一背景兼而探討現代日本禪宗與軍國主義的關係。夏富先後撰寫有系列論文，處理日本國家主義的禪[127]和禪的國家主義[128]。近年夏富討論較多的是所謂宗教體驗（religious experience）之概念，但他對此深富批判性的觀察，其實仍然間接連繫於早期有關日本禪宗的軍國主義問題之討論，即考察被標榜為所謂純粹「內在、私人」的宗教體驗，是如何間接呼應於其涉及面更為廣泛的政治意識形態。

Ideology in Modern Japan", *Journal of Japanese Religious Studies* Vol.26, Nos.1-2, 1999, pp.96-97, 101-103.

126 C. Ives, "Dharma and Destruction: Buddhist Institutions and Violence", *Contagion: Journal of Violence, Mimesis and Culture* Volume 9, Spring 2002, pp.151-174.

127 Robert Sharf, "The Zen of Japanese Nationalism", *History of Religions* Vol.33, No.1, 1993, pp.1-43.

128 Robert Sharf, "Whose Zen? Zen Nationalism Revisited", in Heisig, James W. & John C. Maraldo (ed.), *Rude Awakenings: Zen, the Kyoto School, & the Question of Nationalism.*

四、藏傳佛教

有關藏傳佛教的宗教暴力，與日本佛教一樣，由來已久，無論教派內、外。幾乎每一個新教派的成立過程中，都面對其他教派政治及軍事力量的壓制，從而最終經常用教派武裝來解決利益紛爭及教義分歧。其實自元朝以降，歷朝處理藏務的地方官員的公務文件或地方仕紳的公、私檔案等漢文資料中，每多涉及藏區寺院的擁兵與教派衝突。藏文資料更是廣泛散見於各種藏文的傳統教派和寺院史冊、僧俗政教人物傳記、地方誌。

學界從未對藏傳佛教的宗教暴力感到過陌生，提及這類事件的情況其實不在少數，唯近年「佛教的宗教衝突與暴力」才逐漸成為佛教研究的新題，而展開系統的編彙、分析及研究。只是國際學界對藏傳佛教宗教暴力的討論，較多是來自藏學（Tibetology）界，而不是來自佛教研究（Buddhist Studies）圈子。從事藏傳佛教教義研究的學者，除非其工作涉及非格魯派的研究，方會在討論他事時，附帶地提及之。在中文藏學界的多種西藏史研究或已被中譯出版的藏文史冊[129]，均詳略不一地記錄了藏傳佛教史上，以教派為單位的多宗大型教派戰爭，致於規模較小的教派或寺院集團的武力衝突，只能用「不勝枚舉」四字來形容。本章不會專門探討藏傳佛教宗教衝突的個案細節，所以即使是以教派及其政權為單位而爆發的宗教戰爭，本文亦不可能在此不厭其

129　如恰白・次旦平措等合著，陳慶英等合譯《西藏通史：松石寶串》（拉薩：西藏古籍出版社，1996 年）；王森著《西藏佛教發展史略》（《社科學術文庫》，北京：中國社會科學出版社，1997 年）；及王輔仁《西藏佛教史略》等，乃至已中譯出版的系列藏傳佛教傳統史冊。

煩、長篇累牘地一一詳述。

但為能便於下文進一步的討論，姑且舉止貢寺之亂（vbri khung gling log）為例，對其事態輪廓稍加鈎勒。根據《青史》（*Deb ther snon pu*）[130]、《漢藏史集》（*Rgya Bod Yig tshanz chen mo*）[131]及《止貢金鬘》（*Nes don bstan pai sñin po mgon po'Bri-gun-pa chen po*，*i gdan rabs chos kyi byun tshul gser gyi phren ba*）[132]等記載，止貢寺之亂是指 1285-1290 年間，在元代藏地的薩迦派（Sa skya pa）政權與止貢迦舉派總部止貢寺之間，所發生一系列戰爭，初互相燒寺殺僧，稍後參戰雙方皆各自援引不同的蒙古軍事集團介入，止貢迦舉派試圖引入九萬蒙古軍推翻薩迦派，薩迦派集結元朝及其他各部僧、俗兵力對抗，單是薩迦派發兵進攻止貢寺的一役，止貢寺僧、俗被薩迦派殺者即逾萬人，薩迦派並攻占止貢迦舉派的大量屬寺及屬地，止貢派全幅敗散，其高層及其蒙古人支持者出走，逃亡外鄉，經此一役後，止貢迦舉派影響力大幅萎縮[133]。

事隔七百餘年，即使時至今日，止貢迦舉派對此仍餘恨未

130 廓諾迅魯伯（Gos Lo tsā ba Gźon nu dpal）著，郭和卿譯《青史》（拉薩：西藏人民出版社，1985 年）。

131 班覺桑布・達倉宗巴（Dpal-byor-bzan-po, Gýas-ru Stag-tshan-pa）著，陳慶英譯《漢藏史集：賢者喜樂贍部洲明鑒》（《西藏歷史名著》，拉薩：西藏人民出版社，1986 年）。

132 直貢・丹增白瑪堅參（Bstan dzin padma rgyal mtshan, Bri gun Che tshan IV）著，克珠群培中譯《直貢法嗣》（《西藏歷史文庫》，拉薩：西藏人民出版社，1995 年）。

133 次旦平措《西藏通史：松石寶串》，頁 353-357；王森《西藏佛教發展史略》，頁 145-146。

了。止貢寺在每年藏曆三月廿八、廿九兩日的教派節日，其金剛法舞儀式的主要內容是用象徵方式，先以麵粉捏成一人形塑像，代表教敵薩迦派，再將該塑像砍成碎片，放火燒毀後再施咒，並以薩迦派最終被斫盡殺絕來結束儀式，向薩迦派宣洩當年滅寺之恨。值得注意的是，這系列的爭戰雖然明顯涉及元代藏地宗教體制的現實利益，但也確實存在薩迦派與迦舉派在宗教思想上的分歧，薩迦・班智達・貢噶堅贊（Sa skya Paṇḍita Kun dga' rgyal mtshan）撰有專著，嚴厲批評迦舉派的教法[134]，並有指他曾當面諷刺止貢迦舉派行者的實踐與見解，雙方在意識形態上本就種下宗教對立[135]。及後，當薩迦派內訌，勢力減弱之際，與止貢迦舉派同源，關係密切的帕竹迦舉派（Phag mo gru pa bKa' brgyud）的大司徒絳曲堅贊（ta'i si tu byang chub rgyal mtshan, 1302-

---

134 不在此冗論義理爭論，可參考下列研究。專書有 David Jackson, *Enlightenment by a Single Means: Tibetan Controversies on the Self Sufficient White Remedy (dKar po Chig thub)* (Vienna: Verlag der Österreichischen Akademie der Wissenschaften 1994)。對這書的回應見 Robert Mayer, "The Sa skya Pandita, the White Panacea and Clerical Buddhism's Current Credibility Crisis", *Tibetan Journal* Vol.22, No.3, 1997, pp.79-105。另期刊的討論見下列數篇論文 M. Broido, "Sa-skya Pandita: the White Panacea and the Hva-Shang Doctrine", *Journal of International Association of Buddhist Studies* 10 (2), 1987. pp.27-68; D. Jackson, "Sa-skya Pandita the Polemicist: Ancient Debates and Modern Interpretations", *Journal of International Association of Buddhist Studies* 13 (2), 1990, pp.17-116. Roger Jackson, "Sa skya Pandita's Account of the bSamyas Debate: History as Polemic", *Journal of International Association of Buddhist Studies* 4, 1982, pp.89-99.

135 次旦平措《西藏通史：松石寶串》，頁 353。

1364）發兵推翻薩迦派政權，成立同樣是政教合一制，由帕竹迦舉派掌政的教派政權「帕竹第悉」[136]。

從元末以降，歷明、清兩朝，到十八世紀末為止，類似前段所述的教派戰爭在蒙、藏地區近乎是常態，其所涉之規模、戰亂之繁密及錯縱糾纏，較之前例，只有過之而無不及。舉凡帕竹噶舉派、噶瑪迦舉派、止貢迦舉派、薩迦派、格魯派、覺朗派、寧瑪派，甚而苯教，再加上其他各種僧、俗地區政－教勢力和藏區內、外的蒙古軍事集團，教派之間合縱連橫，規模大、小兼具的教派混戰不絕。這一系列的教派衝突大體都圍繞格魯派發生，如果不是格魯派受襲，就是格魯派襲擊其他教派。這些教派武裝衝突，既有請蒙古王公助陣或代理，亦有僧人自己武裝上陣直接交鋒，即使第五世達賴在任期間，教派戰爭仍處在高峰。有「霍爾十三寺」[137]之稱的系列格魯派大寺，在四川藏區甘孜一帶建立，都是距今約三百年前，格魯派欲將其宗教力量伸展入以其他藏傳教派為主的康區，遭遇各教派抵制時，借助蒙古軍隊迫各教派屈服，最終取得各教派的大寺，拆毀其寺院，並在原址以拆下的建築材料建立格魯派大寺，而稱為康區的霍爾十三寺。

上述的教派戰爭無疑有其屬宗教組織的現世利益之考慮，但

---

136 次旦平措《西藏通史：松石寶串》，頁 403-405；王森《西藏佛教發展史略》，頁 144。

137 「霍爾」約略為現四川省甘孜州道孚、爐霍、甘孜部分地區，「霍爾十三寺」包括康南理塘長春科爾寺、甘孜寺、大金寺、爐霍壽寧寺、道孚靈雀寺等多座著名的格魯派大寺，全盛時期僧員以數千計。霍爾十三寺院的建立同時就是康區原屬其他教派的寺院改宗格魯派的過程，大部分這些寺院改宗事件，皆涉及教派之間的武裝衝突，甚或小型戰爭。

當中也有直接涉及宗教觀念的對立。所有藏傳佛教教派都聲稱中觀學（Madhyamika）是他們最了義或究竟的教義，但具體理解上差別頗大，以此為基礎所形成的存有論形態及宗教藍圖，亦差之毫釐，謬之千里，的確存在重大的觀念張力。爭論的關鍵人物是格魯派創立者宗喀巴（Tsongkhapa, 1357-1419），因而主要是對他的中觀學詮釋發生強烈的異議聲音，但各派的批評聲音又反過來，引發宗喀巴的格魯派後學進行自辯、反駁與補充，這來回的辯論後來演變為藏傳佛教著名的自空（rang stong）與他空（gzhan stong）之辯[138]，所有教派都不同程度地捲入與宗喀巴及格魯派對中觀空義、二諦及緣起的辯論[139]。而教派戰爭與義理辯論之間的敵、我陣營劃分基本上是相互呼應的。

---

[138] S.K. Hookham, *The Buddha Within* (SUNY Press 1992); Jeffrey Hopkins translated and annotated, *The Essence of Other-Emptiness Tāranātha* (New York: Snow Lion Publications 2007); Sonam Thakchoe, *The Two Truths Debate: Tsongkhapa and Gorampa on the Middle Way* (New York: Snow Lion Publications 2007).

[139] 與此相關的研究甚豐，但不在此引入複雜的藏傳中觀學辯論，可參考另文扼述，劉宇光撰編〈當代西方的藏傳佛教哲學研究 1980-2001〉，收伊麗莎伯・納珀（Elizabeth Napper）著，劉宇光譯《緣起與空性：強調空性與世俗法相融性的藏傳佛教中觀哲學》（*Dependent-arising and Emptiness: a Tibetan Buddhist Interpretation of Mādhyamika Philosophy Emphasizing the Compatibility of Emptiness and Conventional Phenomena*, Boston: Wisdom Publications 1989），正體中文版：香港志蓮淨苑文化部，2003 年 5 月），內「附錄」的第三節。簡體修訂版見伊麗莎伯・納珀著《藏傳佛教中觀哲學》，收於《宗教學譯叢》（北京：中國人民大學出版社，2006 年 12 月）。

當政權借助軍事力量充分建立後，格魯派開始對教派內、外實行宗教及學術見解的廣泛審查及禁刊。吉恩・斯密夫（Gene Smith）特別探討格魯派對被他們視為異端邪說的各種哲學理論之查禁[140]。格魯派成立的早期階段，被查禁的多為格魯派內部的異議學者聲音，有關論著被查禁扣留、禁止閱讀、抄寫或印行。到十八世紀，格魯派政－教力量強大到足以支配整個藏傳佛教後，查禁進入高峰，所有西藏教派的宗教及哲學論著，都在格魯派的查禁政策涵蓋的範圍內，連哲學異議者的手稿孤本也有被查禁封存，不準流通，而格魯派對於本宗派學僧的見解與觀點形之於文字一事亦非常警惕，從嚴審查[141]。

前述教派之間動輒兵戎相見的傳統，造成即使在相對穩定的日子，藏傳佛教的大寺院依然擁有大量僧兵，以維持教派及個別寺院的利益，即使在同一個教派內，不同寺院之間的衝突與紛爭，亦常訴之以僧兵暴力。寺院亦以接受信眾懺悔之宗教名義，普遍儲積信眾交出的大量兵刃。同時其政－教合一制也長期維繫著嚴厲的等級社會。

早在 50 年代，已經有後來成為著名藏學家的梅・戈爾斯坦（Melvyn C. Goldstein）撰文研究藏傳寺院的傳統僧兵（Ldab Ldod）[142]。後來在他的現代西藏史三部曲的首冊中，提及格魯

---

140 Gene Smith, "Banned Books in Tibetan Speaking Lands", Symposium on Contemporary Tibetan Studies 2003, pp.186-196.

141 Georges B.J. Dreyfus, *The Sound of Two Hands Clapping: The Education of a Tibetan Buddhist Monk* (Berkeley, Calif: University of California Press 2003).

142 Melvyn C. Goldstein, "A Study of the Ldab Ldod", *Central Asiatic Journal*

派拉薩三大寺的僧兵代表寺方，參與第十三世達賴身後，拉薩政權內部的一些暴力政爭事件，並因而造成色拉寺屬下某經院的僧員與藏兵新軍武力對抗，此外，僧兵也參與對抗現代化的暴力行動[143]。

近年格魯派圍繞護法神具力金剛（rdo rje shugs ldan，或音譯為「多傑雄天」）[144]的崇拜問題，引發宗派內部的宗教暴力衝突。格魯派內部的不同傳承及領袖，對於應否在義理上整合他派教義發生嚴重分歧。部分成員認為，這會為格魯派義理造成矛盾，危及格魯派的思想純粹性，其他領袖則不同意。而前者敬拜被目為格魯派護法者的具力金剛，後者則否，並指前者的敬拜在加劇格魯派與其他藏傳教派的對立與張力，因而在格魯派內部通令禁制對具力金剛的崇拜，但為其信眾所拒，因為此本乃格魯派歷代公認的合法崇拜對象。雙方分歧最終引發教派內部不同陣營之間，為此暴力相向，並惡化為宗教的暴力衝突[145]，甚至暗

Vol.9, No.2, 1964, pp.125-141。此文中譯見梅・戈爾斯坦撰，黃維忠譯〈僧兵研究〉，《國外藏學研究譯文集》第十三輯（拉薩：西藏人民出版社，1997 年），頁 321-339。

143 Melvyn C. Goldstein, *A History of Modern Tibet, 1913-1951: the Demise of the Lamaist State* (Berkeley: University of California Press 1989). 此書中譯，見梅・戈爾斯坦撰，杜永彬譯《喇嘛王國的覆滅》（北京：時事出版社，1994 年），但譯者杜永彬擅自刪除原英文版大標題《現代西藏史 1913-1951》，代之以原書副題「喇嘛王國的覆滅」作為中譯本的大標題。

144 對護法神具力金剛（dorje shugden）歷史起源的討論，見勒內・德・內貝斯基・沃傑科維茨（René de Nebesky-Wojkowitz）著，謝繼勝譯《西藏的神靈和鬼怪》（*Oracles & Demons of Tibet*，拉薩：西藏人民出版社，1993 年），頁 153-164。

145 見以下兩項專題訪問，“Dorjee Shugden, The Spirit and the Controversy”

殺[146]，造成傷亡，而且衝突亦由離散藏民社群，伸延回主流藏區，使衝突擴大與性質更為複雜化，成為近年藏傳佛教內部張力持續惡化的宗教衝突事件。喬治斯・德賴弗斯（Georges B.J. Dreyfus）撰有兩篇長論文從歷史角度探討「具力金剛」事件之來龍去脈[147]和兩難[148]。其他林賽・麥丘恩（Lindsay G. McCune）從佛教現代危機的歷史基礎[149]、克里斯托弗・貝爾（Christopher P. Bell）從對歷史解釋與敘事的競爭[150]、克勞斯・洛賴（Klaus

---

http://www.youtube.com/watch?v=V9ni15ueFZk&feature=related,
http://www.youtube.com/watch?v=7KXwLYUOkmw&feature=related.
Tibetan Buddhist Protector Dorje Shugden (1-3):
http://www.youtube.com/watch?v=OqNrKscNEeI,
http://www.youtube.com/watch?v=v9XQb_DeVBM&feature=related,
http://www.youtube.com/watch?v=2ceGEWYcX4Q&feature=related

146 Blo-bzan-rgya-mtsho, Phu-khan Dge-bśes, translated and edited by Gareth Sparham, *Memoirs of a Tibetan Lama: Lobsang Gyatso* (Ithaca, N.Y.: Snow Lion Publications 1998), p.307.

147 Georges B.J. Dreyfus, "The Shuk-den Affair: History and Nature of a Quarrel", *Journal of International Association of Buddhist Studies* Vol.21 No.2 1998, pp.227-270.

148 Georges Dreyfus and M. David Eckel and Bradley Herling (ed.), *The Predicament of Evil: The Case of Dorje Shukden* (Boston University Studies in Philosophy and Religion 2011), pp.57-74.

149 Lindsay G. McCune, *Tales of Intrigue from Tibet's Holy City: The Historical Underpinnings of a Modern Buddhist Crisis* (M.A. Thesis, Department of Religious, College of Arts and Sciences, The Florida State University 2007).

150 Christopher Paul Bell, "Dorjé Shukden: The Conflicting Narratives and Constructed Histories of a Tibetan Protector Deity", American Academy of Religion 2009.

Löhrer）從民主等現代元素[151]，及邁可・馮・布魯克（Michael von Brück）從轉世體系[152]等撰有多篇論文，而蘭姆度・布里尼（Raimondo Bultrini）甚至撰有一書[153]，結合歷史與現代脈絡，從不同角度討論護法神具力金剛崇拜與否所引起的宗教暨政治暴力衝突與仇殺。

藏傳佛教密教儀軌部分所呈現的強烈暴力美學的特質，從文化層面引起學界注意，彼得・維哈根（Pieter C. Verhagen）曾撰文探討佛教密咒的暴力表達[154]，近年以此為題的著作起碼另有兩冊，一冊是由藉社會文化人類學者尼古拉斯・西雷（Nicolas Sihlé）以法文撰寫的專著，尤其著眼於圖像[155]。擅長敦煌藏文

---

151 Klaus Löhrer, "Pluralism the Hard Way: Governance Implications of the Dorje Shugden Controversy and the Democracy- and Rights Rhetoric Pertaining to It". *Tibetan Buddhism in the West* (December 2009), Michael Jaeckel. Retrieved 28 April 2014.

152 Michael von Brück, "Canonicity and Divine Interference: The Tulkus and the Shugden-Controversy", in Vasudha Dalmia, Angelika Malinar and Martin Christof, *Charisma and Canon: the Formation of Religious Identity in South Asia* (New Delhi: Oxford University Press 2001), pp.328-349.

153 Raimondo Bultrini, *The Dalai Lama and the King Demon: Tracking a Triple Murder Mystery Through the Mists of Time* (New York: Tibet House / Hay House 2013).

154 Pieter C. Verhagen, "Expressions of Violence in Buddhist Tantric Mantras", in Houben J.E.M., Kooij K.R. van (eds.), *Violence Denied: Violence, Non-violence and the Rationalization of Violence in South Asian Cultural History* (Leiden: Brill 1999), pp.275-285.

155 Nicolas Sihlé, *Rituels bouddhistes de pouvoir et de violence: la figure du tantriste tibétain* (Brepols (Bibliothèque de l'Ecole des Hautes Etudes, Sciences Religieuses (BEHE), 152, 2013).

文獻的學者雅各布・多爾頓（Jacob P. Dalton）年前出版有關藏傳佛教暴力與宗教解脫關係的專著[156]，該書應該是首部以「藏傳佛教的宗教暴力」為專題的學術論著。我們可以直接想像藏傳佛教最明顯的宗教暴力乃是其教派混戰，但這並非本書的進路。該書主要是採取文獻、歷史及觀念研究的綜合進路，探討在西藏佛教史的不同階段及事件中，宗教暴力是如何按處境及需要，遊走於象徵、儀式及真實之間，且全都有宗教典籍中的篇章與教義為後盾，其間涉及的敵人由印度教的神祇、原早期西藏的本土宗教，到後期的蒙古人等，不一而足。

全書由八章及相當篇幅的翻譯組成，除導論章外，分別是密教式佛教當中的邪惡與無明、黑暗中妖魔、佛教人身獻祭手冊、獻祭及法律、基要的獻祭、佛教戰火，及鏡中的暴力。導論章討論的數點主要理論問題，可通用於由古至今整個佛教文明史的所有傳統，其中包括佛教從很早期的典籍始，就已有明確提及的慈悲暴力（compassionate violence），或慈悲殺生（compassionate killing）之觀念。其次，是後期印度佛教和藏傳佛教都有提出悲智雙運地動武，與依無明而起的殺害之間的理論區別。但這是一個會讓部分佛教徒依之作為在真實世界中實踐之原則，而不是一個純理論的問題，其灰色地帶難免易於成為宗教暴力的意識形態資源，尤其在密教當中，恐怕本來就有人身獻祭的秘密傳統。

---

156 Jacob P. Dalton, *Taming of the Demons: Violence and Liberation in Tibetan Buddhism* (New Haven: Yale University Press 2011)，筆者在 2010 年訪加州柏克萊大學（U.C. Berkeley），蒙該校佛教學者羅伯特・夏富（Robert Sharp）教授轉贈當時剛完成而尚未出版的該書書稿。

五、宗教衝突與僧伽教育

近年國際學界對佛教的宗教衝突與暴力的研究，除了著眼於宗教之間的惡性競爭、宗教與權力及意識形態之間的合作等，開始注意到在特定歷史脈絡下，它的觀念形成，有時其實是以宗教專職人員的教育系統，即寺院僧伽教育為溫床。畢竟容讓暴力意識發生於專業宗教人員的養成過程，其實就已經為暴力可被整合成宗教的一環開了綠燈。

學界先前尚未充分注意佛教的宗教衝突與暴力和僧伽教育之間的關係，其原因也許首先是，不同學術領域之間因分工所自然產生的隔閡。研究僧伽教育的學者，部分屬人類學背景，其餘則是專攻義理的佛教學者，他們是在義理的背景下引申探討教育問題，因為不同的佛教傳統對義理有不同的理解，所以相應地需要有不同的教育體系。這一領域的學者，一般不大會深入處理政－教關係問題。但從事當代佛教政－教關係研究的學者，多半受政治學（political science）等社會科學（social science）的訓練，普遍欠缺對佛教內容的理解。其次，在宗教教社群、宗教教育體制及其政治態度等如何回應現代世界的壓力之問題上，受到學界較大關注，並已累積一定學術研究成果的，更多是其他經典宗教，這也許是因為其他經典宗教在這問題上與西方國家在相關地區的戰略利益有更直接的現實關連。國際學界近年從蘭卡和緬甸的案例上，逐漸意識到在從殖民統治，過渡到政治獨立，但同時又是著手建立世俗國家政權的特定歷史脈絡下，佛教政－教關係、僧伽教育，及宗教衝突三者之間，似乎可能存在著超乎先前認識之外，隱蔽但有時卻是密切的關係，有需要作審慎考慮。

以蘭卡為例，明增（Vidyodaya，1873 年成立）及明莊嚴（Vidyālaṅkāra，1875 年成立）兩所著名佛學院（pirivena），在獨立前皆是蘭卡本身及其他上座部國家僧人形成佛教－民族主義的發源地，以對抗殖民主義。但在獨立後長期成為敵視本土世俗政體和非佛教社群的組織。由於二者都是蘭卡僧團教育系統最具威望的機構，其對全國僧人政治態度的直接動員，及對一般群眾的間接影響，皆非同小可。例如著名的蘭卡學問僧羅候羅・化普樂（Walpola Rahula），他既是上述佛學院的重要著名領袖，但也公認是當代蘭卡僧侶政治激進行動傳統的理論締造者，其說的影響力，不單及於獨立前僧侶的佛教反殖民運動，亦一直伸延到獨立後多年的教族衝突與內戰，緬甸部分僧團的教育系統近年在佛教與伊斯蘭教衝突的背後所起的負面作用，確實不能掉以輕心。

宗教教育與宗教暴力之間的微妙連繫，除了體現在涉及政治等一類宏觀的問題上，也會以不同的方式體現在日常寺院教育的微觀層面，在宏觀與微觀兩個層面之間，是否真的完全無關，恐怕還是一耐人尋味而尚待探討的問題，畢竟在有些情況下，兩者可能都涉及對異議的不寬容。藏傳的大學問寺（gdan sa chen po）或教授顯教（mtshan nyid）的經院（chos grawa chen po）素以嚴謹的經院佛學而聞名的，但其實在寺院的實際教學過程與僧團的日常生活中，粗暴的語言與嚴厲的體罰卻是一頗為普遍，且廣受認可的教學輔助手段[157]，甚至可以成為評價一個僧人是否屬良

157 據藏傳僧團過來人陳述，嚴厲體罰在藏傳寺院中並不罕見。即使是一般的寺僧教師，在教學上亦會有此舉動，更遑論專責僧團日常紀律，中文俗稱「鐵棒喇嘛」的糾察師（bka' slob gnang）更是會執行體罰，尤其

師的指標之一。這類暴烈的教學方式，部分涉及僧人的行為紀律，但也不乏案例，卻是涉及對不同見解的不寬容[158]。人類學者邁克・倫珀特（Michael Lempert）的新作，即著眼於藏傳佛教寺院在教學過程中，以暴力語言作為規訓手段之一[159]。

在傳統西藏，糾察師甚至可以指揮僧兵（Ldab Ldod）以武力強制執行寺內紀律，即使在當代，還是會有糾察師指揮下屬僧人用武力執行紀律。

158 例如二十世紀前半葉著名的異議僧人更敦群佩（dge ’dun chos’ phel, 1905-1951），便曾因為在學習時，提出並非所有人最終都能覺悟之辯經議題，而遭寺僧群起把他倒吊鞭打，迄他願放棄該命題方休。見 Gedün Chöpel; introduced and translated by Jeffrey Hopkins with Dorje Yudon Yuthok, *Tibetan Arts of Love: Sex, Orgasm & Spiritual Healing* (Ithaca, N.Y.: Snow Lion Publications 1992), p.16.

159 Michael Lempert, *Discipline and Debate: The Language of Violence in a Tibetan Buddhist Monastery* (Berkeley: University of California Press 2012).

第七章
從南方漢傳到馬來西亞佛教：三系上座部與大馬華人佛教社群

引　言

陳美華 2008 年在題為〈在邊際中的深耕和無垠：從事馬來西亞佛教研究五年來的回顧與展望〉的論文指出，無論是東南亞、馬來西亞宗教，或漢傳佛教三個領域內，「馬來西亞佛教」都是個三不管的邊陲議題[1]。純粹就學界研究現況來說，陳氏所述確有根據，但與其說這說明了馬來西亞的佛教確實沒有什麼大不了，倒不如說，這也許只是反映學界對馬來西亞佛教欠缺敏感度。筆者曾指出，戰後馬來西亞的佛教有兩個特點：一，對社會事務的公共介入（engagé）反映了罕見於現代漢傳佛教其他例子的公民意識。對此拙著《左翼佛教和公民社會》第八章已在官、民兩版國族主義的對比脈絡下，進行過專題探討[2]；二，宗教上

1　陳美華著〈在邊際中的深耕和無垠：從事馬來西亞佛教研究五年來的回顧與展望〉，《亞太研究論壇》第 41 期，2008 年，頁 48-65。

2　劉宇光撰〈近年馬來西亞南方漢傳佛教的公共介入（engagé）：以官、

獨特的歷史、文化及族群組合，即漢傳和上座部（Theravāda）佛教之間的不同程度融合，並因於上述特質，而實驗性地提出「南方漢傳佛教」之觀念，第二點是本章的主題。

在政治等特定因素影響下，二十世紀早期的英治馬來亞曾有過短暫傳承的日本佛教淨土真宗[3]，迄戰後方撤離。近年亦因宗教的全球化（globalization of religion），日本日蓮宗、藏傳等前未見之於大馬的其他佛教傳統與組織，亦紛紛登陸。雖然如此，百年以來大馬佛教還是以漢傳和上座部為骨幹，而且各有數個不同的主要傳承，這如陳秋平指，大馬佛教的頭號特性，是在漢傳和上座部的雙軸下「多源而多元」[4]。

時下華文學界在探討馬來西亞佛教時，雖然都會注意到當地上座部的存在，亦會扼要提及其「多元」，但罕能以討論漢傳佛教等量齊觀的比重，認真對待當地同樣重要的上座部，更遑論探討它們在馬來西亞與漢傳佛教之間的關係，乃至這些上座部是如何重塑以華人為主之佛教社群的宗教內涵，彷若這些不同的佛教傳統只是各行其是，彼此無關。這種習以為常的盲點尤以中國學

民兩版國族主義的競爭為線索〉，《臺灣宗教研究》13 卷 1 期（臺北：國立政治大學宗教學研究所華人宗教研究中心，2014 年 12 月），頁 97-148。該文主要正文後來整合進拙著《左翼佛教和公民社會：泰國和馬來西亞佛教公共介入之研究》（桃園：法界出版社，2019 年 5 月），第八章，頁 325-386。

3 二十世紀初日本佛教在馬來西亞，見王琛發著〈日本佛教在馬來西亞的曲折命運〉，《第二屆馬來西亞佛教國際研討會論文集：多元的傳承：馬來西亞佛教的實踐》（吉隆坡：馬來西亞佛教研究學會出版，2011 年）。

4 陳秋平著《移民與佛教：英殖民地時代的檳城佛教》（《南方學院學術叢書》第 7 種，馬來西亞新山：南方學院出版社，2004 年），頁 211-213。

界為甚，其成因不一，包括：一，源於漢傳佛教以「大乘」自居時，蔑稱上座部為「小乘」（Hīnayāna）[5]之教界偏見，對部分魯莽的佛教學者造成不良影響；二，在自覺或不自覺的「大中國」意識下，探討東南亞華人傳統時，只知孤立地討論當地華人社群和傳統，慣於無視當地華人在文化和社會環境上與其他族裔關係密切；及三，中國學界尚未起步的東南亞研究，未構成堅實的基本知識累積，而只能作粗枝大葉，甚至是想當然式的討論，白玉國[6]、鄭筱筠[7]等氏的馬來西亞佛教議論即為典型例子。

但事實上，如果不討論上座部，我們甚至連馬來西亞的漢傳佛教都無法妥善理解。從數量上來說，大馬上座部的規模的確小於漢傳，但由於歷史、地理及文化等多種因素，自殖民地時期

5　漢傳佛教以「大乘」蔑視上座部為所謂「小乘」。梵文 Hīnayāna 一詞漢傳的定譯作「小乘」，西方譯作 Small Vehicle 或 Individual Vehicle，指這是規模的差異，但早期譯作「劣乘」或「下劣乘」才是精確翻譯，即帶貶意，梵、巴、藏三語都是指「下劣乘」。見玄奘譯《成唯識論》卷十（《正》冊 31，頁 53a），亦見 Paul Williams, *Mahayana Buddhism: The Doctrinal Foundations* (Second Edition, London & New York: Routledge Taylor & Francis Group 2009), p.268 註 7。

6　白玉國著《馬來西亞華人佛教信仰研究》（《儒釋道博士論文叢書》，成都：四川出版集團巴蜀書社，2008 年），散見全書多處。筆者對白書觀點的部分批評見拙著《左翼佛教和公民社會》第八章第五節第一項，即頁 372-376。對白書其他觀點的商榷，見本章下文。

7　鄭筱筠著〈試論馬來西亞佛教發展的現狀及特點〉，鄭筱筠編《東南亞宗教研究報告：全球化時代的東南亞宗教》（北京：中國社會科學出版社，2015 年 10 月），頁 116-124。對鄭氏有關上座部言論的商榷，見劉宇光撰〈「大國佛教」的如露亦如電：夢迴、夢醒上座部〉，《禪與人類文明研究期刊》第一期（香港：香港中文大學禪與人類文明研究中心，2016 年 12 月），頁 176-192、197-202。

始，上座部在大馬佛教的角色卻非常重要，以馬來亞其中一個最早開發的城市檳城（Penang）為例，它由泰暹（Thai-Siamese）、斯里蘭卡（Sri Lanka）及緬甸（Burma）[8]三個主要傳統及其子系統所組成，且皆長期存於馬來半島，其歷史起碼百有餘年，更遑論在歷史上更早的階段，馬來半島本就是印度文化的直接輻射區之一[9]。由於地緣和歷史的關係，三系上座部與馬來西亞的關係各異，既有外地傳入，也有原生但邊緣的。三者進入大馬的歷史淵源、塑造大馬佛教時所起的作用，及在華人佛教社群中的影響力，亦情況各異。

本章探討的主題有兩個：一，三系上座部在戰後是如何以不同方式，重塑當代馬來西亞華人的佛教傳統；二，據此重塑，我們應該如何定位馬來西亞的佛教，是南方漢傳佛教、馬－華佛教，還是馬來西亞佛教？這純粹只是一種融合，還是可形成現代佛教的某種類型？即它只是容器或熔爐，還是可變成一鑄具？

本章除導言與結論，正文由六節組成，依次第一節先綜合回顧學、教二界對馬來西亞佛教的時下討論。而要探討上座部與華人佛教社群之間的關係，漢傳佛教的基本情況，亦必需先作扼要說明，所以第二節是討論當地漢傳佛教的組成。第三到第五共三節則分別討論泰－暹、斯里蘭卡及緬甸三系上座部是如何進入並扎根於二十世紀馬來西亞，並在第六節進一步剖析這些不同的上座部，是如何由原本移民社群的族裔宗教，跨過族群邊界，取得

8 陳秋平《移民與佛教》，頁 116-130。

9 馬來亞半島上的兩個現代國家，即馬來西亞和新加坡，其國名本身就已是源自梵文，有關馬來亞半島在歷史上的「印度化」，陳秋平《移民與佛教》第二章，頁 41-68。

華人佛教社群的信仰與支持，使雙方結合日趨緊密，逐漸成長出新的佛教形態。

在進入正文前，還需要就數個中文用詞作出說明。由於獨立前後，馬來西亞當地華人的中文詞彙，尤其是國名、地名等都有變化，而且多少反映一定的政治轉變，雖然部分情景可以新、舊二詞通用，但亦不乏特定階段專用字眼，這起碼包括殖民時期與獨立後的馬來亞（Malaya）和馬來西亞（Malaysia，獨立後亦以「大馬」作簡稱，指包括東馬）、錫蘭（Ceylon）和斯里蘭卡（Sri Lanka）、星嘉坡和新加坡（Singapore，獨立前後的異譯），此外尚有作為族群、語言及文化身分的暹（Siamese），和作為國族政治身分的泰（Thai）等，作為保留原母國身分的僑民與入籍認同新國家的移民之分判。所以北馬在族群、語言及文化上與泰國有直接關係的社群，一般稱作「暹」裔社群，「泰」則多用於指泰國（Thailand）相關成分。但由於泰國僧團按泰式規格訓練、資助及調度北馬的暹系僧團，所以本章也會用泰－暹（Thai-Siamese）來表達。下文按情況分別使用，不另作說明。

一、研究現況回顧

討論大馬佛教的英文著述，早期著作參考價值有限[10]，時下有關馬來西亞漢傳佛教的華文出版，部分屬以佛教社群為目標讀

10　Colin McDougall, *Buddhism in Malaya* (Singapore: D. Moore 1956); Eng-Soon Teoh, *Malayan Buddhism: a Critical Examination* (Singapore: Donald Moore for Eastern Universities Press 1963)，這二書年代久遠，篇幅單薄，資料與學術價值有限。

者群的局內者（insider）論著，無論其文字資料與照片，皆對於大馬漢傳佛教史的資料整理貢獻良多，典型著作如開諦法師編的三冊《南遊雲水情》[11]和廣琳法師著《大光老和尚圓寂四週年紀念集：東馬佛教緣》[12]等，亦有佛教界內知識人就社會問題發表見解的文字集結[13]。學術界方面，中文專著有前已述及的陳秋平《移民與佛教：英殖民時代的檳城佛教》、釋繼愍（戴麗花）《竺摩與達摩難陀對馬來西亞佛教的影響》[14]，及白玉國《馬來西亞華人佛教信仰研究》[15]，三書的視野、深度、廣度取向各異[16]。另也有專著探討臺灣佛光山等組織在大馬的傳播與發展，這

11　開諦法師編的三冊《南遊雲水情》：《佛教大德弘化星馬記事》、《續編》及《第三冊》（馬來西亞檳城：寶譽堂佛教教育推廣中心，2010、2013、2017 年），照片和文字資料皆頗詳備。

12　廣琳法師著《大光老和尚圓寂四週年紀念集：東馬佛教緣》（香港：千華蓮社；San Francisco: Lin Du Temple, 2001）。

13　吳德福著《愛教心，護法行：建設大馬佛教》（《傳燈叢書》73，檳城：馬佛青佛教文摘社，2007 年）。

14　戴麗花《竺摩與達摩難陀對馬來西亞佛教的影響》（新竹：玄奘大學宗教學系碩士論文，2009 年）。

15　白玉國著《馬來西亞華人佛教信仰研究》議論的涵蓋面最廣，適合作為「大馬佛教」的入門書，但多屬表面平鋪直述的資料羅列，且其對關鍵問題多是想當然的武斷論斷，實有流於片面與偏頗之嫌，甚至帶有不自覺的文化與政治意識形態偏見，乃至學術專業態度上的盲點，拙著《左翼佛教和公民社會：泰國和馬來西亞佛教公共介入之研究》第八章對此作出回應，頁 372-377。

16　三書皆主要集中在漢傳佛教身上，但兼有稍觸及大馬的上座部。三書作者中，白氏是中國人，其餘陳、戴二氏都是馬來西亞人，原書均為臺灣的碩士論文。相對來說，兩位馬來西亞學者的專著，無論在問題意識、焦點、資料文獻的運用及分析的深度上，皆更見嚴密與專業。

類研究有助理解大馬的社會和文化環境是如何與踏足大馬的其他漢傳佛教產生互動[17]。此外，尚有少量在東南亞以中文出版，探討大馬佛教的學術專題論文集[18]，乃至臺灣學者如陳美華和李玉珍等，均撰有系列專題論文探討大馬佛教，陳氏論文是在東南亞華人宗教的宏觀脈絡下作討論，李氏則循歷史傳承和性別角度進行分析（陳、李二氏觀點見本文多處討論）。

學界對馬來西亞三系上座部的討論，則呈現另一有趣現象。這在泰暹和蘭卡二系身上特別明顯。本文稍後會說明，兩者在戰後馬來西亞的佛教發展，可謂各擅勝場，但由於人類學對族群跨境流動和異族雜居現象的特別關注，時下學界研究更偏重北馬泰暹族群上座部僧團與泰國之間的宗教與教育互動，學人如穆罕默德・伊斯梅（Mohamed Y. Ismail）、歐文・約翰遜（Irving Chan Johnson）、黑田景子（Keiko Kuroda）、亞歷山大・霍斯特曼（Alexander Horstmann）、黃蘊（Huang Yun）、薩蒂龐・邦馬（Suttiporn Bunmak）、祖里阿・拉沙夏（Zuriati B.M. Rashid），及羅傑・克蕭（Roger Kershaw）等皆著眼於此。反之學界對大馬的蘭卡上座部之討論則頗有限，到近年才有專研現代蘭卡上座部的人類學者傑弗里・塞繆爾斯（Jeffrey Samuels），帶著對蘭

17 戴美華著《非營利組織國際化策略之研究：以慈濟與佛光山為例》（苗栗：育達商業技術學院企業管理研究所碩士論文，2007 年）；李姿儀著《跨國宗教與在地社會：以馬來西亞佛光山為例》（南投：國立暨南國際大學東南亞研究所碩士論文，2011 年）；林威廷著《佛光山在大馬華人社區中的發展：以柔佛州新山禪淨中心為研究》（宜蘭：佛光大學佛教學系碩士論文，2010 年）。

18 郭蓮花、梁秋梅編《馬來西亞佛教回顧與前瞻》（《馬佛研學術叢書》01，馬來西亞佛教學術研究會，2010 年）。

卡僧團母體的知識，就馬來西亞的蘭卡僧團離散（diaspora）群體作專文探討。

但另一方面，在馬來西亞佛教社群，卻更多聚焦在大馬蘭卡上座部的關鍵僧侶達摩難陀長老（Ven. Sri Dhammananda, 1919-2006）身上作討論，論者基本上都是馬來西亞及新加坡佛教僧、俗人士，如拿督洪祖豐（Ang Choo Hong）、黃世界（Ng Sai Kai）、廖文慶（Benny W.K. Liow）、釋繼旻、釋繼愍、陳利威（Tan Lee Ooi）、謝明達（Jack Meng-Tat Chia），及迪席爾瓦（H.M.A. de Silva）等氏，其中部分人有人文學科的知識或學術專業的背景。大馬佛教社群對蘭卡上座部的此一宗教文史熱忱相比，他們對暹系上座部的討論反而明顯偏低。正文稍後的討論會指出，這是因為蘭卡僧侶以英語為媒介和良好的教育背景，較易跨族群地接引受到英語或雙語現代教育的華人佛教社群。暹系部分則因為落在泰國佛教邊緣上，教理知識有限，並仍以泰暹語言為主要媒介，除非華人佛教社群循泰暹語入手，否則其受泰暹上座部影響的程度是低於蘭卡，這在受現代教育的華人佛教徒當中特別明顯。

此外，專研馬來西亞宗教和社會關係的學者李雷蒙（Rymond Lee）和蘇珊・阿克曼（Susan Aukerman）雖然沒有專攻佛教，但他們就馬來西亞獨立前後族群、經濟生產、政策及教育等因素與宗教之間關係所撰具宏觀視野的系列論文，在綜合層面上，其實皆甚有助於理解大馬佛教。阿克曼對馬來西亞在家佛教與天主教，是如何透過改革來重建其在世俗社會中神聖意義等問題之討論，與只是進行史料梳理和歷史描述的其他論著不同，阿氏回顧英殖民時期如何在經濟生產方式和價值信仰兩個層面，對馬、華及印裔三個族群展開分治的統治策略和制度[19]，其遺留給獨立後大馬社會的，是伊斯蘭教之外的其他宗教都需要面對由基督新教所塑造出來，世俗化與高度競爭的宗教市場。這情景使壓力最大而亟待革新圖存的是以僧侶制度為核心的宗教，卻不是本來就神聖與世俗重疊的傳統華人宗教，雖然佛教只是阿克曼討論案例之一，但在其宏觀的綜合視野下，具有明顯的問題意識與理論洞察，為探討大馬佛教帶來不可或缺的分析框架。上述學、教二界對馬來西亞上座部與華人佛教社群之間關係的討論，本章皆會作出消化和回應。

二、大馬的南方漢傳佛教

下文的討論會提出兩個既重疊相關，但又不同的概念：南方漢傳佛教（Southern Chinese Buddhism）和馬來西亞佛教（Malaysian Buddhism）。這兩個概念不是同義詞，本章是試圖透過同時運用這兩個概念，不單要呈現馬來西亞佛教的複雜多層，更是要彰顯從現在指向將來，或從起步趨向成熟仍在發展中的動態過程。本節先提出實驗性概念「南方漢傳佛教」[20]，在結論再分析

19　Susan E. Ackerman, "Rebuilding Sacred Worlds: Lay-Oriented Buddhist and Catholic Reformism in Malaysia", *Journal of Social Issues in Southeast Asia* Vol.8, No.1, Religious Revivalism in Southeast Asia (Singapore: Institute of Southeast Asian Studies, February 1993), pp.131-133.

20　最初提出「南方漢傳佛教」一觀念的是筆者學友，傳媒人梁文道先生，見拙作《左翼佛教和公民社會：泰國和馬來西亞佛教公共介入之研究》，頁 331，註 8 的說明。

「馬來西亞佛教」一觀念。所謂「南方漢傳佛教」，是指分布在東南亞諸國，由當地離散華人（diaspora Chinese）社群所維持的漢傳佛教傳統，由於華人是當地的少數民族，所面對的政治、經濟、社會、文化、語言、歷史、族群、宗教，乃至權力處境，皆深異於中國或其他主流華人社會的北方漢傳佛教。所以，典型例子如緬甸困難重重的漢傳佛教[21]，或泰國的華宗派[22]，在本文則專指馬來西亞的案例。

現代學界在界定何謂漢傳佛教（Chinese Buddhism）[23]時，一般都是以僧團在經典持誦、儀軌操作、弘法及寺院教學上，是否主要依據漢傳宗派傳承，並使用中文或其他華文方言來作判斷。在此實驗性地提出北方的與南方的漢傳佛教之區分，雖然的確涉及地理上的南、北兩向，但這當然不是自然地理或物理方向

---

21 釋自懋（吳鳳瑩）著《緬甸仰光漢傳佛教團體之發展與困境》（花蓮：慈濟大學宗教與文化研究所碩士論文，2005 年），論文導師是盧蕙馨教授。

22 徐國隆著《泰國漢傳佛教之研究：以泰國華宗普門報恩寺為例》（新竹：玄奘大學宗教學系碩士論文，2013 年），論文導師是黃運喜教授。

23 陳美華據馬來西亞華社研究中心蒐集從 1981 年 4 月到 2002 年 12 月的「佛教」剪報指，在 1,557 筆剪報中，154 筆用「中國佛教」，「漢傳佛教」只有 4 筆，其餘近 1400 篇是用「佛教」，見陳美華著〈馬來西亞佛教總會的國家和文化認同〉，李豐楙《馬來西亞與印尼的宗教與認同》，頁 222。但筆者認為，漢傳、藏傳或上座部巴利傳的佛教等字眼，是根據經典文字來謂述一個特定的佛教文化傳統時的學術用詞，不一定為大眾媒體所熟悉，反之「中國佛教」一詞到底所指謂何，往往受到政治現實干擾而甚見模糊，雖為媒體所用，但學術上是否妥當不無疑問。

的概念，而是宗教、文化概念。「北方漢傳佛教」是指在華人，甚至中國漢人為主的社會所形成與傳承，以中文為主要或唯一載體的佛教及其子系統[24]。從而有異於「南方漢傳佛教」，南方漢傳佛教在文化上有其獨特的雜種性格（hybrid，混種性）[25]，這「雜種性」既指其佛教樣態，也指佛教社群成員的族裔（華人）、語言（華語、馬來語或英語），及佛教傳統（漢傳、上座部及藏傳）之間的交錯關係[26]。

「南方漢傳佛教」在此是指大馬於漢傳佛教與上座部傳統之間的廣闊光譜，所逐漸形成的佛教跨傳統混合樣態。在現階段，兩個傳統之間的關係或結合的程度，按不同團體的背景與條件而異。由不同程度的並行、不同程度的交流融合，到對上座部的倚

24　「漢傳佛教」固然包括文、史、哲教科書所述下及清末、民國以降如淨土、禪宗或天台等諸多傳統，但同時也涉及地域、省籍或方言的地方佛教傳統，例如江浙、四川、東北或閩粵等子系統與漢文化內部由方言、地域等因素構成的支脈有關。部分還涉及正統與邊緣的對比，例如常被視為正統的江浙佛教與嶺南佛教之別，尤其後者因其香花僧傳統而受到廣泛質疑。

25　此前多譯作「混種」，但華文學界的文化研究（cultural studies）特別以「雜種」或「雜種性格」此一在日常用語中帶有侮辱成分的表達，來翻譯英文 hybrid，用意在強調「混雜」或「混種」才是存在的常態，同時也在質詢對所謂「血統純正」或「純種」是更優異之預設。

26　即使大馬的馬來語和英語華人，雖其母語已不再是華文，但這並不一定會削弱其對華人身分的認同，有時甚至反而會因為不通中文，而更為堅持華人文化的其他元素，如基本價值觀、禮儀、節日、日常生活習慣及信仰等，以維持其華人身分的認同。與其他同樣出現語言分流的海外華人國家或社會（港、澳或新加坡）相比，大馬華人在中、英語言上的分流，並不一定皆與社會階層掛鈎，而是進入更小的社會單位（例如家庭），會出現同一個家庭的子女之間，母語各異之情況。

重多於傳統的漢傳佛教皆有，樣態不一而足，這目前仍是一在廣泛地持續進行中的過程[27]。所以，所謂「南方漢傳佛教」其實主要是由漢傳與上座部兩個傳統為骨幹，所形成的並行或混合型的佛教，其佛教徒社群仍然以華語或中、英雙語華人為主。

即使是「南方漢傳佛教」當中的漢傳淵源，也不是單一的。在馬來西亞，起碼包括三個在不同階段傳入的子系統。在十九世紀中葉之前的三百年不同階段，隨華南閩、粵移民[28]的開拓馬來亞半島和婆羅州，而逐漸傳來的，首先每多是與華南民間宗教各種神靈信仰混雜在一起的民間佛教[29]。到十九世紀下旬，以福建

---

27 今日的漢傳佛教亦會在個別議題上，吸收其他佛教傳統的法門，典型例子是對內觀禪（Vipassanā）的熱中。故此對漢傳而言，這種融合的特別之處，其實並不只是願意接納某些個別法門，卻在整體評價上，是否已經擺脫歷來漢傳佛教以大乘自許時，對上座部的矮化。

28 雖然一般都會用「移民」一詞來稱謂當年的南遷華人，但在大馬自 50 年代冷戰的國際格局下獨立以來，早期華人的「移民」成了種族政治當中的政治詞彙，意指「本來沒有開拓主權的外來者，因中國的災禍而移居馬來西亞」。很多研究根據這思路來作討論時，也不自覺落於華人為二等公民的邏輯陷阱中，在現實政治中，既然是外來者，動輒被論述成替罪羊，舉凡一有爭議，「外來移民滾回唐山」即成為攻擊華人的慣常口號。

29 陳美華著〈馬來西亞的漢語系佛教：歷史的足跡、近現代的再傳入與在地紮根〉，李豐楙著《馬來西亞與印尼的宗教與認同》第二章，頁 53-109；又見 Trevor O. Ling, “Revival without Revivalism: The Case of the Buddhists of Malaysia”, *Journal of Social Issues in Southeast Asia* Vol.7, No.2, 1992, pp.326-335。上述二文指廣福宮、馬六甲青雲亭及檳城極樂寺等雖邀僧人主事，但與正統佛教並無太大關係，極樂寺才是漢傳佛教在東南亞的標誌性寺院，落成時已為 1905 年。

閩系為主[30]，偶有粵系的嶺南佛教才登陸馬來亞，並成為往後這一地區漢傳佛教的底色，其風多尚簡樸，不擅義理。

自清末民初迄二十世紀中旬為止，亦有個別江南的漢傳僧侶，長短不一地駐錫馬來西亞。雖然不能單憑籍貫或省籍來論斷僧侶所屬的佛教傳統，畢竟漢傳佛教內部以漢文化地域與方言為區分的子系統差異，既不是固定不變，亦不具強烈排他，但根據匯編的資料與多部研究顯示，閩籍與包括粵籍等其他省籍在內（特別是江浙或江南）僧侶的數量差異非常明顯。江南僧侶數量上雖遠及不上嶺南佛教，他們卻在南洋漢傳佛教的原嶺南簡樸特質上，添上江南佛教的文人色彩。民國太虛大師的入室弟子竺摩法師（1913-2002）即為主要代表人物，擅書畫文藝[31]，50 年代始駐錫大馬迄住生，期間並與下文論及的蘭卡僧人共同創立馬來西亞佛教總會（Malaysian Buddhist Association）[32]。

下及千禧前後，具有一定現代宗教手段與宗教組織運作經驗，而又重視文教的臺灣漢傳佛教亦傳入大馬，並成功生根。典型例子如佛光山、法鼓山及慈濟功德會。陳美華援用大馬當地人的局內者（insider）用語，稱此 1990 年代到千禧年前後，開始在大馬站穩腳步的臺灣佛教是漢傳的「新佛教團體」。但筆者對

30　據多個不完整的統計，閩系僧人約占 75%，粵系約 18%。見白玉國《馬來西亞華人佛教信仰研究》頁 113-117；又開諦法師編《南遊雲水情：佛教大德弘化星馬記事》，頁 68-257。

31　夏美玉著〈竺摩法師的修禪經歷與畫裡禪機〉，《第二屆馬來西亞佛教國際研討會論文集》，頁 181-192。

32　郭蓮花、梁秋梅編《馬來西亞佛教回顧與前瞻》一書有關竺摩法師對大馬的數篇論文，頁 151-192；見釋繼愍（戴麗花）著《竺摩與達摩難陀對馬來西亞佛教的影響》第三章，頁 47-99。

此點略有保留，因為無論將「新」一字作純屬先後時序或指向「現代」（modern）的質性概念來理解，其實都有待更多討論。畢竟臺灣佛教在哪一意義、層面及程度上，是或不是經歷過「現代」觀念的洗禮，而大馬佛教又是在哪一意義下，可被目為不過是傳統漢傳佛教的一個小支，當中都恐怕存在好些或因不同的高估、低估或簡化，而需要澄清的疑點。

因為以時序而言，陳美華所討論的馬來西亞佛教總會成立於大馬獨立的 1950 年代，而筆者在佛教公共介入（engagé）的主題下，所探討的馬來西亞佛教青年總會（Young Buddhist Association of Malaysia）則成立於 1970 年代，後者與臺灣多個佛教團體約略屬同期，何況若「現代」是首先指一個佛教團體其對現代公共價值觀的吸納、消化及實踐之主動與徹底程度的話，馬佛青是否不若臺灣佛教，這更成疑問，畢竟這些大馬的全國性佛教團體當年就是在維護公民宗教信仰權利的背景下誕生，但臺灣佛教團體有否類近的公共覺醒，卻不無疑問。

無論如何，這些在不同階段進入馬來西亞的漢傳子系統之間，走過一前後近三百年互相持續重塑對方的再在地化過程。這些在宗教上不同階段的轉折，與當地華人的先輩孤身飄洋過海南下時，草根性甚強的嶺南民風，乃至及後歷經數百年發展，無論在各方面皆有相當基礎，華人不必再如當年日夕為基本生計操心，遂重文化教育，餘力皆用於籌謀後輩文教。及二十世紀中，方出現特雷弗・林（Trevor O. Ling）所謂，在蘭卡上座部僧侶與雙語年青華人在家眾的共同推動下，佛教在馬來西亞華人中，形成宗教身分的覺醒，自覺地定義自己為佛教徒，而不再是中國民間信仰的繼承者[33]。

而且這當中的佛教傳承，雖然在身分與名義上多承漢傳，但其實質修學與持習的內容，已經不再據「漢傳」劃地自限，往往已從漢傳佛教默默過渡為華人佛教。有較多華人國民的東南亞國家如新、馬等，「漢傳佛教」與「華人佛教」之間差異是日趨明顯。新、馬華人佛教社群中，信仰漢傳佛教雖然可能還是主流，但信仰藏傳與上座部的華人亦明顯在增長，因為涉及藏傳與上座部佛教更多以英語來布教，從而導致了英語華人的佛教徒數量呈現明顯增長。這種情況甚至又以新加坡比大馬來得更普遍，其部分原因是來自新加坡的語言政策，從 80 年代始規定所有學校必須以英語為唯一教學語言，所以造成年輕一代的華文能力大幅下滑。由於漢傳佛教在傳統上只以華語講經說法，這遂形成弘法上的語言隔閡。有時甚至連漢傳僧侶的師父都無法約束弟子的取向，在這情況下，新一代僧侶雖屬於禪宗等漢傳法脈，但師父已經沒有能力以宗教上所屬的傳統來指導和引導弟子，因為僧人本身是英語教育的背景，基本上已經沒有閱讀漢語佛典的能力，所以上一代漢傳僧侶所收的華人僧、俗弟子，實際上已變成修學什麼傳統都有。

漢傳佛教與華人佛教的錯開，這無疑為大馬當地上座部跨越原族裔身分，進入其他族群（尤其華人）打開了綠燈。至於大馬上座部的情況，下文即作探討。

33 T. Ling, “Revival without Revivalism: The Case of the Buddhists of Malaysia”, pp.326-335.

三、大馬的泰－暹上座部

歷史上泰暹系上座部在馬來半島諸如檳城等地，早在 1845 年即獲英殖民政府撥地建有數寺，以服務移民社群[34]。但在這一歷史階段中，馬來半島上的泰暹上座部都是僑民的族裔宗教，並未有跨過族群邊界，遑論對地區佛教的重大影響。本節在此將焦點轉移到馬來西亞獨立後仍有泰暹裔社群聚居，西北部的吉打州（Kedah）和東北部的吉蘭丹州（Kelantan）。北馬二州的暹系上座部雖然在族群與宗教上都是勢單力薄，但某意義上卻是原生的。馬來族學者穆罕默德・伊斯梅（Mohamed Y. Ismail）指出，即使在獨立後，力舉馬來族才是馬來西亞原住民的大馬官方，雖未在法律層面作公開確認，但在土地權上，卻明確給予暹裔族群與馬來族無異的投資津貼計畫（Amanah Saham Bumiputra），默認其原住民（bumipuetra）的歷史淵源甚至比馬來人更早。[35]

北馬二州處於今天泰國南部與馬來西亞北部，兩國邊界接壤

---

34 陳秋平《移民與佛教》，頁 120-126。

35 Mohamed Y. Ismail, "Buddhism in a Muslim State: Theravada Practices and Religious Life in Kelantan", *Jurnale-Bangi, Jilid 1, Bilanganl*, Julai-Disember 2006, pp.3-4. 穆罕默德・伊斯梅（Mohamed Yusoff Ismail）最早的著作是他的博士論文，見 M.Y. Ismail, *Wat Pathumwihaan of Baan Maalaj: A Study of Siamese and Chinese Buddhists in a Malay State* (Ph.D. Dissertation, School of Arts, Australian National University, July 1987, 259 頁)，及後改寫為以吉蘭丹州佛寺社會組織探討佛教與族群議題的 *Buddhism and Ethnicity: Social Organization of a Buddhist Temple in Kelantan* (*Series of Social Issues in Southeast Asia*, Singapore: Institute of Southeast Asian Studies 1993)。

地區的馬方境內。雙方國境內，互相有被當作本國少數民族的對方族群，其在族裔、語言、風俗、文化及宗教與對方是相同，甚至本就是同一個社區和家族，只是現代民族國家以主權概念劃定其政治版圖時，人為地將它一分為二。這為地區社群日常生活造成諸多干擾與不便，甚至影響生計。北馬暹裔佛教社群和泰南馬來裔穆斯林社群雙方同樣作為本國的少數族群，皆不同程度面對類似處境，即作為少數民族，雖然一方面受到本國法令規管，但另一方面卻不一定如主流族群的國民般，能夠在現實上平等地享有各種權利保障和資源，甚至遭到敵意對待。

他們也許會對對方國家主流族群的文化、語言及宗教身分有主觀認同，但卻不具有法律意義的國民政治身分受到保障。在這種情況下，雙方的部分居民，皆會私下以各種手段與聯繫（親屬、結婚及產子等家庭關係），成為實質上擁有雙重身分的人。雖然國家政權及官方當局會認為，這些具雙重身分的人可算是在破壞國家主權（sovereignty），但對百姓而言，雙重身分使其可以省卻日常麻煩，靈活地往返游走於兩國接壤的地區，以解決國家政權的版圖概念為其日常生活所帶來的各種人為麻煩[36]。唯有對現代民族－國家政治版圖制度造成跨境民族之困擾，及當地居民為何（why）和如何（how）以雙重身分作應對之處境有一定的認識，我們才能理解下文所論及，大馬暹裔僧團和泰國國家僧

---

[36] Alexander Horstmann, "Deconstructing Citizenship from the Border: Dual Ethnic Minorities and the Local Reworking of Citizenship at the Thailand-Malaysian Border", A. Horstmann and R. Wadley (ed.), *Centering the Margins: Agency and Narrative in Southeast Asian Borderlands* (*Asian Anthropologies* Vol.4, New York: Berghahn Books 2006), pp.156-158.

團之間，在宗教暨教育上的特殊連繫。

歐文・約翰遜（Irving C. Johnson）探討馬來西亞北部吉蘭丹州信仰泰國上座部的暹裔農村社區，在以伊斯蘭教為官方宗教的州政府統治下，政治上如何既不招惹官方忌憚，但又能技巧地維繫族群的宗教－文化身分，並在身分、地緣空間、日常生活上，不斷靈活地游走在兩國邊界之間，實質上形成某種實用的雙重身分。尤為重要的，是其與泰國之聯繫，使他們擺脫了在馬來西亞無論從社會階級角色、宗教文化身分，到地理上的邊緣位置。約翰遜的討論雖然涉及佛教，其側重點是當地農民大眾在日常社會生活下，信仰所反映的跨境狀態[37]。惟對信仰上座部的社群而言，維持一個體系完整的佛教傳統所不可或缺的僧團及其僧伽教育，則著墨有限。

北馬二州暹系寺院與泰國僧團之間的跨境連繫並不始於今天。黑田景子（Keiko Kuroda）指，泰國官方對北馬暹裔的支援，自大馬獨立前夕，已有其淵源。1950 年代英殖民政府後期，過渡進入馬來西亞聯邦政府，及最終政治獨立，前後十餘年，兩個政權為避免共產主義全面蠶食東南亞，皆奉行反共原則，在馬來亞半島剿共過程中，對馬共游擊隊進行堅壁清戰的軍事圍剿。為確保斷絕馬共補給線，設立軍事無人地帶，並成立

---

37 Irving Chan Johnson, *The Buddha on Mecca's Verandah-Encounters, Mobilities, and Histories Along the Malaysian-Thai Border* (*Critical Dialogues in Southeast Asian Studies*, University of Washington Press 2013)，此書是作者據其 2004 年在哈佛大學（Harvard University）的博士論文改寫出版。

「新村」[38]，將馬共補給線上潛在據點的農村及鄉鎮人口全部清空，作強制撤離[39]。當中被波及的雖然主要是華人，但亦有相當數量的暹裔社群受到影響。軍隊在剿匪過程中，曾錯把暹寺存糧目為資匪，而誤毀有數百年歷史的寺院，泰國政府的抗議幾乎引發泰、馬二國的外交爭執，泰方提出賠償要求，為馬來亞接受方息事。及後大馬當局剿共完畢，暹裔社群從變相的集中營「新村」返回世居數百年，但幾已成廢墟的祖村時，泰國亦資助修復，其中即包括寺院及僧團等的宗教重建[40]。

在前述1950年代的這一背景下，泰國僧團從沒有減弱過對北馬暹裔僧團的關注。亞歷山大・霍斯特曼（Alexander Horstmann）在有關泰、馬二國邊界上暹裔一類跨境族群是如何應對族群生存

---

38 時下學界對戰後英治馬來亞剿共政策下產生的「新村」之研究與反思，見陳丁輝著〈馬來西亞華人新村研究：本土知識的生產與田野反思〉，陳昊、陳宗淵主編《臺灣東南亞研究新論：圖像與路向》（臺北：洪葉文化事業公司，2013 年 10 月）第十章，頁 179-198。對當時「新村」過來人的訪問，見黃巧力導演的記錄片《我來自新村：馬來西亞百萬華人的集體回憶》（雪蘭莪：椰樓映畫，2009 年），這專輯採訪大馬各地十餘個新村的相關人士，從華人平民的角度，述說當年「新村」的生活。

39 有關英國從戰後到獨立期間的馬來西亞政策，尤其成立「新村」以配合剿共的基礎，即「緊急狀態令」的決定，不在此冗述，見張祖興著《英國對馬來西亞政策的演變 1942-1957 年》（北京：中國社會科學出版社，2012 年），頁 108-147。

40 Keiko Kuroda (黑田景子), “The Siamese in Kedah under Nation-state Making” (Working Paper 2004), pp.3-6; Keiko Kuroda (黑田景子), “Malaysian Nation-making and Thai-speaking Buddhists in Kedah”, *Cultural Science Reports of Kagoshima University* (鹿兒島大學法文學部紀要人文學科論集) 62, July 2005, pp.74-78.

上兩難處境的討論中指出，吉蘭丹州的主調是伊斯蘭烏托邦思想，這使得當地佛教原社群制度在這龐大壓力下，持續碎片化和邊緣化，儘管如是，仍然未能削弱佛教作為暹族文化核心身分認同的程度。但另一方面孤掌確實難鳴，吉蘭丹州暹裔族群的長輩抱怨，因暹文化價值觀的日漸流失，反映在社會上，是青年吸毒、消費主義等問題日益嚴重，既無法維持僧團，且因族群傳統之走弱，年青人出家意願偏低，語言傳統亦罕能超過小學水平，所以吉蘭丹州暹族寺院欠缺僧侶實非罕見，從而使暹裔身分面臨危機[41]。

黑田景子以北馬另一個原生暹裔聚落地區吉打州為據，對他們在民族國家陰影下的處境，作田野觀察之兩份報告中提到，由於暹語是少數族群語言，並不屬於大馬國家教育系統的範圍，因此資源短缺，欠缺語言教學，年青暹民語言水平日劣[42]。若欠缺如下文將論及的泰國僧團等外來力量的介入與支援，北馬二州的暹裔要單憑本身現狀來維持其基本傳統，恐怕都舉步為艱。所以，吉蘭丹暹裔社群並不諱言他們希望取得泰國的更大支持，但礙於國際外交的規定，泰國官方人員如領事、外交人員、議員政客除了偶爾禮節性地參與節慶活動外，能夠做的都很有限[43]。

---

41 A. Horstmann, “Deconstructing Citizenship from the Border: Dual Ethnic Minorities and the Local Reworking of Citizenship at the Thailand-Malaysian Border”, *Centering the Margins*, pp.165-168.

42 K. Kuroda, “The Siamese in Kedah under Nation-state Making”, pp.3-4; K. Kuroda, “Malaysian Nation-making and Thai-speaking Buddhists in Kedah”, pp.72-74.

43 A. Horstmann, “Deconstructing Citizenship from the Border: Dual Ethnic Minorities and the Local Reworking of Citizenship at the Thailand-

然而，除了國家之間政權的官方外交，還有非官方的公共外交，其中包括以宗教暨教育領域為主題的。伊斯梅（M. Ismail）解釋泰國國家僧團多年來是如何在吉蘭丹州伊斯蘭國度內，使北馬暹系上座部得以近乎絕處逢生。泰國僧團有派赴馬來西亞，被當地華人音譯作昭坤（Chao Kun）的高級僧爵領導與管轄在馬的所有泰暹佛教事務。具體包括每年都會派員到吉蘭丹州的兩座寺院，為當地暹系僧侶進行教理考試（nak tham），並從泰國進口配套教材。泰國僧團藉著主辦當地僧團的教育及考試，來維持大馬暹系上座部與泰國僧團之間的關係。泰南僧團主管在吉蘭丹暹系寺院的重大慶典中經常擔任榮譽贊助（phuu upatham）、宗教儀軌顧問，及巴利唱誦指導，僧團成員亦會集體跨境與會。寺廟現場的大眾文娛活動是來自泰國的傳統，所使用的是代表泰國官方的曼谷泰語，而非吉蘭丹的暹語方言[44]。所以在大馬暹裔佛教的重建過程中，僧侶作為宗教精英，同時也擔當泰語和泰暹文化的守護者，並從泰國進口大量宗教用品，乃至援引曼谷式的寺院建築方式[45]。

故此北馬暹裔與泰國國家僧團之間，建立有馬來西亞政府所知悉而又沒有異議，特殊而密切的宗教關係，大馬的暹系上座部幾乎成了泰國國家僧團的境外教省。跨境進入北馬的泰國僧侶，

Malaysian Border", *Centering the Margins*, pp.165-167.

44 M. Ismail, "Buddhism in a Muslim State: Theravada Practices and Religious Life in Kelantan", pp.12-14.

45 A. Horstmann, "Deconstructing Citizenship from the Border: Dual Ethnic Minorities and the Local Reworking of Citizenship at the Thailand-Malaysian Border", *Centering the Margins: Agency*, p.168.

在維持諸如泰語、風俗、宗教等當地暹裔族群的文化身分認同上，擔當非常重要角色，若泰國僧團沒有對馬境暹僧提供跨境支援，暹裔社群的文化傳統和身分認同皆難以為繼。[46]

但另方面，由於吉蘭丹暹寺是在泰國國家僧團管轄權之外，所以他們可以有更大空間，按照馬來西亞處境，作更彈性與寬容的靈活安排，調整外圍的宗教元素，以兼取馬來人及華人的信任和支持。例如在不違反伊斯蘭教優先的馬來西亞基本宗教秩序下，邀請伊斯蘭蘇丹（sultan）在節慶儀式中擔任佛教的政治保護者（phutthasasanupathampok）。當然，暹裔上座部也有責任遵守不向馬來族弘揚佛教之規定，以免引發宗教紛爭並干犯馬來西亞宗教法令。不過佛教場所或由僧人執行，但與佛教沒有直接關係的傳統醫藥、占卜巫術及節慶文娛等，則不在此限。[47]

上述提到泰國僧團介入北馬暹裔的行動其實都只是前奏，真正的歸旨在於泰國上座部的僧伽教育，尤其是現代高等教育。泰國僧團將此北馬吉蘭丹等地暹裔青年項目整合在以曼谷和泰南宋卡省（Songkla）為基地的佛教基金和網絡內，使馬籍暹裔學生有機會到宋卡省升讀大學，並在重建其佛教價值和泰暹文化認同後，回輸返馬方家鄉。所以凡在泰國僧團此項目下跨境推薦赴泰升學的年青一代北馬暹僧，多有熟悉科技與馬暹環境的現代飽學僧侶，他們離開寺院主動走入社區，以傳統暹鼓等音樂文化及電

---

46 A. Horstmann, "Deconstructing Citizenship from the Border: Dual Ethnic Minorities and the Local Reworking of Citizenship at the Thailand-Malaysian Border", *Centering the Margins*, p.164.

47 M. Ismail, "Buddhism in a Muslim State: Theravada Practices and Religious Life in Kelantan", pp.6-9.

腦，展開以暹裔年青人的價值教育為目標的項目，重建佛教信仰，並較先前的僧侶更熟悉文本、戒律、禪修、苦行等。[48]

同時，北馬西部吉打州（Kedah）的主要寺院也與泰國的摩訶朱拉隆功僧伽大學（MCU）建立正式合作關係。由僧伽大學所培養的馬籍暹裔年青學僧，在畢業後派赴馬來西亞各地，逐漸接替本土僧侶出掌馬來西亞各地泰系寺院的僧團執事空缺。例如位處吉隆坡的雪蘭莪佛教協會（Selangor Buddhist Association）就是由曾在泰國受訓的北馬吉達州暹裔僧侶負責，大馬其他暹系上座部僧團，亦與泰國僧團配合[49]。泰國僧團所推動的大馬暹系上座部復興過程中，泰國外交系統駐大馬的使館在後勤工作上皆有作出協助[50]。

在此值得注意的有數點。首先，由於馬籍暹裔社群人口數量有限，未足以對馬來族或大馬政權構成威脅，所以大馬官方當然知道泰國僧團在北馬二州暹裔社群的佛教復興背後，擔當著重要角色，但並沒有禁止[51]。

48　A. Horstmann, "Deconstructing Citizenship from the Border: Dual Ethnic Minorities and the Local Reworking of Citizenship at the Thailand-Malaysian Border", *Centering the Margins*, pp.165-167.

49　Raymond L.M. Lee and Susan E. Ackerman, "The Cauldron of Change: Politics and Religious Organization in Contemporary Malaysia", in R.L.M. Lee and S.E. Ackerman, *Heaven in Transition: Non-Muslim Religious Innovation and Ethnic Identity in Malaysia* Ch.2 (Honolulu: University of Hawai'i Press 1988), pp.48-49.

50　A. Horstmann, "Deconstructing Citizenship from the Border: Dual Ethnic Minorities and the Local Reworking of Citizenship at the Thailand-Malaysian Border", *Centering the Margins*, p.166.

51　A. Horstmann, "Deconstructing Citizenship from the Border: Dual Ethnic

其次，是泰國上座部介入塑造大馬暹裔佛教的方式與緬甸、蘭卡，甚至漢傳等其他佛教傳統在大馬的推進方式完全不同。其他傳統都是以個別或少量僧侶，例如達摩難陀、竺摩等僧侶受佛教社群之邀而赴馬弘法，不涉及高度組織化、大規模的資源及人力調動。但泰國僧團的介入，既是高度組織化，亦涉及官方，無論這是指泰國僧團高層政策的直接統籌，乃至曼谷其他官方部門，例如教育部和外交部的後勤支援。由於以組織來進行推進，因此涉及推動大馬暹裔佛教的泰國僧人，都是以組織的身分展開活動，並不凸顯個體角色或個人色彩，所以整個過程都是泰國僧團的組織及既定政策，雖然大馬的漢傳和蘭卡上座部都有標誌性人物，但泰國僧團對大馬暹系的大力支援，卻沒有凸顯具知名度的關鍵個體。

第三，在泰國接受教育的馬籍暹僧於其學業告一段落後，其實是變相受命於泰國僧團，當中現代的高等僧伽教育，是泰國僧團在推動佛教與社會接軌的重要著力點，尤其成熟的現代僧伽高等教育，也是需要培養出勝任在大都會應對現代政、經及各種專業菁英群體的僧侶。所以除了如已述，部分暹僧回大馬接掌暹寺外，部分則會被調往新加坡這類具宗教關鍵地緣角色的大都會。

因而有需要在此對泰國上座部的現代僧伽教育，尤其高等教育環節的特點稍作說明，我們才能夠更清楚地理解其性質，乃至當泰國僧團以僧伽教育來支援大馬的暹系上座部的重建時，有何意義。泰國僧團的僧伽教育自十九世紀中以來，經歷三輪重大改

Minorities and the Local Reworking of Citizenship at the Thailand-Malaysian Border", *Centering the Margins*, p.168.

革。包括暹羅王拉瑪四世蒙固（Mongkut, 1804-1864）在出家期間創立重視對經教戒律作理性詮釋之法宗派（Thammayuttikāt）、二十世紀初金剛智（Vajirañāṇa-varorasa, 1860-1921）[52]及 1950 年代大宗派毘蒙曇長老（Phra Phimonlatham, 1903-1989）[53]等數代僧團領袖所籌劃的僧伽教育現代改革，其動力並不完全只是來自僧團內部，也來自官方及宏觀的泰國內和國際時局。先後包括二十世紀初在西方殖民主義的壓力下，組建民族國家；其次是戰後冷戰對峙的國際格局下，推動僧團高等教育改革，以便勝任作為美方盟友投入反共運動[54]等複雜處境。這誠如緬甸學僧法主（Khammai Dhammasani）強調，若不兼顧宏觀的政教關係，泰國的這數輪僧伽教育改革皆是難以理解的[55]。

所以從知識結構和價值的組成來說，當代泰國的僧伽高等教育其實是泰國佛教與現代文明互動後的產物。因此泰國僧團現代教育的主要內容，是由傳統的經教義理、現代人文暨社會科學，及國家意識形態結合而成。高等教育的這些新安排，及學僧畢業

52　劉宇光撰〈為什麼宗教－民族主義及原教旨主義沒有在現代泰國僧團滋長？以兩個案例為線索〉，《人間佛教研究》第 3 期（香港：香港中文大學人間佛教研究中心，2012 年 11 月），頁 135-147。

53　劉宇光撰〈二十世紀六十年代泰國的《僧團法》、僧伽大學及農民子弟僧：以政－教關係和教育社會學為線索〉，《臺灣東南亞學刊》10 卷 1 期（南投：國立暨南國際大學東南亞研究中心，2014 年 11 月），頁 133-176。

54　Eugene Ford, *Cold War Monks: Buddhism and America's Secret Strategy in Southeast Asia* (Yale University Press 2017), pp.104-145.

55　Khammai Dhammasami, *Idealism and Pragmatism: A Study of Monastic Education in Burma and Thailand from the 17th Century to the Present* (Ph.D. Dissertation, Oxford University 2006), pp.265-266.

後在農村社區和行政都會的工作經驗，促使僧團的年青菁英對現代社會公共價值觀及其制度運作，皆有相當的學理知識與實務經驗。另一方面，泰國僧團在制度上屬泰國教育部管轄，受泰國官方節制，因而在宗教暨文化層面，僧團也是泰國官方宗教暨文化相關政策的主要執行者和代言者。

因此這些來自北馬二州的馬籍暹僧，無論是在曼谷摩訶朱拉僧伽大學（MCU）或宋卡省的泰國僧侶課程計劃受教育，都是根據泰國模式來復甦和重塑暹系上座部，從而這些馬籍暹僧某義上是有雙重身分，他們透過作為泰國文化據點之寺院（wat），使泰國佛教連同泰國形像一併在社群大眾裡生根。[56]

四、大馬的斯里蘭卡（錫蘭）上座部

過去兩個世紀，斯里蘭卡人是前後好幾波分批移居今天的馬來半島。蘭卡和印度及緬甸一樣，都是先被納入東印度公司的勢力範圍，稍後再被納進大英帝國版圖成為殖民地，此後民間的往來遷徙甚為方便，尤其是沿著馬六甲海峽的星嘉坡、檳城及馬六甲等港口，都是商業種植農作物及農產品，如橡膠、茶葉、錫及咖啡等的集散地暨出口港。當時為著有效提高商業農作物到港口的運輸效率，英殖民政府於十九世紀初開始在馬來亞建鐵路，貫通港口、礦區及種植區之間的運輸網絡，從錫蘭徵集大量熟練的僧伽羅（Singhalese）和泰米爾（Tamil）二族鐵路技工。僧伽羅

56 A Horstmann, "Deconstructing Citizenship from the Border: Dual Ethnic Minorities and the Local Reworking of Citizenship at the Thailand-Malaysian Border", *Centering the Margins*, pp.168-170.

人在吉隆玻十五碑（Brickfields）和洗都（sentul）、太平、檳城及星嘉坡聚居[57]。

英殖民政府所以要徵集錫蘭技工有三個原因，分別是通英語、熟悉英式工作制度，及防止華人人口過多，以維持族群平衡，便於統治。對願意應聘的錫蘭人而言，除了謀生的經濟理由外，也包括為了擺脫錫蘭非常保守的社會種姓制度及族群衝突，所以應聘者甚至會改掉作為種姓標記的原姓名。移居馬來半島的蘭卡人歷經數代的緩慢演變，下及二十世紀中葉之後，原在錫蘭極為根深蒂固的種姓制度才得以逐漸淡化。此前在馬來亞的低種姓錫蘭人，甚至寧願住在暹裔和華裔等異族社區，也不願留在蘭卡社區內生活。種姓制度甚至亦侵蝕僧團，不同的錫蘭寺院與僧團背後，常常源於不同種姓之間的頑固隔閡[58]。

蘭卡上座部僧侶隨赴馬來亞半島的最初原委，是為英治期間遷居馬來半島的蘭卡鐵路技工社群提供宗教服務。所以早期的主要據點，都是靠近蘭卡的鐵路技工社區和港口，包括今天吉隆坡稱作印度城的十五碑、檳城及星嘉坡[59]等。所以錫蘭宗教人員的

57 Jeffrey Samuels, “Forget not Your Old Country: Absence, Identity and Marginalization in the Practice and Development of Sri Lankan Buddhism in Malaysia”, *South Asian Diaspora* Vol.3, No.1, March 2011, pp.118-120.

58 J. Samuels, “Forget not Your Old Country: Absence, Identity and Marginalization in the Practice and Development of Sri Lankan Buddhism in Malaysia”, pp.123-124.

59 對馬來半島英治時期，錫蘭佛教及僧團在港口星嘉坡的歷史研究，亦間接有助於理解其他城港的情況，見 Anne. M. Blackburn, “Ceylonese Buddhism in Colonial Singapore: New Ritual Spaces and Specialists,1895-1935”, ARI Working Papers Series No.184 (National University of

遷往馬來半島，並非只有僧伽羅人的上座部僧侶，也有泰米爾的印度教教士，甚至有來自蘭卡的基督徒，因為在十八、十九世紀，南亞基督宗教中心就是蘭卡北部的賈夫納（Jaffna）[60]。這些不同宗教的神職人員隨眾遷移他鄉，其首要目的是從宗教與心靈上照顧同鄉，以安撫流落異鄉打拼的移民群體。

在此背景下，僧侶的主要工作是以寺院空間和宗教場合，為生活中充滿恐懼、艱苦與不確定的移民社群，提供生命意義、族群歷史文化、身分認同，及集體記憶等傳承的載體，甚至是安頓客死異鄉者的身後事如喪葬等。對信仰佛教的錫蘭民工而言，馬來亞當時的漢傳及暹系上座部寺院，乃至改宗基督宗教的兩族人教堂等，皆無法產生族群及文化身分的認同。所以十九世紀末先後在農場及鐵道技工聚居的吉隆坡錫蘭人社區建立數座錫蘭寺院，其主要目的就是透過信仰、宗教節慶如衛塞節、儀式、風俗習慣、音樂戲劇、運動、講道及語言教學，及寺院附屬墳場，在宗教、文化及精神上，服務錫蘭社區的需要。重新將家鄉與風俗文化在此複製出來，一定程度上產生從花菓飄零到靈根自植，從仍然希求落葉歸根轉為接受落地生根，願以他鄉作故鄉之積極態度[61]。他們只要能夠根據其傳統宗教文化安頓飄泊的生命與心

Singapore, 2012).

60 J. Samuels, "Forget not Your Old Country: Absence, Identity and Marginalization in the Practice and Development of Sri Lankan Buddhism in Malaysia", pp.119-121.

61 J. Samuels, "Forget not Your Old Country: Absence, Identity and Marginalization in the Practice and Development of Sri Lankan Buddhism in Malaysia", pp.120-122.

靈，則他們反而會逐漸接受現實上的新家，所以斯里蘭卡上座部在馬來亞是當地歷史最悠久的佛教組織之一，像檳城瑪興達拉廊佛寺（Mahindrama Temple）的蘭卡僧侶有在北馬一帶教化。但在絕大部分時期，其實都只是移民的族裔宗教，其宗教場所往往是在海口或鐵路等交通運輸的要津上，這一傳統迄 1950 年代止，皆沒有跨越族裔身分的邊界半步。所以雖然蘭卡在地理上與馬來西亞並非直接相鄰，但其上座部對大馬佛教的貢獻，因下述變化，蘭卡僧侶逐漸以英語弘揚上座部經教於華人佛教社群，而影響甚大。

雖然 1940 年代在檳城受良好教育的新一代雙語或英語年青華人開始注意上座部，但下及 1960 年代通英語的蘭卡僧侶才使上座部跨過族群界限傳予華人，並逐漸成為塑造現代馬來西亞佛教的重要傳統，其關鍵人物是斯里蘭卡上座部僧侶達摩難陀長老（Ven. Sri Dhammananda, 1919-2006）。所以蘭卡上座部在馬來西亞是走過數十年，到戰後階段才有機緣跨越單一族群，為其他族群所接納[62]。

據大馬華人學者廖文慶[63]、蘭卡裔學人迪席爾瓦（H.M.A. de Silva）[64]、釋繼愍[65]、釋繼旻[66]、陳利威[67]及謝明達等氏的資料整

---

62 J. Samuels, "Forget not Your Old Country: Absence, Identity and Marginalization in the Practice and Development of Sri Lankan Buddhism in Malaysia", p.124.

63 Benny Liow, *K Sri Dhammananda: a Pictorial Retrospect* (Buddhist Gem Fellowship 1997).

64 H.M.A. De Silva, *100 Years of The Buddhist Maha Vihara 1895-1995* (Kuala Lumpur: Sasana Abhiwurdi Wardhana Society 1998).

65 釋繼愍《竺摩與達摩難陀對馬來西亞佛教的影響》第四章，頁 99-138。

理，達摩難陀生平事略如下。達摩難陀 1919 年出生於南部馬打拉（Matana）的佛教家庭，家中有長輩是僧侶。少年出家後，16-19 歲（1935-1938）就學於可倫坡維也華丹佛學院（Vidywardana Pirivena, Colombo），19-25 歲（1938-1945）就學於明莊嚴佛學院（Vidyālaṅkāra Pirivena），26-29 歲（1945-1949）赴瓦拉納西印度大學（Benares Hindu University）深造，在吠檀多一元論背景的印度教著名哲學家拉達克詩南（Sarvepalli Radhakrishnan, 1888-1975）[68]的指導下，攻讀哲學碩士學位。

完成學業後，達摩難陀返錫蘭建設鄉村，出版佛教月刊。1950 年代初，受母校明莊嚴佛學院主管委派，接掌以蘭卡人為主所組成，位處吉隆坡，被當地華人稱作十五碑「錫蘭佛寺」的佛教組織，隨即赴任。達摩難陀後在 1962 年成立佛教弘法會（Buddhist Missionary Society），向英語或雙語的青年大專生（華人為主，但也有其他族裔）弘傳佛教，及從事社區的宗教－倫理服務。1970 年代馬來西亞佛教青年總會（YBAM）成立，

---

66 釋繼旻著〈達摩難陀法師對馬來西亞佛教的影響〉，《第二屆馬來西亞佛教國際研討會論文集》，頁 40-51、58-68。

67 Tan Lee Ooi (陳利威), *The Making of Modern Buddhism Chinese Buddhist Revitalization in Malaysia* (Ph.D. Dissertation, Department of Southeast Asian Studies, National University of Singapore 2013), pp.39-60.

68 拉達克詩南（Sarvepalli Radhakrishnan, 1888-1975）是印度著名的吠檀多（Vedanta）哲學學者，其代表作之一乃二卷本的《印度哲學》（*Indian Philosophy*, 1923），雖然其印度的哲學晚輩如慕瀚諦（J.N. Mohany）和馬諦拿（B.K. Matilal）對其立論提出強烈質詢，但迄今仍為印度哲學的經典著作，此外，拉氏亦曾在 1952-1967 年間擔任印度副總統（Vice President）及第二任總統（President）。

達摩難陀鼓勵當時多個佛教青年組織加入馬佛青總會，他本身同時應邀出任馬佛青總會的宗教導師，指導當時的佛教青年。

前述新、馬二國僧、俗學人對達摩難陀長老的討論重點多在他的個人生平、成長學習、宗教行事、弘法貢獻、對好些倫理問題的基本態度、宗教作品撰著、宗教溝通等連串事誼的資料整理上。從研究的角度來說，在這些資料的字裏行間，仍包含有一些討論未夠充分，而尚待澄清的問題。所以本章在此不再重複前述多位論者對達摩難陀生平事略已有的整理，而在這基礎上直接提出尚待深入的幾點問題，以探討蘭卡僧侶在當代馬來西亞佛教早期階段的角色。

在前述的達摩難陀生平中，首先應注意的是其出生地或原鄉，即蘭卡西南部海岸。在整個亞洲佛教文明中，蘭卡不單是極少數仍然維持印度社會種姓制度的佛教傳統，其僧團甚至是按照不同種姓作為劃分的根據，即僧人根據各自的種姓所屬，在不同僧團出家，不能混合[69]。而蘭卡上座部在大馬社會得以由移民社群的族裔宗教，演變為跨族群宗教，其代表人物十五碑錫蘭佛寺達摩難陀法師、冼都錫蘭佛寺（Sentul Temple）的沙拉南（Saranankara）法師等其原籍都是蘭卡西南部海岸[70]。

專攻現代蘭卡僧團及其教育的美國人類學者傑弗里．塞繆爾斯（Jeffrey Samuels）年前撰文探討在馬來西亞的斯里蘭卡上座

69 Ananda Abeysekara, *Colors of the Robe: Religion, Identity and Difference* (University of South Carolina Press 2002), pp.174-179, 182-183, 198-200.

70 J. Samuels, "Forget not Your Old Country: Absence, Identity and Marginalization in the Practice and Development of Sri Lankan Buddhism in Malaysia", p.124.

部僧團離散群體時，指蘭卡西南海岸從事捕魚（karāva）、棕櫚樹採集工（durāva）及肉桂樹皮工（salāgma）等低種姓者，在宗教上都受到主流高種姓（goyigama）把持，1799 年和 1864 年從緬甸引入的阿曼羅波羅派（Amarapura Nikāya）和蘭曼匿派（Rāmañña Nikāya）僧團所排斥，不能在上述派系出家而長懷不滿與失望。[71]

所以無論僧、俗，移民他鄉的人在原鄉時多屬社會的弱勢者，寧願離鄉以另闖天地，此類弱勢社群在原鄉面對由主流社群主導的民族主義意識形勢時，其邊緣身分使其對此懷有某種程度的懷疑、冷待及保留。所以塞繆爾斯認為，達摩難陀定居馬來亞後，把其家鄉僧團在種姓上受到的歧視，轉化為對其他族群在家眾（尤其華人）的開放。[72]

其次，值得注意的是達摩難陀的求學經歷，尤其是他曾就學的佛學院校，尤其當中的明莊嚴佛學院（Vidyālaṅkāra Pirivena），在此對這學院作扼要的說明，以豐富對達摩難陀教育背景的理解。十九世紀中後期，蘭卡佛教經歷英國殖民統治下一段時間的凋零，反殖民的佛教民族主義為著反制殖民者所豎立的西方文化優越感，乃至對雙方文化作出簡陋的二元論式陳述，上座部展開佛教教理、僧團組織，及僧伽教育的重建，期間並結合好些現代

71 J. Samuels, "Forget not Your Old Country: Absence, Identity and Marginalization in the Practice and Development of Sri Lankan Buddhism in Malaysia", p.129.

72 J. Samuels, "Forget not Your Old Country: Absence, Identity and Marginalization in the Practice and Development of Sri Lankan Buddhism in Malaysia", pp.124-125.

西方的理性原則，重新詮釋佛教教理，借此強調佛教是「理性的宗教」[73]。

這態度亦反映在僧伽教育的設計上，明莊嚴佛學院成立於 1875 年，是今天斯里蘭卡肯南尼亞大學（University of Kelaniya）的前身。它與 1873 年成立的明增佛學院（Vidyodaya Pirivena）是十九世紀斯里蘭卡佛教，甚至也是整個區域上座部復興的重鎮[74]，明增學院是今天斯里耶雅華達普拉大學（University of Sri Jayawardhapura）的前身[75]。同樣專研現代蘭卡僧伽教育的另一人類學者安妮・布萊克本（Anne Blackburn）指，明增和明莊嚴兩座佛學院（pirivena）是結合傳統與現代，來規劃斯里蘭卡的現代僧侶教育，以回應殖民統治，並抗衡殖民者在宗教、社會及文化上的影響，所以二院是有現代僧伽教育系統，並非單純傳統[76]。

二院學風各異，首先是二者的古典學問各有不同傳承，此外

---

73 Anne M. Blackburn, *Locations of Buddhism: Colonialism and Modernity in Sri Lanka* (The University of Chicago Press 2010), p.199.

74 這兩座佛學院的反殖民意識甚至帶有某種國際主義傾向，懷有為他國佛教，特別是東南亞和東亞的上座部同道培養僧材，復興佛教以對抗殖民統治之抱負。民國太虛法師門下法舫法師（1904-1951）留學印度，並在 1946-1947 年順訪斯里蘭卡期間，就是在明莊嚴佛學院，隨院長智華長老（Kiriwattutuwe Pragnasara）習上座部經教。

75 這二院在斯里蘭卡獨立前後從佛學院改制為大學的轉型升格及後來的發展，尤其耶雅華達普拉大學（University of Sri Jayawardhapura），見 M.M. Karunanayake, "University of Sri Jayewardenepura: Towards Meeting National Aspirations", *Vidyodaya Golden Jubilee Issue* 1984, pp.1-32.

76 A. Blackburn, *Locations of Buddhism: Colonialism and Modernity in Sri Lanka*, pp.38-40, 46-50, 57-68.

明增佛學院對社會、學風、文化及公共議題取態慎重，更重視傳統知識的深入理解和繼承，對實驗性或創新的事物頗見審慎，無論獨立與否，皆與當權者關係良好。但達摩難陀就學的明莊嚴佛學院雖也參與三藏編譯、出版及古典研究，但對文教持現代態度，並對政治和社會事務多激進立場而常起爭論與微言。無論獨立前後，明莊嚴佛學院寧自籌資源來維持獨立，冷待權勢，雖然後來與在野政黨建立關係[77]。二院在公共議題上，分別上承達摩波羅（Anagarika Dharmapala, 1864-1933）思想的不同側面。達摩難陀畢業的明莊嚴佛學院偏重反殖民、佛教民族主義、僧伽羅佛教文化復興，及重振佛教社會特權等[78]，有視此上承達摩波羅思想的宗教族群排他意識[79]和院長羅候羅・化普樂（Walpola Rahula）鼓勵僧侶視介入政治為己任之觀點[80]。

達摩難陀個人的知識成長，乃至其所身處的時代背景，與前述事態關係非常密切，但讓人覺得意外的，是他雖然把上座部義理和實踐帶進馬來西亞，但也許他原先在蘭卡是來自被壓抑的群

77　Ananda W.P. Guruge, “The Socio-Cultural Background to the Evolution of Vidyodaya and Vidyālaṅkāra Universities”, *Vidyodaya Journal of Arts and Science: Silver Jubilee* 1984, pp.354-355.

78　H.L. Seneviratne, *The Work of Kings: The New Buddhism in Sri Lanka* (The University of Chicago Press 1999), pp.130-188.

79　Neil DeVotta, “Sinhalese Buddhist Nationalist Ideology: Implication for Politics and Conflict Resolution in Sri Lanka” (*Policy Studies* 40, East-West Center Washington 2007), pp.14-16.

80　Walpola Rahula, “Bhikkhus and Politics: Declaration of the Vidyālaṅkāra Pirivena”, in *The Heritage of the Bhikkhu: A Short History of the Bhikkhu in Education, Cultural, Social and Political Life,* New York: Grove Press 1974), Appendix II, pp.131-133.

體，加上印度的學習經驗，使他能夠有另一種角度，從而與蘭卡僧團的現代紛擾保持距離，沒有把該等混亂帶進同為戰後新興國家，因而也同樣面對後殖民處境（post-colonial situation）困擾的馬來西亞。

第三點值得注意的，是達摩難陀在獨立後的馬來西亞，推動宗教聯繫組織（MIRO），將宗教對話與合作常態化和制度化。一方面，他以寺院為平臺，使年青一代的知識華裔和蘭卡裔以佛教形成共通的平臺，及後在此基礎上，再與基督宗教、印度教、錫克教及其他佛教傳統形成少數族裔的聯盟，在新生的馬來西亞國家中，與主流族群馬來族和主流宗教伊斯蘭教形成分庭抗禮[81]。

但另一方面，在馬來亞在決定政治獨立的關鍵時刻，達摩難陀曾主持公開的宗教儀式，表達對新國家誕生的期待與支持。所以他顯然支持新國家的成立，但同時意識到獨立後馬來族和伊斯蘭教將成為國家主流力量，因此宗教和族裔上的少數者有需要建立某種聯盟，發出足夠的聲音，聯手維持共同權益以免被欺壓及邊緣化。從這一點言之，我們可以間接推測，達摩難陀不單沒有對他的故國斯里蘭卡有過於民族主義式的執持，甚至對於蘭卡在獨立後，僧團內部分聲音為了堅持佛教的特殊地位，不惜造成族群衝突之行徑，應該是有強烈保留的。而當面對馬來西亞這個新國家的誕生時，達摩難陀的這種不執持故國，願展望未來的開放態度，其實亦可見之於其他佛教傳統中，有開放的胸襟與前瞻視

81 J. Samuels, "Forget not Your Old Country: Absence, Identity and Marginalization in the Practice and Development of Sri Lankan Buddhism in Malaysia", p.127.

野的部分僧人，例如與達摩難陀幾乎同年抵達馬來西亞，稍後在獨立之際公開支持立國，並參與建立馬來西亞佛教總會的漢傳僧侶竺摩法師[82]。

最後，達摩難陀如何和為何調整蘭卡寺院從只服務族裔社群的原有立場，跨過族群界限作跨族傳播？當代馬來西亞佛教社群幾乎無異議地公認，以達摩難陀為代表的大馬蘭卡僧侶從 1960 年代之後，對英語或雙語華人知識青年持續傳播上座部佛教義理的理性詮釋，這為當代馬來西亞佛教的發展，帶來根本而永久性的扭轉。雖然純粹從教理上來議，佛教是跨族裔的普世宗教，但從歷史與現實上來說，佛教仍然難免變成族群身分認同的依據，而且不單以佛教徒與否作為分界，甚至同屬佛教文明的一員，不同的佛教傳統作為不同族群的身分認同之依據，其間的距離與隔閡的嚴重程度，其實也常被低估。

雖然今天大馬的蘭卡上座部和泰－暹上座部類似，皆接受並供奉漢傳大乘佛教的菩薩像[83]，但達摩難陀在 1960 年代倡議兼納華人在家眾時，反彈首先就來自蘭卡裔僧、俗社群，他們恐怕這會將華人廟宇風俗及漢傳信仰帶進蘭卡寺院。雖然同樣是蘭卡寺院，但其法人身分及相關法律規定，在蘭卡和馬來西亞卻是不

82 陳美華著〈個人、歷史與宗教：竺摩法師與馬來西亞人間佛教〉（未刊稿，2016 年），頁 17。

83 Raymond L.M. Lee and Susan E. Ackerman, "In Search of Nirvana: Reformation and Charisma in Buddhist Revitalization", in R.L.M. Lee and S.E. Ackerman, *Sacred Tension: Modernity and Religious Transformation in Malaysia* (Columbia, SC: University of South Carolina Press 1997), pp.62, 70.

同的。在蘭卡，寺院是在僧人名下，但在馬來西亞，則歸馬來西亞籍在家眾組成的護法委員會所持有，當他們面對 1960 年代達摩難陀的改革倡議時，這反而形成更頑固的族裔中心取態，使改革面臨制肘，尤其在早期階段當達摩難陀等革新者尚未取得馬來西亞公民身分時，制肘更是明顯。後來倡議革新的僧侶透過另組主要是華人的附屬居士組織，繞開以蘭卡人組成的原寺委會，來舉辦各種宗教、慈善、文教及社區活動，把原有以蘭卡裔為主的寺委會架空，此舉一方面使華人信眾在經濟上支持寺院及其相關事業的發展，同時進一步參與社區建設[84]。

問題是：為何達摩難陀要堅持違其族群的大不韙，在新國家誕生的前後，倡議宗教的跨族變革，積極推動大馬的蘭卡上座部由移民的族裔宗教，自我更革為跨族裔的普世宗教？時下從教界到學界的通行解釋是：除了主流的馬來族，蘭卡僧侶與年青知識華人皆通英語。但是，馬來西亞上層華人通英語，這並非戰後的新現象，早在十九世紀英治確立時，即形成此一群體。反過來說，蘭卡上座部活躍於馬來半島百年，亦絕非戰後新現象，以英治的蘭卡來說，達摩難陀之前派赴馬來的蘭卡僧侶通英語，這亦應非不可能。所以，雖然華、蘭卡二族精英皆有通英語者，但蘭卡上座部跨過族裔界線的事並沒有發生得更早，這時機純屬歷史偶然，還是有其他因素直接促成此事？

其中一個有證據支持的解釋是，戰後英殖民政府重掌馬來亞，由於東南亞地區政局已經捲入冷戰的處境，英政權為了對抗

84 J. Samuels, “Forget not Your Old Country: Absence, Identity and Marginalization in the Practice and Development of Sri Lankan Buddhism in Malaysia”, pp.124-127.

共產黨滲透，而以持續長達 12 年的戒嚴和成立大量華人新村來進行剿共。英殖民當局邀請達摩難陀以英語弘揚佛教，是在文化價值觀層面安撫受英語教育的年青一代華人菁英[85]，以預防共產主義吸引華人菁英階層的子弟，畢竟當年馬共很多重要成員皆為華人。此一宗教作為政治工具之解釋，由於確能列舉具體證據，固然無從否認當初英國殖民政府的企圖，但此一解釋的可適用範圍實不能被過度誇大與簡化，最明顯是無法有效以「官方授意」來解釋何以即使完成剿共，並獨立建國後，達摩難陀數十年來對華人傳教未息。

對此的可能說明，部分需要串連上文提及達摩難陀所倡議的多元宗教的交流與合作平臺。馬來西亞獨立後，官方和主流族群以宗教暨種族為標準，設定誰是原住民（bumiputena），從而在教育、經濟政策及社會福利與權益上，建立日趨嚴密苛刻的制度化族群歧視，同時為確保馬來族的人口優勢，開始停止其他族群的移民，使少數族裔身陷不利處境。尤其需要注意的是，華人是少數族裔中的最眾者，占當時總人口 25-30% 之間，且在城市和港口的工商產業擁有廣泛的經濟影響力，再來是印度泰米爾人，而蘭卡人口甚至遠遠及不上泰米爾人，遑論其他。

獨立後，蘭卡社群由增長放緩變成逐漸萎縮，蘭卡裔在馬來半島亦已定居兩代，不可能再回蘭卡。所以達摩難陀的宗教服務對象，除了對於在蘭卡社群內沿用僧伽羅語外，亦需要以英語越過原有族裔背景，迎向其他族裔的佛教社群，其中最主要的就是華人，尤其是受英語或雙語教育的年青一代華人大專生。從人口

85　陳秋平《移民與佛教》，頁 104-105。

上來說，處於幾乎最弱勢蘭卡裔社群因為宗教，而拉近與華裔的關係，並肩面對歧視的制度，尤其以華裔的經濟實力及人口比例，對蘭卡裔社群是有力的支持，可以使他們擺脫異常孤立的處境[86]。時至今日，大馬的蘭卡寺院與僧團，已由族裔宗教完全轉型為甚受華人佛教徒重視的跨族群宗教[87]。

獨立後大馬佛教革新運動的主要推手，是受過良好教育、中產及雙語或英語的菁英階層在家佛教徒。華南佛教本來就不擅義學，隨著華人社群教育程度的不斷提高，對教義部分的需求無法被滿足所遺留的空白，遂由蘭卡上座部僧侶以英語講授上座部經、教而得以充實。尤其大馬的蘭卡僧侶特別強調，佛教徒無分僧、俗皆應重視佛教義理的文本教育，這對當時佛教的年青知識群體更見。

達摩難陀等蘭卡或緬甸裔僧侶推動成立的佛教青年組織「馬佛青」，在獨立後的政治、宗教及族群新環境下，使佛教組織成為青年凝聚族裔融和的平臺，這些南亞裔僧侶的角色之重要程度實不下於漢傳僧侶，甚而猶有過之，特別在經教知識的傳授上。而且當時馬佛青成員在宗教傳統、族裔和語言上，都是多元組合，漢傳暨上座部、中英雙語，及華人和蘭卡、緬、泰－暹、印等其他族裔，皆長期並存於馬佛青，即使時至今日，雙語、多族裔、多傳統仍然是組織的基本原則。雖然今天其華裔成員所占比

---

86 J. Samuels, “Forget not Your Old Country: Absence, Identity and Marginalization in the Practice and Development of Sri Lankan Buddhism in Malaysia”, pp.126-127.

87 R. Lee etc, “The Cauldron of Change: Politics and Religious Organization in Contemporary Malaysia”, in *Heaven in Transition*, pp.48-49.

例還要高於創會之初，但其自我定位仍然很清楚是佛教組織，而不是華人組織，所以對其他佛教傳統及族裔必定持開放態度。

故小結言之，若與泰國上座部在大馬以高度組織化的模式發揮影響力相比，蘭卡僧侶近乎單槍匹馬地展開活動。達摩難陀在大馬多年，與蘭卡的僧團或國家之間，已經沒有多大的官方連繫。即使後來形成組織，但那基本上是他經營多年後一手建立，而不像泰國般以嚴密的現成組織和資源，近乎強勢地進入北馬。

五、大馬的緬甸上座部

相對於蘭卡和泰暹，緬甸上座部在現代馬來西亞佛教形成過程中所扮演的角色較少被討論。緬甸佛教在英國建立殖民統治前，已隨緬甸的海上商販和漁民，在馬來半島建立據點，今天仍存的檳城緬甸寺院即一明證，與前述蘭卡佛教類似，其活動範圍長期只限於緬甸人。英治時期的馬來亞，隨著從緬甸引入工人，亦引入更多緬甸僧侶，大馬獨立後，緬甸上座部一度轉淡。杜溫（Daw Win）的文章從歷史的角度，以十八世紀初的檳城（Peneng）[88]和十八世紀中的星嘉坡[89]所建，迄今仍見於原址的

88　據西方的記錄，英殖民者在 1786 年掌控檳榔嶼（檳城，Peneng），並在 1800 年將之命名為威爾斯王子島以宣示其對該地的控制權之前，緬甸人已經落腳該地。英殖民者以時維多利亞女皇名義，由東印度公司撥地予暹、緬二族，建立今天尚存的二族上座部寺院。建寺於 1803 年，色彩雅緻的緬甸寺（Dhammikarama Burmese Temple）當年就是在英殖民者的資助下建成。這說明當時緬甸僧侶已經隨人口不多的緬甸漁民聚落落腳馬來亞半島有時，見 Daw Win, “Burmese Theravada Buddhism in Malaysia and Singapore”, in《第二屆馬來西亞佛教國際研討會論文

兩座緬甸上座部建築為例，說明在英治時期，緬甸僧侶是如何隨緬甸的漁民和華商，而先後落腳於馬來半島前述二地。

下及 1970 年代，檳城緬甸寺的主持莎也達比丘（Sayadaw U Pannya Vamsa）仍然受緬甸僧團委任，而且他在整個 1970 年代都與馬來西亞最主要的全國性佛教組織之一的馬佛青維持密切工作關係，他亦擔任該會的宗教導師，並負責佛教考試。內觀禪（Vipassanā）運動發源於 70 年代緬甸，在 1980 年代由瑪哈西（Mahasi）等多個不同教團傳入馬來西亞，並隨著操華語的華裔馬來西亞人在這些僧團出家之便而得以在千禧年後，在大馬落地生根[90]。不過內觀禪運動其實是緬甸佛教在現代處境衝擊下的特殊產物，與更早階段的緬甸上座部其實並不完全相同[91]。

上述的剖析充分顯示，今日馬來西亞境內的諸多佛教傳統之間，並非互相孤立的，其間的交流與交錯，卻是日趨廣泛與深入，而且層次多樣。日益難以用單一的漢傳、上座部等既有概念來作妥善謂述。由於其明顯的混種性，所以即使是前文提出的所謂「南方漢傳佛教」等觀念，亦不難遇上例如「華人佛教」等的反證。

集》，頁 97-100。

89 Daw Win, “Burmese Theravada Buddhism in Malaysia and Singapore”, in《第二屆馬來西亞佛教國際研討會論文集》，頁 96-98。

90 Daw Win, “Burmese Theravada Buddhism in Malaysia and Singapore”, in《第二屆馬來西亞佛教國際研討會論文集》，頁 101-102，是文在此還提及其他多位曾在大馬活動的緬甸僧侶。

91 Erik Braun, *The Birth of Insight: Meditation, Modern Buddhism and Burmese Monk Ledi Sayadaw* (The University of Chicago Press 2013), pp.77-169.

六、三系上座部和華人佛教社群

前數節是簡單勾勒了大馬三系上座部本身的來龍去脈，雖然稍有觸及與華人佛教社群的關係，但尚未說明他們在獨立之後，如何影響以華人為多數，但又不是只有華人的馬來西亞佛教社群，並因而成為塑造當代馬來西亞佛教之因素。下文討論的重點，首先放在不同傳統如何跨越原先族群界線，進入不同背景的華裔社群；其次，將討論不同背景的華裔佛教群體是如何接收不同的上座部，並投身其中，共同塑造當代大馬的佛教。所以這當中的關係並非單邊主導，而是雙向互動。上座部改寫了華人既有佛教信仰內容，但華人社群也以不同方式，投身並重塑了不同的上座部。

華人群體的本土化

然而，要討論大馬的不同上座部和華人佛教社群之間的互動，首先需要簡單勾勒華人從中國南方閩、粵、瓊等地移居馬來半島後，在族群結構上的本土化改變。近代華人大量分批移民馬來半島而有詳情可考的，始自十八世紀後期。十九世紀中大英帝國開始經營馬來半島之前，華人的聚落基本上是依籍貫與方言作分布，在經濟、產業、文化、信仰、教育、身分認同及社會組織上，雖然會因應新環境而有一定變化，但大體仍然維持著原鄉的要素。

但當大英帝國的殖民統治於十九世紀中期全面鋪開後，英殖民政府結合產業分工和族群分治的政策，形成族群分布的新格局。籍貫與方言的族群傳統區分，雖然沒有被以經濟、專業及教育為主要線索的新格局所完全取代，但在與英國統治及利益關係密切的領域上，起碼會被新的標準所凌駕。扼言之，在英治格局下，首先是以產業和土地政策，對馬來人、印度人及華人進行一定程度的經濟分工，馬來人主要維持傳統農業，印度人從事商業性質的農業耕作，而華人則在新型的商業都會與港口從事經濟工作[92]。這當然不是說華人都成了都會商人，而是指華裔經濟菁英在英治馬來半島戰略要地的都會與港口，皆有其主導的角色。

在這一新布局下，華裔社群在既有的劃分之上，形成新的組合。根據在產業鍊當中所處位置、現代教育，及文化暨語言傾向等要素，約略可分為港口、城鎮及農村三類華人。港口華人是英治出口經濟體系和都市制度下的經濟和專業菁英，接受良好現代西式教育，主要工作語言是英語或中、英雙語，傾向西化，其傳統華人的籍貫區分逐漸減弱，方言僅保留在家庭生活。其次是城鎮華人，在主要都會或港口週邊或以外地區的城鎮，從事產業鍊中游的工商業，教育以中文為主，語言維持方言和華語，某義上維持著較完整的華人風俗和生活方式。第三類是農村華人，分布在最偏遠的農村或山地，不同程度與農村馬來族或如泰－暹族社群混居，以農業為主，在語言、生活習慣、風俗，甚至衣著上，雖然保留零星華人元素，但已多與馬來、泰暹族群混合，無論西式或中文的正規教育皆基本欠缺。在英治下華人的此一分布，於十九世紀後期逐漸成形，延續成長下及 1950 年代獨立前夕。

92 S. Ackerman, "Rebuilding Sacred Worlds: Lay-Oriented Buddhist and Catholic Reformism in Malaysia", pp.131-133.

泰暹上座部與城鎮華人在家眾

帶著剛才這一背景，回到獨立後，諸系上座部與華人佛教社群之間的不同關係上。下文依前文泰暹、蘭卡及緬甸之次序討論其與華人佛教社群的互動。依次首先是泰暹系上座部。暹系上座部對大馬佛教所起的模塑作用，與漢傳和蘭卡上座部並不相同，因為蘭卡是透過著名僧人逐漸建立其影響力，雖然不能以個人色彩視之，惟特定個體的作用是明顯的，但泰－暹系上座部的影響力卻不是以關鍵個體展開，而是透過高度組織化的運作來進行，期間沒有哪些突出的個體擔當關鍵角色。

北馬暹裔上座部的信眾當中，華人的角色頗為重要。在北馬，暹、華、馬三族人口在地理上的分布重疊，是三族混居的地區。當地的華人多馬來化，甚至是講馬來語，亦不乏變為操暹語方言等當地農村的土生華人（Cina kampung）。這類華人雖仍維持某些華人風俗，但並不一定對較主流的城鎮華人文化身分有強烈認同，不過他們會因為宗教信仰而主動認同暹裔文化[93]。

黑田景子的研究指出，北馬吉打州暹裔與華裔之間，在上座部佛教信仰上的僧、俗互動，甚至可以上溯到 1950 年代。戰後美、蘇兩大陣營的冷戰（Cold War）把整個東南亞捲進來，成為持續數十年不折不扣的熱戰，馬來亞半島即為前線之一。剿共過程中，軍隊曾誤毀暹裔村社一些有數百年歷史的上座部寺院，此類事件使同屬少數民族，亦同為社會草根階層，且地理上互相雜居的農村暹、華社群形成互助，稍後於暹裔上座部寺院的宗教施

---

93 M. Ismail, “Buddhism in a Muslim State: Theravada Practices and Religious Life in Kelantan”, pp.9-12.

－供關係上形成穩定的持續成長[94]。

在這背景下遂形成地方上座部在暹、華二族之間的施－供關係，當地華人會對寺院與僧團提供有形和無形的物質資助，例如以低於市場的成本價，將建築材料售予寺院；又如當地華商信眾以其在聯邦政府中的政、商人脈或政治影響力，為寺院應對州等地方當局對寺院的壓抑。暹系上座部寺院則會以邀請華人施主參與寺院護法委員會，並將漢傳大乘佛教的觀音崇拜、寺院建築特色、節慶舞獅，或大伯公崇拜等華人信仰和民俗元素，整合在暹式上座部寺院空間內，以回饋華人信眾，甚至會以選舉時的選票和為華人建築業商提供暹裔人力資源作世間意義的回報[95]。

80 年代以前，北馬暹裔僧團與當地華人信眾之間的來往較為有限[96]，但自 80 年代以來迄今，北馬許多泰暹裔寺院的主要信眾都是華裔社群，早期是當地操馬來語的農村華裔，例如在衛塞節、袈裟供僧（Kathina，當地華人音譯作「卡帝納」）等的慶典，與會華裔信眾甚至超過泰暹裔，故雙方關係非常密切，所以大馬暹裔寺院方丈都以馬來語和當地華裔溝通。唯北馬部分暹裔僧侶教育程度較低，對馬來語的掌握，無法達到轉達佛法的程度，不善弘法，他們的華裔聽眾的馬來語程度，也不足以理解佛

94　K. Kuroda, "The Siamese in Kedah under Nation-state Making", pp.3-6; K Kuroda, "Malaysian Nation-making and Thai-speaking Buddhists in Kedah", pp.72-78.

95　M. Ismail, "Buddhism in a Muslim State: Theravada Practices and Religious Life in Kelantan", pp.9-12.

96　當時雖有華人信眾，也偶有出家者，但普遍與華人佛教社群的交往較有限。見 M.Y. Ismail, *Buddhism and Ethnicity: Social Organization of a Buddhist Temple in Kelantan*, pp.1-27, 48-57, 70-74.

法，因而雙方多以儀式來維持宗教關係[97]。

但後來即擴散為經濟富裕的城市華人，泰國僧團之介入北馬暹系上座部的僧團教育與發展，使暹系上座部成為泰國僧團在新、馬區域伸展宗教力量的代理人。由曼谷穿過吉蘭丹村社、吉隆坡，下及新加坡的佛教運動，使位處北馬的暹寺可以和泰國僧團，乃至因信仰贊助修建寺廟以累積功德（tambun）的新、馬、泰三國城市富實在家眾建立穩定而密切的連繫。這些在社會上擁有廣泛聯繫和資源的新、馬、泰都會信眾，每多是城市華人[98]，他們會穿過馬來亞半島，到北馬偏僻鄉野暹寺來安放先人遺骸。所以以新加坡、柔佛州新山等華人商業都會區為樞紐的泰暹系上座部在家信眾和護法的資源，憑藉其與北馬二州暹寺之間宗教連繫所形成的網絡，用於栽培吉蘭丹等州的暹裔僧團，而這些北馬暹寺的方丈及其他僧團菁英，長期居於新加坡等都會，以接應北馬二州年青僧侶在泰國完成學習後，前赴城市接受進一步的歷練，借助這一網絡與運作模式，用於培養大馬暹裔僧團的大量年青僧侶[99]。所以泰暹系上座部在物質資源上，在早期是透過城鎮和農村華人在家眾，近年更兼而受到都會華人在家眾的大力支持，得以在傳播的規模和組織的規格上，取得長促的發展。

---

97 據拿督洪祖豐先生告訴筆者。

98 A. Horstmann, "Deconstructing Citizenship from the Border: Dual Ethnic Minorities and the Local Reworking of Citizenship at the Thailand-Malaysian Border", *Centering the Margins*, pp.165-166.

99 A Horstmann, "Deconstructing Citizenship from the Border: Dual Ethnic Minorities and the Local Reworking of Citizenship at the Thailand-Malaysian Border", *Centering the Margins*, pp.166-168.

蘭卡上座部和都會雙語／英語華人

如前已述，蘭卡上座部在大馬能夠跨過原有的族裔界限，進入華人等其他佛教社群，實乃達摩難陀的貢獻，惟前文尚未剖析蘭卡上座部是如何改變華人佛教社群的宗教內涵。蘇珊・阿克曼（Susan E. Ackerman）等氏就馬來西亞宗教的社會學議題，撰有系列論文。他首先指，華人的菁英群體在英治時期，已經透過隨英治政權而來的基督新教團體所操辦的現代教育，在經濟與價值觀上，走過資本主義制度生產、市場化及世俗化的洗禮。這一社會新環境在大馬獨立後，促使如佛教和天主教等僧侶宗教需進行某種自我改革，來與受過良好教育的現代都會新興專業中產教徒社群形成新的價值關係，並藉此更新宗教在現代世俗社會的存在價值，這些改革包括三點：一，宗教的平信徒化（laicization）；二，宗教的社會公共實踐；及三，宗教內涵的知識化[100]。

首先，宗教生活的平信徒化（laicization），這是指宗教組織和宗教生活的主導權，由傳統專職宗教人員手上，轉移或伸延到世俗身分的平信徒手上，使宗教平信徒組織亦成為傳承宗教體系的載體。但這不是世俗化（secularization）、宗教隱退或反宗教，而是宗教在世俗社會的新形態[101]。現代教育使在家信眾無論在宗教的組織和內涵上，均有擔當比傳統更重要角色之需求。在佛教脈絡，這往往就是城市「居士佛教」的角色日重，在大

100 S. Ackerman, “Rebuilding Sacred Worlds: Lay-Oriented Buddhist and Catholic Reformism in Malaysia”, pp.133-147.

101 S. Ackerman, “Rebuilding Sacred Worlds: Lay-Oriented Buddhist and Catholic Reformism in Malaysia”, pp.136-138.

馬，繼以傳統僧侶為主的全國組織馬來西亞佛教總會在 1950 年代的成立，1970 年代由當時受大學教育成長的青年在家眾為主組成的馬來西亞佛教青年總會的成立，即標誌著平信徒化或居士佛教的成形。

其次，宗教組織主動地參與社會的公共實踐，阿克曼指大馬天主教這方面的轉變，是由梵帝岡第二次大公會議現代轉向之決議、菲律賓神學院的現代神學教育，及解放神學（Liberation Theology）社會實踐三者共同造成[102]。但阿克曼沒有論及佛教的類似情況，但其實無論是馬佛總或馬佛青這兩個全國組織的成立本身，都是有其明確的政治與公共背景，這一點筆者已另作詳細說明[103]。

第三，宗教內涵的理性化（rationalization）。阿克曼所謂的「理性化」，以天主教而言，他具體是指耶穌會向受教育的平信徒講授依納爵（Ignation）的神學學理和神操。而在佛教，他明確指上座部僧侶向在家眾傳授阿毘達磨（Abhidhamma）和所謂內觀禪（Vipassanā，音譯其實即「毘砵舍那」或義譯作「慧觀」）[104]。而且特別是指前述馬來西亞獨立前後，達摩難陀等兼受良好僧、俗，或傳統和現代教育的學僧，在現代的脈絡下，

---

102 S. Ackerman, "Rebuilding Sacred Worlds: Lay-Oriented Buddhist and Catholic Reformism in Malaysia", pp.137-142.

103 劉宇光撰〈馬來西亞佛教的公共介入（engagé）：在官、民兩版國族主義之間〉，拙著《左翼佛教和公民社會：泰國和馬來西亞佛教公共介入之研究》，第八章，頁 325-386。

104 S. Ackerman, "Rebuilding Sacred Worlds: Lay-Oriented Buddhist and Catholic Reformism in Malaysia", pp.146-147.

將過去通常只授予僧團學僧一類宗教專業知識群體的傳統經院佛學（Buddhist Scholasticism），傳予受現代教育的在家眾群體，既滿足其宗教信行的智思需求，並使其兼而成為宗教經院知識的承載體[105]。這並非馬來西亞佛教特有現象，緬甸上座部早在二十世紀初期，即已應從僧團的傳統的知識壟斷狀態，向在家眾開放的改革要求，支持在家眾的阿毘達磨經院義理研習[106]。

這一轉變前、後之間的關鍵，其實無關於「理性化」與否，因為現代西方義的理性，往往預設了由宗教轉變為世俗。但即使這些論者亦承認，他們口中的「理性」其實仍然與宗教信仰、宇宙論敘事、禪修體驗，甚至是某義上的超自然信仰、祈求靈驗及巫術並行不悖[107]，因此即使透過重新強調經院學問的學習，來推動馬來西亞的佛教復興與改革，但這與靈驗（charisma）元素非不相容[108]。對受過良好教育的佛教現代在家眾而言，戒行與慈悲的倫理持守、身心實踐的體驗、對最終覺悟和解脫的信願，甚至是宗教當中偶爾附帶的靈驗等，皆需要有教理上的深入闡釋，所以教理的智性思考與宗教信行之間，並不必然相斥，教徒

105 S. Ackerman, “Rebuilding Sacred Worlds: Lay-Oriented Buddhist and Catholic Reformism in Malaysia”, pp.133-134, 138, 144.

106 E. Braun, *The Birth of Insight: Meditation, Modern Buddhism and Burmese Monk Ledi Sayadaw*, pp.45-120.

107 Raymond L.M. Lee, “The Globalization of Religious Markets: International Innovations, Malaysian Consumption”, *Social Issues in Southeast Asia* Vol.8, No.1, Hans-Dieter Evers (ed.), *Special Focus: Religious Revivalism in Southeast Asia* (Institute of Southeast Studies Feb. 1993), pp.44-45.

108 R. Lee and S. Ackerman, “In Search of Nirvana”, in *Sacred Tension*, pp.60-61.

對釋義的智性需求，仍然是宗教的，而非世俗的[109]。故此在現代脈絡下，當把宗教的經院學知識授予在家眾之際，其主要的轉變不是內容，而是把在家眾也納入這類知識的持有者的範圍。所以與其說是宗教的「理性化」，倒不如說是在家眾宗教信仰的「知識化」，或傳統宗教經典義理知識的學習向現代在家眾開放。

在 1950 年代之前，馬來亞的華人佛教不單與各種華人民間信仰混雜一體，從而使佛教徒的宗教身分及其社群，皆界線含糊不清，且無論僧、俗，皆不重視經教。雖然早在 1920 年代的檳城，上座部背景的僧人開始呼籲佛教透過對教義的理性詮釋和教習，除去神秘色彩，與華人民間宗教的「迷信」成分分割，同時應透過教義的學習，刻意劃出佛教徒身分的明確標準，但一直到 1960 年代達摩難陀定居吉隆坡之前，這都難有確切落實[110]。

如前已述，由於蘭卡鐵路技工的教育程度，還是比構成華人主要人口的草根勞工階層為高，所以像達摩難陀等蘭卡僧侶對佛教經教義理的知識水平及英語能力，皆優於當時的大部分漢傳僧侶，並能夠在佛教的經教與解行上，與當時受英語教育、專業及中產的年青一代華人佛教徒相契合。因為年青城市華人的知識和職業等世間背景，使他們對宗教的解行及知識品質上，形成了比上一代人為高的智性需求。達摩難陀等學僧推動一般在家信眾以學習傳統論書義理之智性途徑來充實信願和學佛，蘭卡上座部的

---

[109] R. Lee and S. Ackerman, "In Search of Nirvana", in *Sacred Tension*, pp.80-82.

[110] R. Lee and S. Ackerman, "In Search of Nirvana", in *Sacred Tension*, pp.62-63, 68.

確是重要的推進因素，李雷蒙等認為，這是蘭卡上座部帶給新、馬佛教的重大影響[111]。他們在年青一代在家眾的教理需求上，接手了當時大馬佛教的漢傳僧侶所無力勝任的工作。雖然阿毘達磨論書的經院學本來應該是僧侶分內知識，但漢傳僧侶多不通此，所以為免造成漢傳僧侶尷尬，華人在家眾甚至被提醒，不要向僧侶請教有關阿毘達磨的問題[112]。

前文指出，泰暹裔僧侶與操馬來語的鄉村華裔信眾之間的宗教關係側重在儀軌，與此不同的是蘭卡僧侶透過英文論著與教材，將上座部的經教義理引入英語或雙語的華人佛教社群，使這類華人佛教社群廣泛受惠於蘭卡僧侶的上座部英語經教講習。即使到當代，蘭卡僧侶仍多有受地方華裔佛教社群之邀，在漢傳與上座部混合或並行的佛教群體中主持寺院，並提供弘法和儀軌等服務[113]。

蘭卡上座部在大馬佛教當年的知識踐行上確是原動者，迄今仍然是最重要的推動者。但卻並非唯一的傳統，佛教的其他傳統在蘭卡上座部所開出的這一道路上，也陸續加入。包括緬甸上座

111 R. Lee and S. Ackerman, "In Search of Nirvana", in *Sacred Tension*, pp.80-82.

112 S. Ackerman, "Rebuilding Sacred Worlds: Lay-Oriented Buddhist and Catholic Reformism in Malaysia", pp.143-147.

113 筆者以 2013 年 11 月在馬來西亞馬六甲（Malacca）參訪的寺院「釋迦院」為例，建寺有近百年，其建築樣式、供奉對象、內部空間安排及安放先人遺骨與神位等宗教功能，完全為典型漢傳寺院。其在家眾主事者、信眾及義工等多屬稱為峇峇（Baba）的華裔族群，故不通中文，日常生活使用馬來語，但在寺院正式活動使用英語，駐寺主持講經的為講英語的蘭卡上座部僧侶。

部、藏傳及漢傳等，在不同階段，皆有不同程度的參與，以進一步推進在家佛教社群的宗教知識實踐。首先是緬系上座部的內觀禪和林間苦行（duthanga）在 1970-1980 年代傳入新、馬，甚受有良好教育的階層歡迎，視此為將阿毘達磨的經院知識付諸實行，因為在構成佛教完整禪修的止與觀（或定與慧）之間，慧或觀才是佛教禪修的關鍵成分，而慧是必須以阿毘達磨式的經院義理為基礎與條件，這代表著佛教的智思踐行[114]。

與大馬佛教直接相關的另一個特殊問題，是大馬的佛教學術人材。必須在此首先指出，中國學者白玉國《馬來西亞華人佛教信仰研究》一書在未作清楚界定的情況下，稱大馬佛教學術未上軌道，這是一過於簡化的想當然論斷[115]。其輕率之處在於只看到事情表面的一部分，不單未察另有實情，更未能觸及問題核心。事實上大馬成長背景的正規佛教學者，絕大部分都是以梵、巴佛教為研究主題，這一罕見於其他華人學界的特點，亦某義上間接反映上座部傳統與大馬華人佛教之間的關係。這說明由於文化和地理上的因素，大馬的佛教僧、俗知識人，本來就要比北方漢傳佛教對上座部更有親近感，所以即使在沒有刻意和統一規劃的情況下，大馬華人佛教社群在過去近三十年間，已經不知不覺

---

114 R. Lee and S. Ackerman, “In Search of Nirvana”, in *Sacred Tension*, pp.76-77.

115 白玉國著《馬來西亞華人佛教信仰研究》，頁 234-240。白氏在此到底是指僧團的局內者（insider）佛學研究，還是現代世俗大學的局外者（outsider）學術性佛教研究（Academic Buddhist Studies），恐怕連他本人都既分不清楚，亦講不清楚。其所舉的「研究」幾乎都是弘法品，當然問題並不出在弘法品的作者身上，而出在白氏自己的基本判斷力上。

積聚一批旅居海外，擅長於上座部巴利經、教的僧、俗佛教知識人。

在華人學界，從比例上來說，馬來西亞成長背景而完成現代學術性佛教研究訓練，並執教於全球各地學術機構的專業佛教學者的數量常被低估與遺忘，但其與國際學術標準接軌的程度，比之於臺灣學界，尤有過之而無不及。但無可否認，由於大馬國家奉行宗教－族群的歧視政策，使這些受過優良訓練的學者群，的確無法如其他國家的學者般，在本國學術體制內構成合乎比例，而且使其族群、文化身分清楚可見，能夠正常活動的學術專業群體，為社會提供知識與智性服務，而只能以不呈現其華裔文化身分的方式，個體地散居世界各地的大學。

以大乘論書為據的漢傳義學，如漢傳的唯識、因明、阿毘達磨及中觀等，慈航法師（1893-1954）始於 1945 年[116]，竺摩法師在 1953 年[117]講授於檳城菩提學院，演培法師（1917-1996）[118]在 1960 年代後期方作宣講。達摩難陀則是 1952 年抵馬後數年，才

116 闞正宗著〈慈航法師在南洋的人間佛教事業：以檳城、新加坡菩提學校為中心〉，香港中文大學人間佛教研究中心等主辦《人間佛教在東亞與東南亞的開展國際學術研討會論文集》（2015 年 11 月 14-15 日），頁 99-110。

117 陳美華著〈個人、歷史與宗教：竺摩法師與馬來西亞人間佛教〉（未刊稿，2016 年），頁 13；另謝明達亦有討論竺摩法師法師，見 Jack Meng-Tat Chia, "Being Buddhist in Malaysia: Chuk Mor's Reforms", *Diasporic Dharma: Buddhism and Modernity Across the South China Sea* (Ph.D. Dissertation, Cornell University 2017), pp.96-156，尤其 pp.148-149。

118 Jack M. Chia, *Diasporic Dharma: Buddhism and Modernity Across the South China Sea*, pp.156-247, 尤其 pp.194-243, 349-352.

開始有上座部義的傳弘，比慈航晚上近 10 年。不過二者的效果存在差異，上座部義學探討的生根，最早可上及 1970 年代，及後相繼迄今，大馬華裔僧、俗學者漸漸見聞於國際佛教研究者，主要是從事梵、巴語言的經、教研究[119]。漢傳義學則下及 2000 年之後，才有釋長清[120]、陳金輝[121]等從事三論、天台的漢傳中觀學，乃至漢傳唯識學[122]的研究，與梵、巴研究對比，起步時間相差 30 年以上。

到目前為止，雖然大馬的漢傳僧侶稍多於上座部，但從事梵、巴傳統經教研究的佛教學者的數量，仍然明顯多於研究漢傳者。漢傳佛教在義理的層面，無論是佛教的僧、俗知識社群或學界，被接納的程度及其影響力，仍然不如上座部。當然，在宗教全球化之下，來自南亞海外藏傳佛教的傳入馬來西亞，其中以學問見稱的格魯派[123]，在傳統經院學的講授上，亦加強了馬來西

---

119 如香港大學榮休教授法光法師（Ven. K.L. Dhammajoti），此外如法曜法師（Ven. Dhammadipa）、宗玉媺、越建東等。

120 釋長清著，黄國清譯《吉藏二諦論》（《德妙文庫》12，南投：正觀出版社，2007 年），此書原乃作者 1998 年在英國布里斯托大學（University of Bristol）的博士論文，以英文出版 Shih Chang-Qing, *The Two Truths in Chinese Buddhism* (*Buddhist Traditions* Vol.55, Delhi: Motilal Banarsidass Press 2004)。

121 陳金輝著《《中論》無我思想之研究》（臺北：中國文化大學哲學系碩士論文，1997 年）；陳金輝著《吉藏與智顗法華思想之比較研究》（臺北：中國文化大學哲學系博士論文，2010 年）。

122 釋覺明（Chin Choong-shuenn）著《《攝大乘論》唯識無境之考察》（花蓮：慈濟大學宗教與人文研究所碩士論文，2014 年，論文導師是林建德教授）。

123 對藏傳佛教格魯派經院佛學嚴密學風的說明不在此冗述，請見下述二

亞佛教知識社群對經教或義理知識的重視[124]。

所以在廣義的華文學界，尤其中國學術界的佛教學者，因為自視大乘和漢傳佛教源頭之偏見、語言能力，及對宗教研究（Religious Studies）作為人文學科（Humanities）一環的學術專業態度的尚在起步，而普遍沒法正視馬來西亞的教界與學人因前述原因，更重視以英語傳入的蘭卡上座部傳統，所以實情並非這些中國學者所認為，馬來西亞佛教普遍「不通義理」。

李、阿克曼二氏探討馬來西亞的佛教復興時還提到另一點，在大馬獨立後，由於官方公然歧視華人，華人社會的強烈不安，使當中經濟條件許可的華人考慮移民西方，或起碼讓子女在西方接受教育，所以 1970-1980 年代成長的一代大馬華人，每多受雙語或英語教育，並有海外留學、工作及生活之經驗。期間他們遇上西方社會和知識界在吸收佛教，國際更強調上座部和藏傳的經教知識、禪修的專技操作等宗教知識菁英的踐行，不會只是一味偏向訴諸信仰或體驗，當他們帶著這種國際視野回到大馬時，往往滋長出改進大馬佛教之設想，並邀請國際著名僧人到馬來西亞，以英、中文作雙語講授[125]。

書，George. B.J. Dreyfus, The Sound of Two Hands Clapping: the Education of a Tibetan Buddhist Monk (University of California Press 2003); Jose I. Cabezon, Buddhism and Language A Study of Indo-Tibetan Scholasticism (SUNY Press 1994)。

124 R. Lee and S. Ackerman, "In Search of Nirvana", in *Sacred Tension*, pp.61, 80.

125 R. Lee and S. Ackerman, "In Search of Nirvana", in *Sacred Tension*, pp.60-61，不過對於這一點，有資深的大馬佛教行者告訴筆者，他不知道李氏等具體指的是誰，對其論點有所保留。

大馬佛教自 1960 年代始，由蘭卡上座部透過重新提倡經教義理的理解，所意圖推動的改革，其引發的，已經不限於經教義理上的趨向，卻是伸展出幾種不同效應。根據李、阿克曼二氏聲稱，在面對馬來西亞的佛教前景時，上座部背景的較多屬改革派，對佛教教義與踐行的多樣性多取正面態度，反之漢傳等大乘或密教者則對大馬佛教的多元並行有所保留。此外，雖然今天大馬佛教在家眾主要都是華裔，但英語或中、英雙語華人稍多傾向上座部的改革態度，單純華文的多傾向漢傳大乘，並對改革之議多有迴避[126]。雖然，筆者對李、阿克曼二氏前述立論略有疑慮，因為當二氏以保守和改革來與上座部和漢傳或大乘相對比時，指的是這些傳統對佛教解行的不同態度，但筆者的田野經驗是，當面對的是佛教社群在現代社會中應該如何自處和回應公共議題時，此一按不同傳統所作的改革與保守之分，似乎並沒有直接的對應關係，筆者甚至聽過上座部社群在面對公共議題時更為保守之說。

此外，大馬佛教革新者對經教知識的重視形成了其有別於其他宗教（尤其中國民間宗教）之佛教徒身分的明確標準，這一點與年青佛教徒重視佛教社群及其組織在整個現代公民社會中的公共角色之間，是有某種性質上的共通，即皆對一定意義下的理性和客觀性有所重視[127]，而且是兼顧傳統與現代、個人內心和社群公共，及學理與實踐。而且蘭卡等上座部透過義理知識對大馬華人佛教徒信仰內涵的重塑，使他們的身分認同或歸屬感，可借道大馬的諸系上座部佛教，發展出國際性的伸延與擴大，指向上座部

---

[126] R. Lee and S. Ackerman, "In Search of Nirvana", in *Sacred Tension*, p.79.

[127] R. Lee and S. Ackerman, "In Search of Nirvana", in *Sacred Tension*, p.80.

主流系統所身處的南亞及東南亞地區，而不必對內困在只繫於嶺南籍貫或方言的狹窄認同，對外指向的卻是虛幻的中國想像[128]。

結語：離而不散

上文說明馬來西亞佛教的歷史源頭，均屬離散（diaspora）的傳統和族群，塞繆爾斯（J. Samuels）探討大馬的蘭卡離散僧團時，曾問：離散是否就必然形單影隻、顧影自憐，以懷舊告終，沒有積極意義可言？[129]就像新儒家學者唐君毅所說，離散者在花果飄零的感慨之餘，能否靈根自植？

若以此問題考之於大馬的漢傳和諸系上座部佛教，答案恐怕應該是積極的。首先，雖然表面上，馬來西亞的漢傳成分同屬廣義的漢傳一脈，甚至有時會被視為很邊緣而不起眼的一個小分支，但事實上無論在宗教傳承、文化視野及知識裝備等方面自成一格，與北方漢傳佛教明顯不同。其次，由於大馬諸系上座部的歷史淵源、國際連繫及組織隸屬各異，不像泰國、緬甸及蘭卡本土般，被國家政權統籌及統一指揮，成為標準化的官方佛教系統，所以大馬反而呈現出高度的多元與異質狀態[130]。再者，十

---

128 J. Samuels, "Forget not Your Old Country: Absence, Identity and Marginalization in the Practice and Development of Sri Lankan Buddhism in Malaysia", pp.126-127.

129 J. Samuels, "Forget not Your Old Country: Absence, Identity and Marginalization in the Practice and Development of Sri Lankan Buddhism in Malaysia", p.117.

130 R. Lee and S. Ackerman, "In Search of Nirvana", in *Sacred Tension*, p.62.

八世紀以降，東南亞遇上西方國家的殖民擴張，以上座部為主軸文明的多個佛教社會（Buddhist Societies）如蘭卡、緬甸等，皆遭挫敗而一度淪為西方殖民地，及後當地佛教與僧團皆成為反殖力量之一，參與熾盛的民族主義運動。但由於馬來西亞社會並非以上座為主軸，其上座部都是外來的，甚至就是搭殖民統治的便車而傳進來的，因而雖然經歷殖民主義，但他們並沒有像緬甸和蘭卡上座部僧團般，針對著殖民主義而形成佛教的宗教民族主義（religious nationalism），也沒有針對政教分離的世俗化原則，而滋長出強烈排他及反世俗傾向的宗教原教旨主義，反之正因為他們才是在獨立後被排擠的弱勢者，他們才對國教主張有更大的戒慎。

另一方面，馬來西亞獨立前後的 1950 年代，無論是蘭卡、泰－暹，或漢傳的外來佛教，三者在原生國，其實都是面對現代文明的衝擊下，經歷一定改革的現代佛教。北馬暹系和蘭卡系上座部的源頭，在 1840-1960 年代的不同階段，皆曾歷經現代衝擊和僧伽教育的改革。而漢傳的竺摩等法師也都是民國時期太虛法師的門下。所以雖然各自的改革方式與深度各異，但都並不完全是所謂「傳統」佛教。

尤其當考慮到，馬來西亞獨立後未幾已完全終止中國移民，何況 1950 年代始漢傳佛教在中國遭受史所罕見的徹底政治清洗，千百年基業連根拔起[131]，自顧不暇，遑論支援海外漢傳佛教，期間雖然仍與隨國民政府定居臺灣的赴臺漢傳僧侶有一定的

131 學愚著《中國佛教的社會主義改造》（香港：香港中文大學出版社，2015 年），這部六百頁的巨冊以豐富的資料詳細地展現了中共奪取中國政權後的廿餘年間，1950-1960 年代漢傳佛教的經歷。

宗教聯繫，但作用畢竟有限。而當地既有的漢傳佛教日益難以符合年青一代華人佛教社群在信願與解行上，對經教義理的知識需要時，而上座部無論在經教研習、義理探討、禪修戒行及系統弘法上，皆帶來對典型漢傳佛教所罕見，可從上座部佛教吸取養分的機緣。

這當中出現了一種罕見於以漢傳佛教為主導的其他華人佛教社群之獨特現象，即馬來西亞無論是英語、華語及閩、粵、客等其他華南方言的華人出家眾當中，有相當數量其實是在泰暹、蘭卡或緬甸的上座部出家，尤以前二者為普遍。早在1930-1940年代，跨傳統的美裔上座部僧人蘇曼伽羅（Sumangalo, 1903-1963）即曾以英語，從教理學習、禪修等大力推動馬來亞華裔佛教徒吸納上座部[132]，及後到1940-1950年代，大力推動可以緊密整合華裔和南亞裔社群的佛教組織，這成為後來馬佛青（YBAM）一類現代佛教組織的前身[133]。

雖然大馬佛教的這種整合，目前仍然在進行中，但自從蘇曼伽羅始倡，達摩難陀以其一生的心血，數十年來的推動，這明顯

---

132 被譽為現代大馬佛教三位父親之一，也是馬來西亞佛教青年會前身的馬來亞佛教青年聯誼會（Federation of Malaya Buddhist Youth Fellowship, FMBYF）的創立者，美籍蘇曼迦羅（Sumangalo）法師，雖然出家後常披著上座部袈裟，但他其實是按日本佛教淨土真宗受比丘戒出家。蘇曼迦羅研習上座部是來自當時日本淨土真宗僧的學風，王琛發著〈馬佛青之父蘇曼迦羅與他的日本真宗傳承〉（未刊稿）。另見蘇曼迦羅法師文集的小冊子的說明及所附照片，蘇曼迦羅法師著，編者不詳《一僧一生：蘇曼迦羅法師紀念特刊》（馬來西亞檳城，出版年分不詳）。

133 R. Lee and S. Ackerman, “In Search of Nirvana”, in *Sacred Tension*, pp.63-67.

已成為當地佛教的獨特現象。時下大馬佛教已有不少隨暹、緬二系出家，並在教導禪修與傳教方面各具貢獻的華人上座部僧侶。緬甸馬哈希內觀禪（Mahasi）固然在 1980 年代即透過暹系上座部道場[134]傳入大馬，在緬甸上座部出家的有捨棄我禪師（Sujivo, 1950-）、阿格祇多尊者（Bhante Aggacitta）[135]等。在泰暹系上座部出家的有海比丘[136]、永覺比丘（Ajahn Cagino）[137]、法僧比丘（Dhammavaro Bhikkhu）[138]及平育司羅（Piyasilo）[139]等。而隨蘭卡系出家或學習的大馬華人，不少日後是專事佛教學術工作，如香港大學榮休教授法光法師（Ven. K.L. Dhammajoti）。這似乎也與前述暹系上座部在農村華人（乃至稍後與都會華人）發展，而蘭卡上座部在受過大學教育的英語華人之間傳播有一定的呼應關係。

---

134 檳城青草巷泰國廟／馬來西亞佛教坐禪中心（Jalan Masjid Negeri, Malaysian Buddhist Meditation Centre）。

135 格阿格祇多尊者（Bhante Aggacitta），在太平護法苑（Sasanarakha Buddhist Sanctuaty）專事上座部僧伽教育。

136 海比丘，曾在 80 年代數度公開批判漢傳大乘佛教，在教界引起極度不滿，後由達摩難陀勸諭而轉低調，只重《相應部》修習。

137 永覺比丘（Ajahn Cagino），出家前為名攝影師，喜頭陀行，先依文建長老出家，後捨戒赴泰國依阿姜曼（Ajahn Mun, 1870-1949）系統出家五年後，轉依阿姜查（Ajahn Chah, 1918-1992）系統。憂心於泰國森林減少，在行腳時拍攝珍貴照片，並在泰北創立一座孤兒院，亦常回馬指導禪修。

138 法僧比丘（Dhammavaro Bhikkhu）著有《解脫正道：三十七菩提分法》（臺北：佛陀教育基金會，2007 年）。

139 在家時名為陳明信（Piya Beng Sin Tan, 1949-）的著名佛教作者，R. Lee and S. Ackerman, “In Search of Nirvana”, in *Sacred Tension*, pp.63-67。

無論對漢傳的主流傳統，或是泰暹、蘭卡或緬甸三系上座部而言，馬來西亞在地緣上都是處於與之相對邊緣的位置上，因而這四系佛教某義上都是塞繆爾斯所謂的離散群體。然而，正是這種邊緣和離散的處境，反而有更大的開放性，讓以大乘自許的漢傳，和以直承佛陀「原旨」自許的上座部，在以「小乘」和「大乘非佛說」互斥的情景之外，另行開展對話與融合的空間。假以時日，馬來西亞可以逐漸發展出吸納諸系上座部所提供的養分，既成長出筆者另文所說的「南方漢傳佛教」之餘，而同時又成為南亞及東南亞諸系上座部理解漢傳佛教的渠道。

筆者年前著手研究馬來西亞的佛教及其所謂「歸屬」時，最早擬用的只有「南方漢傳佛教」一概念，當時就此與東南亞在地學界和教界的初步交流，回饋皆普遍認為，此說可以接受，但單一概念難以處理多樣性和持續變化程度皆特別高的馬來西亞佛教，當地學界和佛教知識界亦有提出馬華佛教（Chinese-Malaysian Buddhism）一詞，以凸顯其雜種性格（hybrid）的新傳統，這設想其實與大馬佛教社群的國族自我理解更為貼近。但問題是，無論南方漢傳佛教、華人佛教、馬華佛教等說，面對大馬佛教族裔、語言、傳統的多元處境，概念外延很難週全。

在這彼此交錯相織的多樣性當中，唯一無爭議的共通處，其實是所身處的「容器」，即諸多佛教傳統所共同面對，由大馬的歷史、地理、政治、社會及文化等因素所形成，皆受其塑造，並對其作回應與反制的現實環境。正因如是，張曼濤四十年前曾指出，以地區名目來研究越南和馬來西亞等東南亞國家漢傳和上座部相融的佛教案例，也許才是有最大容納度的範疇，後來陳美華在引述張氏該觀點後亦提出「馬來西亞佛教是否正在形成中？」

一說，來詢問漢傳和上座部之間是否正在形成相互涵融的新傳統[140]，而李玉珍則以馬來西亞佛教（Malaysian Buddhism）的「主體性」一詞來作描述[141]。

筆者對張、陳二氏的先見之明和詢問其實深有共鳴的。前文雖清楚意識到「南方漢傳佛教」一詞含義模糊，姑且仍然使用之。部分原因是考慮到無論從傳承、團體及往來對象而言，漢傳佛教在今日大馬佛教當中，暫時仍然擔當著統合者的角色。至於「馬來西亞佛教」一詞，在最徹底意義下，也許不是單純作為地理位置或人文環境的容器式概念來使用，而是嘗試以更積極的方式，作為現代佛教的類型概念之一的話，則在現階段，其諸多傳統依然處在逐漸融合和持續發展的過程中。雖然部分特點已初露頭角，但尚未真正形成體系、環節完整的新型現代佛教。畢竟「馬來西亞」一詞不應只是被動地作為一個容器，卻應該是積極地代表著一個鑄具，可作為某類現代新型佛教之一，正面啟發其他佛教。就此而論，「馬來西亞佛教」尚處在苗芽初露，仍待茁壯的階段，目前其實是仍待深入填繪的輪廓，而不是一件已完成的創作。

---

140 陳美華著〈導論：馬來西亞與印尼的宗教、政治與族群〉和〈馬來西亞的漢語系佛教：歷史的足跡、近現代的再傳入與在地紮根〉，收李豐楙《馬來西亞與印尼的宗教與認同：伊斯蘭、佛教與華人信仰》，頁 xxxii 和第二章，尤其頁 59。

141 李玉珍著〈《南遊雲水情》的僧尼比較：馬來西亞的移民佛教網絡〉，玄奘大學宗教與文化學系等主辦《第二屆「宗教文化與性別倫理」國際學術會議論文集》（桃園：佛教弘誓學院，2019 年 5 月），頁 97。

第八章　從福智現象看十字路口上的臺灣佛教

引言：臺灣佛教的異軍

近年在臺灣，一些漢傳佛教團體會在既有的傳統內容上引進其他成分，如果融合經過妥善規劃，並踐行得宜，可能會順利為團體帶來新的動力與視野。這類融合，既會融匯其他佛教體系的獨特教法與實踐，但也會吸收某些現代成分，少數甚至是包括面對公民社會的公共實踐。本文以起源於臺灣，但與南亞藏傳佛教格魯派在僧團教育上有一定互動的漢傳佛教團體福智教團為例，討論臺灣佛教在未來的去向。福智教團是由 40 年代從江浙移居臺灣，並在臺南成功大學的前身學院完成理工科大學教育的日常法師在 90 年代初所創立，號稱專弘宗喀巴《菩提道次第廣論》，雖然考之於日常法師的《廣論》錄音，他沒有向大眾講授宗喀巴中觀哲學的〈毘鉢舍那〉品，而代之以漢傳的華嚴、法華思想，所以在義理趨向上，福智是以《廣論》部分篇章為主要所依的佛教團體。福智僧團近年因系列互有張力的現象，以爭議、困惑及兩極評價而聞名於臺、港佛教界，福智有異於其他臺灣佛教大教團的好些特徵，也許有助說明其社會吸引力與爭議之處。

討論從 2017 年夏由現任領導者金姓在家女眾赴臺接掌教團開始，她所引發的爭議與疑竇，是因為她是年輕女子、在家眾、大陸人，及其領導權如何過渡等。但在此關心的不是這些事件本身，而是福智僧團作為佛教群體的社會現象。日常法師 1970 年代印度朝聖時，拜達賴的得力助手之一洛桑嘉措（Lobsang Gyatso, 1928-1997）[1]為師習格魯派教法，及後福智僧團亦派多批臺籍少僧，留學南亞復校的格魯派三大寺，部分留學僧在考取傳統僧團學位後，作大部頭論書及註解書的藏－漢翻譯。同時，三大寺持續派格西到福智講授格魯派佛學論著，並主持辯經考核，當中包括在任甘丹赤巴（dga' ldan khri pa）本人[2]，可見其僧團內藏傳佛教的教學傳承是屬實的。這些留學三大寺的福智學僧後來有部分在學習告一段落後，回臺申請升讀本科或研究生學位，其就學的院校教授普遍肯定他們認真與謙虛的嚴謹學習態度。

福智教團的現時領袖是位中國的在家女眾，年前訪臺時獲佛光山星雲大師接見，並頗受禮待。平心而論，以現代世俗社會男女平等之基本精神，婦女在各行業中為翹楚而勝鬚眉者，並不罕見，由此觀之，在現代文明下，在家女眾統領教團，邏輯上恐怕很難說絕對無討論空間。但現實上，一個保守的傳統突然發生如此戲劇性的改變，總應該會隨新、舊雙方拉鋸的過程，而出現要求和支持改變之論述，而且堅持激進革新的團體，理應有跡可

---

1 其傳記見 Lobsang Gyatso, translated and edited by Gareth Sparham, *Memoirs of a Tibetan Lama* (Ithaca: Snow Lion Publications 1998)。

2 甘丹赤巴（dga' ldan khri pa）是職位稱呼，字面義是「甘丹寺方丈」，但實即格魯派掌教。

循，即它會在諸多不同議題上，有廣泛而一貫的類近取態。但福智提倡「廿四孝」說，並主張《弟子規》一類有強烈復古傾向的文本，這恐怕難與普遍提倡性別平等之現代價值視作同軌。尤其佛教不同傳統皆對性別平等近乎抵死相抗，則一個僧團突然由年輕在家女眾領導，這到底是性別平等意識的「頓悟」與無緣任運，還是另有特定因由，啟人疑惑恐怕也是人之常情。

佛教僧團或教團稱作和合眾，傳統上認為無來由地引發團體分裂的人與事似宜避免，福智當年在這一輪領導權交接上所造成的內部分歧，值得注意接任者到底如何看待及處理因而造成的傷口。考慮到兩岸關係的複雜暗湧，和佛教傳統歷來在性別問題上的保守，佛教界自然會對福智這情況有相當疑惑。

但另一方面，無論領導權交接爭執如何紛紜，福智僧團過去十年發展的表現來看，他們可能是臺灣佛教歷經前一階段四十年發展，進入目前十字路口未知何去何從狀態下的後起之秀。因為其過去十年在規模上的迅速發展，已經到了無從忽視的地步。據悉，福智僧團現有出家眾約 1600 人，僧尼之間的比例較平均，差距沒有佛光山僧團性別分布那麼一面倒，年前統計顯示，後者的女眾占成員總數近 90%。所以從規模或量來說，福智已是與佛光、法鼓、慈濟、中臺屬同一級別，當規模能大到這地步時，其影響力就不是中小團體可比。此外，有傳指福智在中國也有僧團，且規模還比臺灣大數倍，但以福智與達賴的密切關係，此說尚待查證，但他們在中國有低調地存在的小型團體，則是無疑的。所以儘管福智的教團有其人事上的內在矛盾，從而有前述疑竇，但也不能簡單全盤否定其存在與重要性。

一、《廣論》、《廣論》班及都會職業群體

福智與臺灣佛教的其他大教團的差異，當然可以取社會科學或文化研究式的批判進路，但本章在此試以宗教內涵作為其主要考慮，所以還是要循《廣論》的選取，來說明它與其他教團在佛教的宗教取態上之差異，雖然有視此為藏傳、漢傳，或密教、顯教之異，但筆者對此類流於簡單的判斷有所保留。

福智以其《廣論》班名聞遐邇，《廣論》是宗喀巴（1357-1419）的五部中觀著作之一《菩提道次第廣論》的簡稱，所以基本上純屬顯教著作，與密教沒有直接關係。《廣論》時下有起碼四個中譯及兩個英譯，以法尊法師的民國文言譯本直排版為據，全書 560 頁，包括最後的〈奢摩他〉品約 60 頁及〈毘缽舍那〉品 160 頁，福智在一般的《廣論》班並不講這部分，但這部分是真正在討論純粹中觀哲學問題的專章，是宗喀巴獨門哲學見解之所在，但亦是藏傳佛教自十五世紀初迄今凡近 600 年，藏傳為了中觀空義與二諦的不同詮釋而作哲學激辯的焦點所在。

福智《廣論》班在不同地方課程安排或有微異，但平均每星期聚講一次，以一年或三年為期，大班講的僅限共下士道、共中士道及部分上士道（包括六波羅蜜），主要涉及除中觀哲學之外的佛教基礎教理、大乘思想要領，及實踐的基本原則。顧名思議，菩提道「次第」就是主張修道與覺悟是「漸進」的，宗喀巴當年是以某種禪宗所強調的「頓悟」作為教內關鍵反面教材，來詮釋其佛學思想。有趣的是，戰後臺灣佛教的大型團體，基本上都強調自己的禪宗傳承，而《廣論》屬印－藏佛教的論書（śāstra）文類，別說禪宗講「不立文字，教外別傳」，即使典

型的東亞佛學如天台宗，智者大師對論書之厭惡，也是直接宣之於口，認為論書只增長愚昧。另一點是雖然臺灣漢傳佛教的其他團體都強調禪修，但福智並不特別強調此，認為基本義理未學好，是未適合禪修，這與格魯派對動輒訴諸「禪修」所作的強烈質疑大體接近。所以從宗教態度上來說，福智與其他臺灣佛教教團之差異，一部分也許是對「漸、頓」的不同強調。

指出在教理傾向上，福智與臺灣其他佛教大教團之異，目的不在暗示他們有任何刻意的對立與競爭，雖然無可否認，在佛教「信仰市場」（此詞中性，並無貶義）的客觀效果上，也許會自然形成此一關係與格局。從效果上，而非從動機上講，他們之間的頓－漸「競爭」，並不是直接體現在佛學觀點上，而是體現在根據頓－漸不同的教理與實踐傾向，他們各自會如何規劃其弘法內涵與方式，在這一點上，福智以其《廣論》班，明顯成了後起之秀，擊中了其他大教團在經教弘法上的不足。

由於福智《廣論》班一般不講〈毘缽舍那〉品，所以其教學重點不會真正觸及宗喀巴顯教佛學核心的中觀哲學，遑論密教思想。《廣論》班真正講的，其實是宗喀巴版本的「大乘通義」，其他教團若因為福智是所謂弘揚「藏密」而與之保持距離，這如果不是因為其達賴關係所帶來的政治禁忌，就純屬漢、藏佛教之間，歷來由認知與文化隔閡所造成的慣性偏見。何況，堅持教義「純粹」的一類格魯派學僧恐怕既不認為福智是藏傳，亦對他們是否真正掌握及弘揚《廣論》精萃持懷疑立場。所以福智夾在漢、藏之間其實兩邊都不是人。

在此討論的重點不在宗喀巴的中觀思想、《廣論》或頓、漸分歧的佛學思想內涵，而是現階段臺灣佛教的宗教社群生態下，

《廣論》班及其成功推廣為福智所帶來的發展，此一宗教的社群現象反映了什麼。在此對《廣論》班作數點思考，《廣論》班除了長期每週一次的持續講習外，他們辦班的其中一個組織原則，是按專業作分班，所以教育、學術、法律、司法、醫護、理工及社會服務等，只要數量達一定，皆各有《廣論》專班。這種以專業為基礎的《廣論》班的部分課堂討論，是由行業前輩當類似班長作引導者之一。其中一個重要宗教作用，是將不同行業的特定職業困境，結合行業前輩行者的個人經歷，再根據《廣論》的修行學說作回答，試圖幫助專業人員解答由職場所帶來的心理壓力及倫理困境。所以，完全可以想像，從傳統格魯派經佛院學學僧，或現代學院佛教哲學學者的專業學術角度，恐怕會對這種解《廣論》的方式大不以為然。但問題是《廣論》班的目的，本來就不是要培養專業學者，而是要培養有特定佛教信仰的「現代行者」。

福智在過去些年透過其《廣論》班，尤其前述專業班的「默默耕耘」逐漸形成其新局。對《廣論》班的進一步分析，可以折射出臺灣時下佛教生態背後的好些有趣議題。所謂「默默耕耘」，乃因福智很清楚自己的達賴及藏傳連繫，無論在政治或宗教上都引人側目，所以他們實際上是刻意保持「低調」。某義上《廣論》班有點像佛教版的教會團契，雖然臺灣佛教的其他大型團體也有按專業（知悉的個案例如法律及司法界）而組成的信仰學習小組，但論其規模與歷史所累積的經驗與與會人數，還是有甚大距離。

如果更傾向循社會學角度作解釋，會注意到團體組織及其向心力，福智的確以強烈向心力聞名教界，在其《廣論》班的組織上，筆者甚至聽過一個雖無傷大雅，但卻讓人莞爾的比喻，指「與其以基督教團契比喻《廣論》班，倒不如以馬－列主義學習小組為喻更貼切」。但其實臺灣佛教的所有大教團，都既有嚴密組織，亦有師父崇拜，雖然，佛教有「依法不依人」之原則，但很多時在團體內部，師父的話語均極具權威，所以這基本上是通則，難據此具體解釋福智的近年冒起，畢竟宗教組織的崛起，原因非一，很難化約為單線因果。雖然有諸多因素有利其近年發展，但在此還是嘗試回到可能的宗教特質上。

二、《廣論》班、信仰的知識及教育階層

臺灣佛教的佛光、法鼓、慈濟、中臺，甚至靈鷲山等大型教團，僧、俗弟子主從事的宗教踐行包括講經（sūtra）、誦經（sūtra）、學習師父語錄、禪修、儀軌、法會、定期朝山等，另亦旁及參與教團的文藝、音樂、教育、出版及社區慈善服務活動。特別在講經和誦經的「經」字補上梵文 sūtra 一字，這是有原因的。定型後的漢傳佛教是「重經輕論」的，雖然大乘佛教的部分信仰者甚或堅持 sūtra 所指的「大乘經」，只能是佛陀金口所親說，但何謂「佛語」，即使佛教內部不同傳統的觀點，其理據和定義鬆緊即各有講法，不一而足。大乘經一般多由具體敘事、情節、角色等基本元素組成，色彩豐富、主題鮮明、觀念簡潔，而且更偏向覺悟意境之描述，文學感染力強，能引導讀者的宗教情感、想像及嚮往，且恐怕是主要以在家眾為目標受眾。

東亞佛教思想的定形後，日趨重玄談而輕思擇推理、取頓入而捨次第漸進、務簡厭繁、強調覺者境界之描述而略於常智，乃

至好空靈覺受而惡實學，借當代學界語，印順法師所說「偏空」、林鎮國教授所謂「有結論無過程」的「半部佛學」，乃至日本「批判佛教」松本史朗氏所謂「以審美取代倫理」為旨等說，皆循不同角度評議此一定形之大方向。爾後凡歷數百年末流所及，連天台、華嚴皆得讓路予獨大的禪、淨，實學更形灰飛煙滅。民國時期雖稍有鼎革，但未幾入 50 年代即改朝換代兼翻天覆地。

此背景下，臺灣佛教大教團如佛光、法鼓及慈濟雖依三位大師的信願與人格魅力，聚集從人材到財富，成就從教育、文化、出版、藝術、社會福利、醫療，及學術等諸多事業，但回到宗教核心之一的教理思想的講授上，其實頗見單薄。尤其不少法師屬禪宗傳承，雖確已脫清季流風，但仍上承重經輕論之傳統，在義學上的系統、細緻、明晰、精密、次第及邏輯的貫徹程度皆非其長。

戰後臺灣 1950-1980 年代前後四十年間，最早冒起的幾個新型大教團在 60 年代後期，已經開始逐漸受到信眾的支持。相對於那個時代純樸的臺灣社會而言，出自這些大師之口講佛經故事、禪宗公案、理境吉光及個人語錄等，簡樸的心理啟迪與倫理教導，已足夠動人地安頓為生計而奔波的社會普羅大眾、家庭婦女及中小企業主的靈魂。

但隨著 80、90 年代臺灣社會的政治改革及民主化、產業由勞力密集而技術密集的知識型經濟的過渡、社會開放及高等教育的全面普及，佛教社群當中受過良好現代教育的年輕一代人口的比例逐漸增長，甚至成為社會骨幹階層，宗教生活內某種新生的智性需求日漸浮現，不再滿足於只是聽經（sūtra），或簡樸的心理與倫理教導，宗教的智性普及需求入 90 年代益見明顯。

對比戰後臺灣佛教大教團開山者的年紀是很有意思的事。從年分看，星雲、惟覺、日常及聖嚴四位法師都是 20 年代後期出生的同代人，證嚴法師是晚上他們足十年的學妹輩。但各自僧團創立和成名的年代卻相差頗遠，星雲和日常兩位法師雖只差兩歲，但福智比佛光山的僧團足足晚了 25 年才成立。而聖嚴和日常兩位法師有較好的教育背景，聖嚴是留學日本的文科博士，日常則是大學理工科的教育背景。

在臺灣，最早默默起作用重建佛教信仰的智性取態的，其實是受印順法師教、研啟發的僧、俗學生，無論是自 70 年代即提供學術訓練的好些佛學院，或如研究原始佛教聞名的楊郁文教授等個人，從現象上看都有某種可謂「回歸印度」的傾向。自 90 年代始，不自覺地參與進此一走向的，還有藏傳薩迦及格魯二派（尤其南亞復校的原格魯派三大寺眾多法相聞思院）和上座部（尤其緬甸）臺籍僧、俗學眾組成的小型佛學團體，有經院佛學教育背景，甚至有經院學位的僧侶受邀赴臺，開始在小眾範圍內講上座部阿毘達磨，或以中觀哲學和佛教知識論為主要內容的藏傳論書或學問寺教科書，並開始進行翻譯。這類智性內涵頗高的義理講授，形成多個比漢傳大教團遠為重視傳統論書的小團體，不乏受過高等教育的僧、俗學眾由原研習天台、華嚴完全轉學論書。

要知此類現象並非臺灣獨有，在戰後的不同華人佛教社群間，星、馬、泰在 70 年代即不同程度發生類似轉變，只是一直未為外界注意而已，國際學界著名的有部專家，香港大學榮休教授法光法師（K.L. Dhammajoti）也是類近背景下出來的。即使在今天的中國大陸，佛教社群也開始有類似現象，受過現代高等教育的佛教徒在義理吸收上，開始轉向緬甸上座部及藏傳的論書，但由於中國社會的宗教自由度、社會發展仍欠平均與穩定，所以整體上，暫仍未及 90 年代的臺灣活躍，然而苗芽已經明顯長出來。在京、滬、穗、圳等都會，大規模的知識型經濟，集結了大批高教育水平的專業中產，穩定的生活有條件開始關心價值、意義及文化，宗教當中的佛教，也逐漸受到注意。但接觸過眼下漢傳佛教後，部分人轉為隨藏傳或上座部習。這類學眾的教育背景和職業，每多 IT、資訊、工程、法律、醫療等典型的現代知識行當。

他們並非如想像中，對神秘密宗感興趣，反之，這類知識人學佛是會尋求某種智性，甚至是知識性的理解，他們若隨上座部則習阿毘達磨，若隨藏傳則習佛教邏輯學－知識論，即攝類學論書，甚而為此學藏文等。另一方面，目下能夠以中文在大城市向這類現代知識社群詳細講論書（śāstra）的，幾乎都是與藏傳佛教有關係的僧人，除了中文流利的藏族宏法僧如索達吉外，也有是有格魯派淵源的漢傳學僧，例如浙江三門多寶寺的智敏法師（1927-2017）。

借助上述例子，要問的是：應該如何理解戰後華人佛教社群中受過良好高等教育，各有專業的這些圈子的前述轉向？如果詢問他們轉習或兼習的，到底是印度、藏傳或上座部，這也許都只是隔靴搔癢，並非問題的關鍵。關鍵其實是漢傳佛教史上，早被徹底遺忘千年的文類論書（śāstra）及其所載負的某種佛教理性傳統，這也包括不單被遺忘，甚至被偏見長期蔑視的所謂「小乘」阿毘達磨。與其以佛教大傳統為界，說這是回歸印度、轉習藏傳或上座部，倒不如直接切進問題的核心，視之為佛教文明內部本來就甚為重要，以論書為肉身的宗教知識傳統，在現代社會從新覓路回歸。

所以無論是梵、巴、藏佛教，重點都不是因為他們是梵、巴、藏，而是在於對受過高等教育的年輕一代佛教學眾而言，即使是宗教信仰，也需要某種宗教的智思成分來充實與豐富其內涵，而無論梵、巴、藏，其以論書為載體的佛教古典理性，一定程度上回應了年輕一代佛教學眾的需要。

前述的佛教智性元素並非現代產物，無論是「小乘」阿毘達磨或大乘論書，本來就是古典佛教經院文明的核心。且無論是印度教、佛教或耆那教，論書就是理解古典印度的知識組織和規則、理性和感知，乃至其系統和傳統的肉身載體。哈佛大學南亞知識史教授舒頓・波洛（Sheldon Pollock）即曾以力作，對作為古典印度精英文明之載體的論書傳統作深度探討，但由於種種文化與權力原因，歷史上的漢傳佛教將論書整個擱置一旁。

曾統計過佛教的華人學者圈當中，從事大、小乘論書研究的同仁，約 75% 以上，大學本科是理、工、醫科的，例如土木工程、醫學、核能物理、電子工程、造船、機械工程、控制工程、化學、物理、太空科學、數學、經濟等。

這並非純屬巧合。

以論書為代表的佛教智性傳統，和西方的理性傳統當然不同，但其某些角度下的相似，的確足以引誘受現代，尤其理工科教育的知識人，跨過文明之間的差異，投身於研究論書代表的佛教智性傳統。就像清末民初佛教內外的僧、俗知識分子好習佛典，支那內學院歐陽竟無不用說，即使明顯屬儒家背景的譚嗣同、康有為、梁啟超、章太炎、梁漱溟、熊十力等，皆從塵封千年無人問，散落一地螻蟻喫的思想頹垣敗瓦中，近乎忽然敝帚自珍，撿起從唯識到部派的諸種大、小乘論書概念，奉為思想瑰寶，認為可以此東方理性和現代西方理性相抗衡，因為二者很「相似」。從這個角度來說，日常法師撞上《廣論》也許還有幾分機緣巧合的偶然成分，但以他在臺南成功大學的理工背景，信仰佛教而與「論書」特別有緣，這也許就不只是偶然的了。

借助前述諸例回過頭來看，福智據現代知識型經濟的不同領域，無論教師、醫生和醫療、律師和司法、諸類工程等不同專業，組建專班長期共讀呈現出某種「理性」傾向之《廣論》，而大受有良好教育，習慣講究某種現代理性之中產專業階層歡迎，恐怕就比較能理解了。雖然，從佛教學者角度看，福智《廣論》班恐怕既非嚴格意義下的傳統經院課，亦不是現代學術，其講課難免滲入其他內容，但只要一字不漏地逐字讀《廣論》，其密集的概念與遞進的討論，仍然有足夠力量吸引大批從教育、工作到生活，都習慣於凡事講究循序漸進的現代都會小知識分子的生活與心靈慣習。

那福智透過普及《廣論》所形成的學眾信仰風格與傾向，與臺灣其他大型教團的宗風或學風，又可如何對照？漸與頓？論與經？

三、從臺灣佛教的生物多樣性和宗教市場看《廣論》班

上文走下來似乎有某種讓不同佛教概念捉對廝殺，互相否定

之暗示，雖然易得此印象，但並無此意。這分兩點作討論，首先是佛教不同思想成分之間的調配關係，在理論和現實上會有落差，第二是對臺灣佛教的宗教市場之分析。

首先，經與論、頓與漸、直觀與思擇、隨緣應機與系統結構、毋寧兩可與斷然明確、情節處境與概念邏輯、情感與智思、文學與哲學、境界審美與倫理戒行、東亞與南亞、漢傳與印－藏等，也許還可以列更長的範疇對比，以此簡化的二元對立，為一路下來的討論提出一目瞭然的結論。純粹從學理上說，這當然不是佛教的原則與態度，從原則上說，上述二個系列不應是非此即彼的對立，二者應一體二面互相支持，彼此豐富。無論過於重視哪一方，都會造成佛教信仰與踐行的失衡和偏差，畢竟佛教講究「不落二邊的中道」。但現實上有時卻等於什麼都沒講，因為二者之間要如何具體調配才叫中道圓滿？宗教與文化並非物理化學，不能用科學或數學作機械及量化計算，即使有知識有指引，在涉及人世最關鍵事時，還是對佛教所聲稱的智慧、慈悲及創造力的考驗，在最棘手事上，有時甚至只能「運用之妙，存乎一心」。

所以在現實中的佛教傳統，由於諸多內外或歷史文化原因，總會有自己的偏重，本來不意味否認別人，但久而疏於對話，慣於隔閡，亦會自然形成偏頗。漢傳重經輕論、上座部諷大乘為非佛說，大乘斥部派為下劣乘等，無不如此。所以維持宗教生態的「物種多樣性」非常重要，戰後臺灣佛教的大教團多有禪宗身分的淵源，臺灣佛教徒深受此影響，其他傾向的小團體即使有出色解行實踐，但規模太小，主流群體雖確不排斥，但亦不把他們的認真當回事。

福智是個愈來愈大，且吸引愈來愈多主流信眾的大教團，所以對當前臺灣佛教大教團之間的現有生態，有帶來一定的改變。福智是規模同級的大教團當中，開宗明義地以論書，且是藏傳論書為所依。如前已指出，當中的真正關鍵，不是因為如表面看的那是藏傳，而是因為他們以象徵著佛教知識傳統的論書為所依典籍。所以近年能夠快速成長，就是吸引作為現代城市生活中堅的中產專業小知識分子階層，以前只能聽到禪宗式簡樸，但有時近乎故弄玄虛的公案而參不透，現在則有了其他可能性。以特定論書為據的佛教知識講習在華人佛教的不同程度回歸，不是要唯我獨尊地「取代」既有的佛教型態，而只是要重新喚醒這已被漢傳末流遺忘的成分，以充實對佛教內涵的智性掌握。

福智僧團近年的快速成長原因很多，若從宗教內涵上來說，其《廣論》班對「小知識分子」的「市場」吸引力，恐怕是無從否認的。在此用「市場」及「市場分析」討論宗教生態並無任何貶義。相同的宗教落在一個社會，學眾群體的不同背景，包括教育、職業類別、社經地位、族群暨方言等因素，都可能形成統計學上的意義，反映不同條件的群體如何選擇對其信仰內容的側重或「側輕」，對比於傳統的宗教社會，現代世俗社會的這點更為明顯。雖然這也不必然是「市場」完全單向決定，否則將導致宗教生活與內涵完全「消費化」，宗教團體尤其僧團，如能慎重作引導與堅持，宗教是既可以身居宗教市場，而仍可抵禦「徹底被消費化」。

如果我們從佛教的信仰生活中，佛教知識的需求扮演多吃重之角度，來嘗試理解福智在臺灣佛教的「市場定位」，也許可以說他是夾在兩個板塊中，而明顯找到或開展出其本身的空間。前文已經討論過，臺灣佛教的幾個大教團在宗教上各有志業，但也許是開山者本人的教育條件、宗派身分，甚或在這些教團建立的那些年代，臺灣社會從政治、經濟、教育及知識的條件等所使然，在宗教生活的智識需求上，主流佛教社群的信仰內容其實都是簡樸而直觀的，當時印順法師一系的影響，已經符合了少數對宗教與信仰有智性需求的群體。

而入 90 年代，藏傳及上座部當中專研論書的格魯、薩迦、緬甸系統開始傳入，慢慢形成相當數量的小團體，請學僧講授及翻譯論書，但均相對專門，學眾不少是僧、俗佛學研究生，及社會上宗教－智性願力極深的專業人士。在這二者間，留下一個 90 年代才新生，但規模明顯在增長的需求空間。一方面，這些與格魯、薩迦、緬甸直接掛勾的小團體講授的內容非常專門，在家學眾除非是佛學研究生，否則太專深。但另方面，隨著教育普及，既有大教團在經教講授上，40 年前的內容與方式，今天已經不能完全滿足新一代人的理解需要，而且漢傳佛教在講經宏法的內容上尚簡的這一傾向若走偏鋒，常會讓受眾深感飄忽，對智性較有要求的受者而言，不難有在浮沙上之感。

所以近二十年，比大教團那種過於淺白通俗來得深入和系統，但比頗專門的小團體所授內容來得簡淺些之需求，在廣大學眾之間，其實是在增長的。有此需求的人不是要當專業的佛教學者，也不是要寫研究論文，但由於其本身的教育背景、專業能力及現代世界社會經驗，原有的通俗、淺白，甚至鬆散的內容，明顯未能滿足其需要和困惑。

這種需要可能是倫理的、實存的或心理的個人處境，比前代人更易於接受以簡樸直觀的方式去說明即能「歡喜奉行」不同的，是新一代人需要有更多論述。這論述當然不是指學術研究，卻最終還是要回到實踐的場景和其信仰的脈絡上，但就是需在概念和學理上對循理性詢問有更大承托和回應能力的論述。

對《廣論》班在佛教山頭林立的臺灣，是如何另闢蹊徑之分析，其實反映了臺佛宗教生態及某種「市場需要」。在佛義教育上，《廣論》班是比純格魯派不足，比漢傳禪宗有餘，有論述但不學術，信仰而不尚簡，與受過良好教育階層的現代知識慣習距離較少。所以福智已經吸引臺灣佛教好些其他大型團體，甚至一貫道信眾「轉會」，這說明是存在受教育階層的宗教智性需求。

四、《廣論》班：經院知識的居士化

有了前文的分析，退後一步，從更宏觀的視野來問，福智《廣論》班是否是現代臺灣佛教宗教社群的例外現象？借用平信徒化（laicization）一概念有助說明，此詞原指西方宗教改革造成宗教生活的主導權，由原神職人員專屬，轉移或延伸到非神職的平信徒手上，除了組織與儀式外，也包括宗教經典與學理知識的教與學。但這種轉變不是反宗教、世俗化或宗教隱退，而只是傳統經典宗教在現代世俗社會的調整。傳統只有神職人員才有資格傳承，原先半封閉而高度專門的宗教知識與技能，在教育日益普及的現代處境下，也向傳統上無權學習的平信徒開放，接受現代良好教育的新興中產暨知識階層平信徒的學習，以滿足其宗教信行在理解上的需要，並使其兼而變為承載宗教知識的社群一員，因而改變了在傳統狀態下神職人員的知識壟斷，亦藉此擴大宗教知識在現代世俗世界之社群基礎。在現代脈絡下把專門宗教知識授予在家眾，其主要改變的是宗教知識的持有者的資格。而這對經過義理系統洗禮的平信徒而言，則是宗教生活在內容上的「知識化」。

但這「知識化」並非代西方理性意義下預設「世俗」觀念的「理性化」，受教育的平信徒所習得的經典知識，仍然與信仰、宇宙誌敘事、修行體驗、靈驗，甚至巫術不完全相斥，而只是淡化了其在宗教生活中的角色。對現代教育的平信徒而言，與戒行的倫理持守、實踐、對究竟覺悟的信願等，皆需要教理上的闡釋來貞定其意義，而宗教經典與學理知識的習得，正提供了對教理的思考，這與宗教信行並不排斥，所以這釋義需求仍然是宗教的，而非世俗的。

以上座部佛教為例，阿毘達磨論書知識和慧觀禪修（Vipassanā，實即「毘砵舍那」）由僧侶向在家眾伸展，即為典型例子，無論緬甸、泰國、馬來西亞皆不同程度地有類似的宗教發展。換言之，現代社會居士佛教的特質之一，是包括因於信仰與實踐，而學習較深入的教理知識。因此不同程度重視義理剖析也成了居士佛教宗教實踐的一環，民國時期漢傳佛教的支那內學院如是，在北美從事藏傳佛教研究的維珍尼亞學派亦如是。

雖純粹就一般《廣論》班的內涵與深度而言，當然遠不能與前述的專業學術例子相提並論，但是《廣論》班在一個知識社會中形成相當數目的平信徒群體還是意義特殊，雖說民國時期漢傳居士佛教知識界如歐陽竟無等已有開其先河，但《廣論》班的規模還是重要因素，因為當它在進入或成為其中一個主流，它也許就會慢慢改變在家宗教群體的信仰體質。

五、宗教學統的橫向移植

經典宗教學眾的不同個體，對宗教的智性需求或有廣狹、多寡、厚薄、簡繁之別，但作為一個有傳承的教團，必有與其信仰、價值、實踐及制度合為一體的智性系統與傳統。一個有方向的經典宗教之教團，需要兼顧信仰與理解、情感與智性，乃至廣攝與深密。此中的智性，固然包括面對每個世代的當下，指向未來，但必須對傳統的義理經教有通盤的繼承。即其智性既要繼往，亦需開來，尤其在當代，需同時兼顧傳統經教和現代公共領域兩個踐行場合。

眾所周知，漢傳佛教偏重般若和佛性，加上古代譯文優雅華麗與意境空靈兼而有之，所以《心經》、《金剛經》、《般若經》極受歡迎，其文字美感使部分漢傳學眾認為，「體驗」它比逐字剖析它來得重要。但事實上一不小心，若不是落於印順法師所說的「偏空」，就落於實有傾向的心性說而不自知。如果福智不是以《廣論》為「所依論」開班，卻是以《般若經》或禪宗公案為所依，辦「般若班」或「公案班」，以那樣的文體和內容與主題，它及所吸引的受眾是否會完全沒有差異？這假設的問題其實是值得深思。

雖然《廣論》〈毘缽舍那〉品那才是宗喀巴佛教哲學的最核心特點，但福智卻小講甚或不講中觀空義。但關鍵是，宗喀巴曾明言，對基礎佛義若未有足夠紮實的理解，本就不應該學中觀空義，而且即使不學，亦不是什麼壞事。這異於漢傳佛教末流所及，好唱凡不講空義即不究竟之高調。從這角度來看，即使當年日常法師因為尚未精確掌握宗喀巴的中觀空義，而不講〈毘缽舍那〉品，其實反而是明智而負責，免增混亂，故此反見其知分寸。

不過，從佛教哲學的觀點言之，如果福智的義理教習只限於此，也許他們仍然可以是踏實的大型佛教團體，但就不必對他們的義理承擔有更多期望，最終與其他教團在義理上的單薄差不了多少，無非五十步笑百步。對其他幾個大型教團放棄義理期望，但福智在義理承擔上仍有持續觀察的需要，是因為福智在義理上似乎有某些長線規劃，他們持續分批派人進入南亞三大寺，長期學習藏文及格魯派哲學，並在學成後，組班作論書的藏－漢專門翻譯。

觀乎福智近負責《廣論四家合註》、《賽倉攝類學》等譯作出版的翻譯組主譯學僧們對於翻譯工作的自我理解、闡明及回應疑問，其流露的實學態度，乃至筆者在其他學院場合所遇到曾在印度專習藏傳知識論的年輕學僧的實學態度是頗為一致的。其《廣論四家合註》譯得如何，這當然待學、教二界公評，但仍然足以折射出以下數點。首先，福智似乎並不只滿足於有助教團擴充，講授大乘通義的《廣論》班，對更為深入的嚴肅義理探討似有進一步的要求和承擔，否則不必耗費時間資源，持續多年分批派學眾赴印學習及進行翻譯。

其次，福智的研習與翻譯沿用經院修學，在《廣論》框架下，維持著《廣論》班和更深的議題之間，在義理上的內在連貫。這一點與同樣重視研究的另一臺灣佛教大教團不同，該大教團的主調仍然是傳統的修行趨向，但其學術單位卻取納世俗學院體系及標準，所以二者並不銜接，據聞其在海外受完整現代學術訓練的開山法師生前不是特別鼓勵弟子在教團附設的學術機構受現代學術訓練，這說明創立者其實意識到，世俗大學的學術性佛教研究，與支持教團及宗教修習的經院佛學，恐怕並非同一回事，但礙於漢傳僧團已失去經院佛學傳統，只能「無奈」使用世俗學術模式與標準，多少形成修與學，行與解，在傳統宗教和世俗學術各行其是的情況下，彼此的銜接未見充分。

這是當代漢傳教團的普遍缺憾，如果用牟宗三先生的儒家語言，是有道統，但沒有學統，或學統與道統各行其是，甚至被視作有潛在的互相威脅，除非僧團領袖察覺這問題而主動想辦法補救，否則通常就是繼續擱置學統，因為反正本來就不強，甚至是已斷掉，乾脆讓它繼續斷掉就好了，畢竟要重新建立成體系的學統，這絕非三言兩語的簡單事。

現代的漢傳佛教如果想再有新的生命力，在傳統義理的部分，必須與古典印度、藏傳、上座部進行有規劃的混血。所以當福智長年派學僧在南亞學習，並組班進行翻譯，則這樣的學僧組群恐怕仍然是對宗教的智性向度有認真思考的嚴肅團體，無論團體的其他環節是否存在其他爭議與隱患。

經典宗教的特質之一，是在信仰中正視某種智性成分，且需同時形之於其普及推廣和精英研譯，也上承傳統和面對眼前。福智以譯研論書來嘗試循深度上，為其普及傳教提供義理的活水源頭，以作支撐，並重視其內在延續，從而亦異於其他臺灣大教團。福智在《廣論》班之上，另組學僧對論義進行更深的研、譯，他們是直接將可以充實道統內涵的現成學統，用翻譯移植進來。此外，他們繼而展開五大論及攝類學文本的藏－漢翻譯，並逐步將藏傳辯經之教學方法，整合進其僧團教育制度中，以配合其他論書譯出後，落實更完整的義理教育，並且特別針對尼眾僧團的平等需要，開展連原先在藏傳大學問寺仍未能真正無障礙地建立的女眾教育，可謂突破。

就上述數點而言，其實都是臺灣佛教其他數大教團所未及的，當然福智也只是在起步，他們最終會有多大願力貫徹從單純傳教旨在造大宗教組織的信眾數量之角度而言，屬吃力不討好的經院學嚴肅研究與教習，恐怕只能說是「日久見人心，路遙知馬力」，讓時間去作見證。

六、福智的「折服」社運分子

宗教的智性成分除了是繼承傳統論義外，也指向當代，經典宗教在現代社會恐怕不能完全迴避公共性（Publicity），雖然現代的漢傳團體對此仍然可免則免，福智亦不是例外，無論是團體對內或對外，從來不公開討論任何公共議題。然而，有趣的是，借日本佛教日蓮宗語，福智教團在過去十年間，恐怕「無心插柳柳成蔭」地在政治與社會持續動盪的華人城港「折服」了好些社運分子。其原因可以是多方面的，起碼包括智性、建立獨立的理想社區，及社運行者對「運動創傷」的自我治療，尤其最後一者。臺灣佛教似乎暫時未有其他大型教團同時擁有這些因素。

首先，如前所述，《廣論》的論書性格從文體上能以宗教知識引導讀者不自覺地進入《廣論》的倫理論述中，從而產生某種平靜，尤其社運分子多為知識分子，對學理討論是有天然的親近。其次，宗教除了智性論述外，其直接的實踐行動，對受眾直觀式的心靈震撼，也是另一重要的因素。有資深社運人隨福智學眾習《廣論》，初雖用功但仍不得其門而入，被建議反覆通讀其土地與人民歷經政治迫害與苦難之僧侶的傳記，並以此作為佛教公共實踐楷模之一，從而為稍後重回《廣論》的學習成功開路。

再者，比之於其他臺灣僧團，福智－里仁的有機農業所建立的社區及營運，的確是另一個重要原因「折服」了這些社運分子。福智的附屬產業里仁是臺灣規模最大的有機農產品牌之一[3]，年營業額以億計。福智在此採取的通行策略可戲稱作「榜眼哲學」，即高於平均分，但低於優等生。與「純粹的」格魯派教、研相比，福智《廣論》班明顯是另一個層次，但在目前臺灣佛教大型教團的宗教義理教學生態，福智確堪具特色。同樣，與更專業的食安農業相比，福智還是仍有改進空間，但里仁作為產業的有機農業，其規模在現行的臺灣市場上恐怕就是最大的了。

更關鍵的是福智的「伙伴」主要還是佛教社群。在這一角度下，當十餘年前，臺灣大型佛教團體對環保議題的公開主張是「心靈環保」和「心淨則國土淨」時，福智以其大規模有機農業的實質行動，比之於「心靈環保」和「心淨則國土淨」，的確是更大突破。在一般的環保運動過程中，農民有時成了社運的第一個直接衝突對象，但福智－里仁在有機耕作的農業發展上，耐心遊說農民，將農民利益放在首位，為他們打本，照顧他們的損

---

3 真正熟悉食物安全專業要求的行內回響是，與最嚴格的專業要求相比，里仁還是有一些百尺竿頭的空間。因為里仁的有機概念，強調的是不使用農藥及化肥，但「有機」不應該僅是不使用農藥及化肥。此臺灣有機蔬菜栽培法大都採用網室耕作，硝酸鹽含量偏高，對健康仍有隱憂。而里仁因應每次臺灣爆發的食安事件，態度及細緻程度與其他機構例如主婦聯盟等，仍有一定差距，但這些其他機構供應的食材強調的不是「有機」，而是強調「食物安全」。

失，提供訓練，直至雙方建立充分信任，農民甚至因而最後皈信福智。顯然社運人深深「折服」於他們所見的這一面。用環保運動的語言來說，是在兼顧農民權益的前提下，試圖實踐著社運意欲達致，卻難以成功的某種「環境正義」。環保運動與農民發生的衝突，這從觀念上來說，其實是西方定義下，「環保」概念在非西方國家水土不服的症候。簡單說，西方的「環保」概念通常是把「人」排除掉，所謂「自然」是首指近代西方浪漫主義思潮下的「荒野」，而不是「農村」，此觀念很難原封不動用於非西方世界，而不惹農、牧、漁民對抗。

社運人覺得受到佛教啟發而產生的另一層反思是，社會運動面對政經權勢為弱勢群體所作的抗爭，即使能成功，往往會發生出人意表而又失望非常的反諷效果，例如官方本欲強收農民用地作發展，農民與社運者合作，團結作日文叫「一揆」的拼死抗爭，官方被迫讓步作更合理的賠償，事情解決。本來團結抵抗官府的同村農民卻因在官方賠償上「分配不均」而家人反目成陌路，反不若當初來得和諧睦鄰。使當初奮力投入的人思考解放與解脫之間的差異，從而由政治實踐轉為宗教實踐。用佛教的話來說，政治解放所擺脫的外來壓迫，其實是沒有辦法完全替代宗教解脫所力圖擺脫的內在人性陰暗，政治解放亦不能代理宗教解脫。社運的挫敗感最終不完全是來自官方及官僚系統之高牆，卻也來自人性，當然宗教是否可以實質上解決這困難，恐怕亦難說，但福智起碼也以某種方式在社區建設上，試圖作現實的解決。

第三，社運人有其典型的存在困境。強權政治的制度使其治下的社會之處境日趨動盪，亦使社運界集體挫敗感甚重，落到個人層面影響生活與健康，而且如果沒有自我反思的自覺意識，社運分子也容易身陷真理在我，眾人皆醉我獨醒的「光榮孤立」中。所以社運人長期身處巨壓下，精神面貌面臨隱患。不少人因而失眠、抑鬱、沮喪、嚴重情緒問題、人際關係出狀況，甚至身體撐不住，大病倒下。在這個過程中逐漸有人參加佛教團體的活動，聽習佛義及禪修，慢慢在福智《廣論》班形成信仰佛教的前社運人，僧、俗皆有。

此外，除了少數難得竟獲家人諒解支持之外，社運人通常與家人關係惡劣，尤其在華人社會。社會運動落到個人層面，非常消耗情感能量，所以尤其需要情感支持，特別是家人，但實情通常都相反，即與家庭決裂，這對許多社運人言之，實屬無法言表的遺憾。但若佛教團體竟能觸動社運人卸下袍甲，回到常識世界修補與家人的關係，其實就是幫社運人向家人「贖罪」。「贖罪」不必是社運人曾有何不對，但因投身社運而與家人關係變冷變劣，其實很難不是遺憾，能補救這遺憾，社運人因而折服。凡此皆為疲累不堪的社運者提供精神庇護、休養生息、重燃希望及另闢想像空間與動力源泉。甚至有社運人因而思考若有這樣的宗教團體為他們提供重新審視社運動機、手段、基本邏輯及目標的新思維，不用對立製造敵視而仍可達致轉變，這被目為堪足以形成人生與社運的典範轉移。

當然，這一重建信心與理想的希冀，能否成功實現，只是善良願望，則尚需再作觀察。但無論如何，大學生因為參加與強權政治抗爭的民主運動而被捕下獄，當他跨進監獄囚房之際，由於是福智弟子，所以在有限的個人物品中，帶上《廣論》作為在囚期間的精神食糧，這恐怕連福智自己都未曾想過。

結語：臺灣佛教的現代社會意識？

現代世俗文明總是常持懷疑態度看待完美與神聖，所以福智教團乃至其他佛教團體，並不需要將現代社會的懷疑眼光視為有針對性的敵意，卻應該學會如何適當地以現代社會的價值與制度，和主流社會建立更大的互信與理解。以下的數點是福智需要考慮與應對，以建立與社會的關係。

一，福智－里仁在有機農作上經營有道，這本身並無不妥，佛教的財富觀是「正命」，取之有道，用之有道。只是營業額之巨，難免是誘惑，如何防範各種貪瀆自然是一必須正視的重大問題，但未經歷現代價值觀充分洗禮的宗教團體，有時會有世俗營利團體所不會有的神聖包袱及威權習慣。在宗教組織中，以凡人人性為基礎的透明財務制度，有時會被目為是對神聖的褻瀆。宗教組織在財務等問題上，不見得都會欣賞德國社會學家韋伯（M. Weber）所講，宗教組織在第一代開創者身後，應從以人格號召力為基礎，轉為以理性規範為基礎，因為這好像讓理想與聖神變成疑犯。對於所有大型教團而言，如何在財務上卸下神聖包袱，這是無從迴避的。

二，福智在臺灣中南部鄉郊有自己的獨立社區與中、小學，有學生成千，學生基本上是福智學眾的子弟。問題是，現代社會的孩子們應否在這樣環境孤立，而價值單一的社區中成長？這是福智應該去思考的。

三，回到最早的問題去。雖然有前述二點的疑慮，但以福智教團過去十年的發展，乃至先前系列對福智特色有所肯定的剖析，能否完全釋除由領導權交接所引發的爭議與顧慮，答案恐怕仍然是「有疑惑」，它不單仍會是造成爭執的原因，讓人真正顧慮的，已並非單純只涉福智本身。同樣是佛教，近十餘年定居南亞的海外藏傳佛教社群，是如何因護法神具力金剛多傑雄天（rdo rje shugs ldan）的崇拜與否，而自相殘殺。衝突甚至由南亞漫延回藏人主流社會及僧團，在族群與宗教內部製造敵意與滋長對立，使漁人坐收其利，臺灣佛教及其領袖應該好好理解，慎重觀察及思考在這煮豆燃萁急相煎背後的複雜原因。

福智的領袖如果真的沒有夾雜政治、金錢或權勢等其他複雜的隱蔽動機，但卻又不願以更開放坦誠的方式，釋除教界種種疑問，則其實是不能責怪其他團體的保留與困惑。對一個已經發展到規模那麼龐大，資源如此雄厚的組織而言，以刻意「低調」來迴避週遭的疑慮，這樣的「謙虛」不單反見奇怪，有時甚至更見詭異，凡此皆是對社會與教內社群有承擔的宗教領袖所應正視的。

然而，另一方面福智在漢藏佛教的交流上，亦嘗試為漢傳佛教帶來新的路徑，而福智的後來居上亦足以說明歷經四十年的發展，臺灣佛教的大教團恐怕已經進入一需要顧後以前瞻的十字路口。但至於福智僧團再下來會如何，這只能留待福智自行慎思決定。

如果一個臺灣的大型佛教組織沒有妥善地解決和安頓權力傳移的認受、財務公信力，及人事等內部問題而遺留嚴重爭議，這不單會逐漸變成週期性發作的內部風土頑疾，影響團體本身的健康運作與發展，使其所作的種種正面努力與貢獻為陰影所遮蔽，情況若嚴峻，甚至會間接使發展逐漸進入緩滯，前景不明朗的臺灣佛教面對更大的困擾，凡此均值得福智教團作仔細思考，而且即使能夠渡過風波，福智仍然需要好好思考日後其與臺灣社會的關係。

最後，福智的風波也折射出臺灣佛教部分僧人對現代社會基本公共價值觀無知之程度。有僧人因福智的事件，隨之聚集倡議所謂公決「福智教團或僧團」並非佛教，故可請國家公權力介入「處理」之奇譚怪論。這些僧侶完全無知於憲法與權利、現代政－教關係基本原則、公民社會團體的權利及相關法律規定，邏輯混亂、欠缺常識而又荒誕不經地公然呼籲援引政權與公權力打擊福智教團，這已有昭慧法師對此作出嚴厲批評，筆者不再在此冗述，只是有臺灣僧人對現代社會無知到這樣程度，恐怕也是臺灣佛教半桶水現代改革的真實反映。

dPe cha ba and lDab ldob: The Mutual Interaction among Buddhism, Society and Politics

Lawrence Y. K. Lau

Content

Chapter 2
Buddhist Monastic Education: as an Academic Issue

Chapter 3
International Scholarship on Monastic Education: Theravada

Chapter 4
International Scholarship on Monastic Education: Indo-Tibetan and East Asia Traditions

Chapter 5
Buddhist Violence and Conflict: as an Academic Issue

國家圖書館出版品預行編目資料

僧竇與僧兵：佛教、社會及政治的互塑

劉宇光著. – 初版. – 臺北市：臺灣學生，2020.03
面；公分

ISBN 978-957-15-1824-4 (平裝)

1. 佛教社會學 2. 佛教教育 3. 文集

220.7 109003295

僧竇與僧兵：佛教、社會及政治的互塑

著作者 劉宇光
出版者 臺灣學生書局有限公司
發行人 楊雲龍
發行所 臺灣學生書局有限公司
地址 臺北市和平東路一段75巷11號
劃撥帳號 00024668
電話 (02)23928185
傳真 (02)23928105
E-mail student.book@msa.hinet.net
網址 www.studentbook.com.tw
登記證字號 行政院新聞局局版北市業字第玖捌壹號
定價 新臺幣四八〇元
出版日期 二〇二〇年三月初版
ISBN 978-957-15-1824-4

22019